Aspekte
Mittelstufe Deutsch

Lehr- und Arbeitsbuch 3
Teil 1

von
Ute Koithan
Helen Schmitz
Tanja Sieber
Ralf Sonntag

Filmseiten von Ralf-Peter Lösche

Langenscheidt

Berlin · München · Wien · Zürich · New York

Von
Ute Koithan, Helen Schmitz, Tanja Sieber, Ralf Sonntag
Filmseiten von Ralf-Peter Lösche

Redaktion: Carola Jeschke und Cornelia Rademacher
Gestaltungskonzept und Layout: Andrea Pfeifer
Umschlaggestaltung: Andrea Pfeifer; Umschlag-Fotos: Getty
Zeichnungen: Daniela Kohl
Satz und Litho: kaltnermedia GmbH, Bobingen

Verlag und Autoren danken Evelyn Farkas, Margarete Rodi und Rita Tuggener für die Begutachtung sowie allen weiteren Kolleginnen und Kollegen, die „Aspekte" erprobt und mit wertvollen Anregungen zur Entwicklung des Lehrwerks beigetragen haben.

Aspekte Band 3, Teil 1 – Materialien
Lehr- und Arbeitsbuch 3, Teil 1, mit 2 Audio-CDs   47497
Lehrerhandreichungen 3   47493
DVD 3   47495

Hinweis: Die Zuordnung der Vorschläge in den Lehrerhandreichungen ist durch die Angabe der Module und der Aufgaben sowohl für die einbändige als auch für die zweibändige Ausgabe von **Aspekte** eindeutig. Die Seitenverweise in den Lehrerhandreichungen beziehen sich ab Kapitel 6 nur auf die einbändige Ausgabe.

Symbole in Aspekte

 Hören Sie auf der CD 1 zum Lehrbuch bitte Track 2.

▶ Ü 1   Hierzu gibt es eine Übung im entsprechenden Arbeitsbuchmodul.

 Rechercheaufgabe mit weiterführenden Links auf der Homepage

 Diese Aufgabe macht Sie mit den Aufgabenformaten des C1-Zertifikats des Goethe-Instituts *P* oder von TELC *P* vertraut.
                                                        GI   TELC

Zu diesen Übungen finden Sie Lösungen im Anhang.

Übungstest *Österreichisches Sprachdiplom Deutsch (ÖSD)* auf der Aspekte-Hompage:
www.langenscheidt.de/aspekte

© 2010 Langenscheidt KG, Berlin und München
Das Werk und seine Teile sind urheberrechtlich geschützt.
Jede Verwendung in anderen als den gesetzlich zugelassenen Fällen bedarf der vorherigen schriftlichen Einwilligung des Verlags.

Druck: CS-Druck Cornelsen Stürtz, Berlin
Printed in Germany

Lehrbuch 3, Teil 1   978-3-468-47497-2

Inhalt

Alltägliches 1

Themen und Aktivitäten

Auftakt	**Alltägliches**	Über vier kurze literarische Texte sprechen und selbst einen kurzen Text schreiben	8
Modul 1	**Die Zeit läuft …**	Einen Artikel über das Thema „Zeit im Alltag" verstehen und darüber sprechen	10
		Grammatik: Adjektivdeklination nach Artikelwörtern	11
Modul 2	**Vereine heute**	Aussagen von Menschen, die sich in Vereinen engagieren, verstehen und andere Menschen von der Mitgliedschaft in einem Verein überzeugen	12
Modul 3	**Chaos im Wohnzimmer**	Die Hauptaussagen aus einem Zeitungsinterview über die Benutzerfreundlichkeit von technischen Geräten zusammenfassen	14
		Grammatik: Wortbildung bei Substantiven	15
Modul 4	**Alle zusammen**	Gespräche über verschiedene Lebensphasen verstehen	16
		Einem Zeitungstext Vor- und Nachteile von Mehrgenerationenhäusern entnehmen	17
		Über Probleme in der Hausgemeinschaft diskutieren und Lösungen finden	18
		Einen Kommentar zu „Wohnen im Mehrgenerationenhaus" schreiben	19
Porträt	**Dinge des Alltags – Made in DACH**		20
Grammatik	Rückschau		21
Filmseiten	**Ein bisschen Chaos ist in Ordnung**		22

Arbeitsbuchteil

Wortschatz 120

Modul 1	Sprichwörter und Redewendungen; Alltagsstatistik; Grammatik	122
Modul 2	Lesen und Schreiben: Flyer für einen Verein; GI: Leseverstehen, Aufgabe 3	124
Modul 3	Wortschatz; Lesen: Textzusammenfassungen beurteilen (Tipp: Zusammenfassungen); Schreiben: Textzusammenfassung; Grammatik	126
Modul 4	Wortschatz; Hören: Gespräche zum Thema „Lebensphasen"; TELC: Leseverstehen, Aufgabe 5; Redemittel: Vortrag (Tipp: Eine Redemittelkartei erstellen)	128
Selbsteinschätzung		131

Inhalt

An die Arbeit! — 2

Themen und Aktivitäten

Auftakt	**An die Arbeit!** Texte über Berufe, für die spezielle Kenntnisse nötig sind, lesen	24
Modul 1	**Ein bunter Lebenslauf** Einem Text über Bewerbungen mit „buntem" Lebenslauf Ratschläge entnehmen **Grammatik:** Attribute	26 27
Modul 2	**Probieren geht über Studieren?** Über Schulabschlüsse und Vor- und Nachteile von Studium und Berufsausbildung sprechen und Stichworte zu einem Studienberatungsgespräch notieren	28
Modul 3	**Multitasking** Den Begriff „Multitasking" verstehen, einen Zeitungstext dazu zusammenfassen und über die Problematik von „Multitasking" sprechen **Grammatik:** Weiterführender Nebensatz	30 31
Modul 4	**Soft Skills** Über wichtige Fähigkeiten im Arbeitsleben sprechen Notizen zu einem Radiointerview über „Soft Skills" machen Texten zum Thema „Bewerbung" Ratschläge entnehmen Einen Beitrag für eine Lokalzeitung zum Thema „Soft Skills" schreiben Bewerbungstrainings vergleichen und eine Entscheidung aushandeln	32 33 34 35 35
Porträt	**Willy Bogner**	36
Grammatik	Rückschau	37
Filmseiten	Ingenieure dringend gesucht	38

Arbeitsbuchteil

Wortschatz — 132

Modul 1	Lesen: Text über bunten Lebenslauf; Lesen: E-Mail; Schreiben: auf Fragen von Personalchefs antworten; Grammatik	134
Modul 2	Hören: Telefongespräch mit einer Studienberatung; Lesen: Praktikantenvertrag (Tipp: Fragengeleitetes Lesen); Wortschatz; Schreiben: Vertrag zusammenfassen, Fachsprache umformulieren	136
Modul 3	Wortschatz; Zusammenfassung ergänzen; Grammatik	138
Modul 4	Wortschatz; GI: Leseverstehen, Aufgabe 1	141

Selbsteinschätzung — 143

Inhalt

Hast du Worte? — 3

Themen und Aktivitäten

Auftakt — **Hast du Worte?**
Über Witze, Cartoons und einen Comedy-Ausschnitt sprechen — 40

Modul 1 — **Immer erreichbar**
Meinungen aus Pro- und Contra-Texten herausarbeiten und diese wiedergeben — 42
Grammatik: Redewiedergabe: Präpositionen, Sätze mit *wie*, Konjunktiv I — 43

Modul 2 — **Gib Contra!**
Ein Interview zum Thema „Schlagfertigkeitstraining" verstehen und die eigene Schlagfertigkeit üben — 44

Modul 3 — **Sprachen lernen**
Einen Fachtext über Sprachenlernen und -erwerben schriftlich zusammenfassen — 46
Grammatik: Nominal- und Verbalstil — 47

Modul 4 — **Sag mal was!**
Dialektbeispiele hören und einer Region zuordnen — 48
Einen Text über Dialekte verstehen und über ihre Verwendung sprechen — 48
Über Dialektverwendung diskutieren — 50
Eine E-Mail in Umgangssprache verstehen und darauf antworten — 51

Porträt — **Wolfgang Niedecken** — 52

Grammatik — Rückschau — 53

Filmseiten — **Mit den Händen sprechen** — 54

Arbeitsbuchteil

Wortschatz — 144

Modul 1 — Grammatik; Lesen: Interview zu Stressbekämpfung — 146

Modul 2 — Hören: Interview zu Schlagfertigkeit; Lesen: Text zu Schlagfertigkeit; Schreiben: Interview zusammenfassen, Situationen zu Schlagfertigkeit beschreiben — 149

Modul 3 — Grammatik — 150

Modul 4 — Wortschatz; Lesen und Schreiben: Forumsbeiträge zum Thema Dialekte; GI: Schriftlicher Ausdruck, Aufgabe 1 A (Tipp: Schriftliche Prüfung) — 152

Selbsteinschätzung — 155

Inhalt

Wirtschaftsgipfel — 4

Themen und Aktivitäten

Auftakt	**Wirtschaftsgipfel**	Im Rahmen eines Spiels Fragen zum Thema „Wirtschaft" klären	56
Modul 1	**Vom Kohlenpott …**	Notizen zu einem Vortrag über die Geschichte und die Entwicklung des Ruhrgebiets machen und darüber sprechen	58
		Grammatik: Nominalisierung und Verbalisierung: Temporalsätze	59
Modul 2	**Mit gutem Gewissen?**	Die Antworten eines Experten auf Gewissensfragen besprechen und die eigene Meinung zu einer dieser Fragen in einer E-Mail vertreten	60
Modul 3	**Die Welt ist ein Dorf**	Den Begriff „Globalisierung" definieren und zu argumentativen Texten zum Thema „Globalisierung" Stellung nehmen	62
		Grammatik: Nominalisierung und Verbalisierung: Modal- und Konditionalsätze	63
Modul 4	**Gründerfieber**	Einem Text über eine Firmengründung wichtige Informationen entnehmen	64
		Kriterien für Firmengründer erarbeiten und eine Geschäftsidee entwickeln	65
		Einen Vortrag über Bankgespräche zusammenfassen, ein Bankgespräch beurteilen und ein eigenes Bankgespräch üben	66
		Einer Mail über eine Firmengründung Informationen entnehmen und diese in einem halbformellen Brief ergänzen	67
Porträt	**Margarete Steiff**		68
Grammatik	Rückschau		69
Filmseiten	**Vertrauen erwerben**		70

Arbeitsbuchteil

Wortschatz — 156

Modul 1	Wortschatz; Hören: Legende über die Entstehung des Ruhrgebiets; Grammatik	158
Modul 2	Lesen: Schlüsselinformationen erkennen; TELC: Leseverstehen, Aufgabe 4b (Tipp: Umschreibungen erkennen); Schreiben: E-Mail zum Thema Gewissensfragen	162
Modul 3	Wortschatz; Grammatik	163
Modul 4	Wortschatz; Schreiben: Eine Anzeige entwerfen; Schreiben: Einen Text zum Thema „Bankgespräch" ergänzen; Lesen: Tipps zum Verhalten bei einem Bankgespräch	165

Selbsteinschätzung — 167

Inhalt

Ziele _____ 5

Themen und Aktivitäten

Auftakt	**Ziele** Texte zum Thema „Ziele" lesen und darüber sprechen	72
Modul 1	**Ab morgen!** Einen Zeitungsartikel über gute Vorsätze verstehen und über eigene gute Vorsätze schreiben	74
	Grammatik: Nominalisierung und Verbalisierung: Kausal-, Konzessiv-, Final- und Konsekutivsätze	75
Modul 2	**Der Weg ist das Ziel** Zu einem Gespräch über berufliche Ziele Notizen machen	76
Modul 3	**Jeder kennt jeden** Fragen in einem Interview über Netzwerke rekonstruieren und darüber sprechen	78
	Grammatik: Nominalisierung und Verbalisierung: Präpositional-Ergänzungen	79
Modul 4	**Freiwillig**	
	Einen Zeitungsartikel zum Thema „Ehrenamt" vervollständigen	80
	Über ehrenamtliche Tätigkeiten sprechen	82
	Kurze Radiofeatures über engagierte Menschen verstehen	82
	Einen Beitrag für einen Wettbewerb über „Engagement heute" schreiben	83
Porträt	Hermann Gmeiner	84
Grammatik	Rückschau	85
Filmseiten	Spielend Geld verdienen	86

Arbeitsbuchteil

Wortschatz		168
Modul 1	Lesen und Schreiben: E-Mail; Grammatik	170
Modul 2	Wortschatz; Hören: Radiosendung (Tipp: Notizen beim Hören machen); Lesen: Text ordnen	172
Modul 3	Wortschatz; Grammatik	174
Modul 4	Schreiben: Text zu einer Karikatur; GI: Leseverstehen, Aufgabe 2 (Tipp: In der Prüfung)	176
Selbsteinschätzung		179

Anhang	Redemittel	88
	Grammatik	101
	Prüfungsvorbereitung: Übersicht	118
	Porträtseite	119
	Lösungen zum Arbeitsbuch	180
	Transkript der Hörtexte	187
	Wortschatz aus dem Lehrbuch	204
	Nomen-Verb-Verbindungen	209
	Verben, Adjektive, Substantive mit Präpositionen	211
	Unregelmäßige Verben	215
	Quellen	220

Alltägliches

1a Lesen Sie die folgenden Kürzestgeschichten und betrachten Sie die Bilder. Was passt zusammen?

b Welche der Geschichten beschreibt etwas Alltägliches, welche etwas Besonderes? Begründen Sie Ihre Entscheidung.

A

1 Scheidungsgrund

Ein Ehepaar, das sich nach vierundfünfzig Jahren Ehe und drei Kindern einvernehmlich scheiden ließ, gab vor dem Richter als Begründung an, sie hätten herausgefunden, dass sie nicht zueinander passen.

Jakob Arjouni

B

2 Der Nachmittag

Zwei Zeitungen fliegen wie abgerissene Flügel über die Straße, dann wirft der Wind einen Spiegel um, der vor einem Möbelgeschäft gegen die Hauswand gelehnt steht; der Lehrling wischt die Scherben zusammen. Der Nachmittag ist in diesem Café und in der Straße und daheim in den Wohnungen gefangen; überall hält man ihn fest und versucht, in ihm zu lesen wie in einem Buch, doch sobald er kann, entgleitet er.

Adelheid Duvanel

Sie lernen

Einen Text über das Thema „Zeit im Alltag" verstehen .... Modul 1

Aussagen von Menschen, die sich in Vereinen engagieren, verstehen und jemanden von der Mitgliedschaft in einem Verein überzeugen .... Modul 2

Ein Interview über die Benutzerfreundlichkeit von technischen Geräten zusammenfassen .... Modul 3

Über Probleme in der Hausgemeinschaft diskutieren, die eigene Meinung vertreten und gemeinsam Lösungen finden .... Modul 4

Einen Kommentar zum Thema „Wohnen im Mehrgenerationenhaus" schreiben ..... Modul 4

Grammatik

Adjektivdeklination nach Artikelwörtern.... Modul 1
Wortbildung bei Substantiven .... Modul 3

AB Wortschatz

3 Ein Traumtag

Ich stand zeitig auf, trank zusammen mit meiner Mutter Kaffee und erzählte ihr die Träume, die ich in der Nacht gehabt hatte. Darüber wurde es Abend. Kurz nach 22 Uhr hatte ich alle meine Träume erzählt: Mutter gab mir einen Gutenachtkuss und sagte, sie freue sich schon sehr auf die Träume, die ich ihr am nächsten Tag erzählen würde.

Christian Futscher

4 Eine kurze Geschichte

Kommst du den Kindern noch gute Nacht sagen?, rief die Frau ihrem Mann zu, als sie um acht Uhr aus dem Kinderzimmer kam.
Ja, rief der Mann aus seinem Arbeitszimmer, ich muss nur noch den Brief zu Ende schreiben.
Er kommt gleich, sagte die Mutter zu den Kindern, die beide noch aufgerichtet in ihren Betten saßen, weil sie dem Vater zeigen wollten, wie sie die Stofftiere angeordnet hatten.
Als der Vater mit dem Brief fertig war und ins Kinderzimmer trat, schliefen die Kinder schon.

Franz Hohler

2a Wählen Sie eine Geschichte und schreiben Sie zu zweit einen Dialog oder einen Tagebucheintrag dazu.

b Spielen Sie Ihren Dialog oder lesen Sie Ihren Tagebucheintrag vor. Die anderen raten, zu welcher Geschichte Ihr Text gehört.

Die Zeit läuft …

1a Wählen Sie ein Wort aus und erklären Sie es.

Zeitgeist, Zeitverschwendung, Zeitdruck, Zeitaufwand, Zeitalter, zeitgemäß, zeitgenössisch, Zeitunterschied, Zeitdokument, Zeitgeschehen, zeitlos, …

▶ Ü 1

b Lesen Sie den Text. Was wird zu den folgenden Themen gesagt?

Zeit für die Familie   Zeit bei der Arbeit   Entschleunigung   Zeit und Kreativität   Zeitempfinden

Sind wir reif für die Zeit?

1930 prognostiziert der auch heute noch angesehene englische Ökonom John Maynard Keynes für die „ökonomischen Aussichten für unsere Enkel" u.a. Folgendes: Im Jahr 2030 müsse niemand mehr ums Überleben kämpfen, Maschinen hätten den Großteil der Arbeiten übernommen und die verbleibende Arbeit würde so verteilt werden, dass jeder erwerbstätige Mann und jede erwerbstätige Frau die nötigen Arbeiten in 15 Stunden pro Woche erledigen könnten. Diese Prognosen scheinen sich aus heutiger Sicht nur teilweise zu bewahrheiten. Tatsächlich sind die Einkommen häufig gestiegen, die Grundbedürfnisse sind gesichert, die Technisierung ist hoch. Und würde man tatsächlich alle anstehenden Arbeiten auf die Schultern aller Arbeitnehmer verteilen, müssten wir nur 4,5 Stunden am Tag arbeiten. Trotzdem zeichnet sich in Deutschland eine Zeitkrise ab, da bereits die Hälfte aller deutschen Erwerbstätigen über „wachsende Zeitnot" klagt.

Hierbei handelt es sich aber nicht um irgendein gefühltes Phänomen. Vielmehr sprechen mehrere handfeste Fakten für diese Misere: In der Arbeitswelt, aber auch schon in manchen privaten Bereichen, müssen wir uns der Zeit anpassen, um am Ball zu bleiben. Wir müssen massenhaft Informationen aufnehmen, filtern, speichern, im richtigen Moment abrufen und meist auch direkt handeln. Eben das richtige Timing finden. Die Zeit rennt: Irgendein modischer Trend ist heute noch in, aber morgen schon veraltet, das Weltwissen verdoppelt sich inzwischen schon alle fünf bis zehn Jahre. Wollen wir Schritt halten, müssen wir laufend dazulernen.

Zeitrhythmen spielen als Regelwerk für unseren Alltag nur noch eine Nebenrolle: Öffnungszeiten werden aufgehoben, den freien Feierabend kennen nur noch wenige erwerbstätige Menschen, Wochenenden und Feiertage werden zu Pufferzeiten für Unerledigtes. Alle festen Zeiten, zu denen sich die Familie früher täglich zusammenfand, verschwinden zunehmend. Allein für ein gemeinsames Abendessen muss ein passender Termin gefunden werden. Doch gerade im Familienalltag lässt sich nicht alles organisieren: Besonders kleine Kinder und kranke Menschen folgen eigenen Zeitrhythmen und Freunde und Liebesbeziehungen funktionieren nicht nach Terminplan.

Um dennoch mit der Zeit zu gehen, organisieren wir Tagesmütter und Haushaltshilfen und versuchen, vieles gleichzeitig unter einen Hut zu bekommen. Multitasking hieß lange das Zauberwort, also die Fähigkeit, mehrere Dinge gleichzeitig zu tun. Multitasking kann das menschliche Gehirn aber nur begrenzt leisten.

Schon erobern Ratgeber zur „Entschleunigung" und zur „Entdeckung der Langsamkeit" die Bestsellerlisten mancher angesagten Trendmagazine. Das zeigt: Viele suchen den Ausweg aus der Hektik des Alltags, um innere Ruhe und Balance zu finden. Ein genialer Geistesblitz stellt sich auch nur dann ein, wenn wir uns Pausen gönnen, wenn das Gehirn freien Lauf hat, spinnen darf und Möglichkeiten simulieren kann.

Doch viele moderne Menschen ertragen Pausen kaum noch, ihnen wird sofort langweilig, sie können nichts mit sich anfangen und organisieren schnell Beschäftigung und Unterhaltung. Auch Kindern wird eine ganze Industrie angeboten, um ihre Langeweile zu vertreiben. Doch erst, wenn das Kind die Langeweile über-

wunden hat, wird es kreativ und spielt selig mit irgendwelchen gefundenen Sachen, z.B. einem Stein, der in der Fantasie Flugzeug, Fisch und Pferd sein kann.

In solchen Momenten sind wir ganz in unserer Welt versunken, die Zeit nehmen wir gar nicht wahr, sie vergeht, ohne dass wir es bemerken.

Das Zeitempfinden ist relativ, was besonders bei einem Blick in die Vergangenheit deutlich wird: Irgendein kurzes Gespräch mit einem netten Menschen erscheint dann länger, manche negative Situation kürzer.

Ein weiteres Paradox ist sicher eine Erkenntnis aus Untersuchungen des amerikanischen Psychologen Csikszentmihalyi: Er fand heraus, dass Probanden bei der Arbeit zufrieden und kreativ erschienen, in der Freizeit aber oft passiv oder gelangweilt waren. Ohne Arbeit zu sein, ist daher für viele problematisch: Der geregelte Alltag entfällt, der Mensch versinkt nicht selten in Langeweile und Perspektivlosigkeit.

Mit Arbeit ist der Mensch in Zeitnot. Ohne Arbeit geht es ihm nicht besser. Was tun?

c Stellen Sie sich vor, Sie könnten in 4,5 Stunden Ihre Arbeit erledigen. Was würden Sie mit der restlichen Zeit anfangen? Berichten Sie. ▶ Ü 2

2a Im Text finden Sie viele Artikelwörter mit Adjektiven. Lesen Sie die Sätze und ordnen Sie die Artikelwörter einer passenden Gruppe zu.

1. **Jeder erwerbstätige Mann** und **jede erwerbstätige Frau** könnten die nötigen Arbeiten in 15 Stunden pro Woche erledigen.
2. Schon erobern Ratgeber zur „Entschleunigung" die Bestsellerlisten **mancher angesagten Trendmagazine**.
3. Wir können **alle anstehenden Arbeiten** gemeinsam in 4,5 Stunden am Tag schaffen.
4. Bei der Zeitnot handelt es sich aber nicht um **irgendein gefühltes Phänomen**.
5. **Viele moderne Menschen** ertragen Pausen kaum noch, ihnen wird sofort langweilig.

Beispiel	Artikelwort (Singular)	Deklination wie
manche gestresste Familie jener hektische Alltag	manch-, jen-, folgend-, dies-, welch-, _____	mit bestimmtem Artikel
manch **ein** besorg**ter** Chef	manch ein-, kein-, _____	mit unbestimmtem Artikel
viel verschwendete Zeit mit etwas schlechtem Gewissen	etwas, genug, viel, mehr	mit Nullartikel
Beispiel	**Artikelwort (Plural)**	**Deklination wie**
mit irgendwelchen gefundenen Sachen	diejenig-, dies-, irgendwelch-, jen-, solch-, beid-, _____	mit bestimmtem Artikel
nur wenige flexible Arbeitgeber die Sorge zahlreicher arbeitsloser Menschen	wenig-, ander-, einig-, ein paar, etlich-, zahlreich-, _____	mit Nullartikel

b Suchen Sie weitere Beispiele im Text und vergleichen Sie mit der Tabelle.

c Bilden Sie zu zweit Sätze mit den Beispielen aus der Tabelle.

Manche gestresste Familie ... hat zu wenig gemeinsame Zeit. ▶ Ü 3

Vereine heute

1a Welche Vereine oder Clubs kennen Sie? Wer im Kurs ist in der Freizeit in einer Organisation aktiv? Sammeln Sie und machen Sie eine Statistik.

Art des Vereins / der Organisation	Mitglieder im Kurs
Sportverein	5
...	

▶ Ü 1

b Vergleichen Sie Ihre Statistik mit der Grafik zu Vereinen in Deutschland.

c Sammeln Sie in Gruppen Gründe für und gegen die Mitgliedschaft in einem Verein.

Gründe für eine Mitgliedschaft	Gründe gegen eine Mitgliedschaft
– neue Leute kennenlernen	– ...

1.2

P
TELC

2 Sie hören jetzt Aussagen von acht Personen. Sie hören die Aussagen zweimal.

a Lesen Sie zuerst die Aussagen. Entscheiden Sie beim Hören, welche Aussage (a, b, oder c) zu welcher Person passt.

Gründe für das Engagement im Verein
Die Person ...
a möchte vor allem Leute kennenlernen.
b möchte anderen helfen, sich engagieren oder anderen etwas beibringen.
c möchte Dinge lernen und erfahren.

hören / sprechen — Modul 2

b Sie hören die acht Personen jetzt ein zweites Mal. Lesen Sie zuerst die Aussagen. Entscheiden Sie beim Hören, welche der Aussagen a–j zu welcher Person passt. Zwei Aussagen bleiben übrig.

a Ich bin froh, dass ich im Verein die Chance habe, Dinge zu tun, die man auch in echten Betrieben und Firmen tun kann. _____

b Ich finde es toll, wenn man mit anderen wesentliche Dinge erreichen kann. _____

c Das für mich besonders Positive an meiner Tätigkeit im Verein ist, dass ich weiß, an wen ich mich bei Fragen wenden kann. _____

d Ich habe Spaß daran, anderen Menschen etwas zu erklären, und bin froh, im Verein immer die neuesten Informationen zu bekommen. _____

e Mir geht es auf die Nerven, wenn man ständig etwas mit den Leuten aus dem Verein unternehmen soll. _____

f Die große Herausforderung bei meiner freiwilligen Tätigkeit ist, dass ich mich nicht von meinen Gefühlen mitreißen lasse. _____

g Natürlich kostet der Verein viel Zeit und dadurch verlängert sich mein Studium, aber mir ist das Engagement im Verein wichtig. _____

h Ich bin im Verein aktiv, um einen Ausgleich zu meinem oft langweiligen Studentenalltag zu haben. _____

i Dass es in unserem Verein eine wissenschaftliche Herangehensweise gibt, vermuten nur wenige Menschen. _____

j Ich bin froh, dass ich jetzt keine Angst mehr habe, meine Meinung zu vertreten. _____

c Fassen Sie zusammen, welche Vereine vorgestellt wurden. Was sind die Ziele der Vereine und welcher würde Sie interessieren?

3 Überlegen Sie sich in Gruppen einen Verein – Sie können im Internet recherchieren oder einen Fantasieverein erfinden. Stellen Sie Ihren Verein vor und überzeugen Sie andere Kursteilnehmer von der Mitgliedschaft. Welcher Verein hat die meisten Mitglieder?

etwas vorschlagen	Argumente anführen
Ich würde vorschlagen, dass du mal …	Das Besondere daran ist, dass man …
Wie wäre es, wenn du mal …	Beim/Im … kannst du viele interessante/ lustige/ … Dinge lernen/machen.
Du könntest ja mal in Betracht ziehen, mitzukommen.	Im Gegensatz zu anderen Organisationen kannst du hier …
Spring doch einfach mal über deinen Schatten und komm mit!	Wichtig für uns ist, dass …
Hättest du nicht mal Lust, …?	Für uns spricht …

▶ Ü 2–3

Chaos im Wohnzimmer

1a Kennen Sie alle Funktionen Ihres Fernsehers, Ihres DVD-Spielers, Ihrer Digitalkamera oder Ihres Handys? Mit welchem Gerät hatten Sie schon einmal Probleme bei der Bedienung?

b Lesen Sie den folgenden Text und markieren Sie Informationen zu den Fragen: Um welche Geräte geht es? Welche Erfahrungen machen die Benutzer? Gründe dafür?

Chaos im Wohnzimmer

1 Auf der Internationalen Funkausstellung in Berlin [...] protzen die Hersteller mit prachtvollen Breitbildfernsehern herum, führen Digitalkameras mit zwölf Megapixel und 268 Funktionen vor und lassen Musik aus Stereoanlagen erklingen, die aussehen wie Ufos. Umso größer ist der Frust beim Konsumenten, denn auf dem Wohnzimmertisch herrscht oft Chaos: Sieben verschiedene Fernbedienungen mit jeweils 40 Tasten liegen herum, der DVD-Player möchte mit Software gefüttert werden, der digitale TV-Receiver verlangt eine Onlineregistrierung. Tim Bosenick, Geschäftsführer einer Hamburger Marktforschungsfirma [...], hat auf der IFA Messebesucher die Bedienbarkeit von neuen Produkten testen lassen – mit ernüchterndem Ergebnis. [...]

SZ: Wenn man sich neue DVD-Spieler anschaut, hat man manchmal den Eindruck, es handelt sich um Ausstattungselemente aus einem Science-Fiction-Film. Gibt es tatsächlich Leute, die solche Geräte verstehen?

Bosenick: Fast niemand versteht so etwas. Aus unseren Studien wissen wir, dass acht von zehn Menschen nicht in der Lage sind, ihren DVD-Spieler anzuschließen. Da gibt es einen echten Bedarf an Vereinfachung.

SZ: Was ist Ihr Eindruck auf der IFA? Haben die Hersteller dazugelernt?

Bosenick: Nicht unbedingt. Es gibt eine Reihe von neuen Navigationsgeräten, die wirklich erschreckend sind, was die Bedienbarkeit angeht. Wir haben ein neues Handy testen lassen, das alle möglichen schicken Funktionen hat. Leider hat keine einzige Versuchsperson den Schalter gefunden, mit dem man das Gerät überhaupt aktiviert. Dann haben wir eine sehr komplexe Fernbedienung eines Fernsehers ausprobiert, die hat so viele rätselhafte Funktionen, dass man keinen Durchblick mehr hat. Wenn man einmal aus Versehen auf eine Taste kommt und das Bildformat ändert, kommt man kaum wieder zurück zum normalen Bild, weil das Symbol für ‚Bildformat' nicht zu erkennen ist.

SZ: Wieso werden solche technisch überfrachteten Geräte überhaupt gebaut?

Bosenick: Das ist oft ein Irrglaube – die Hersteller hoffen, ihr Produkt besser verkaufen zu können, wenn sie möglichst viele Funktionen haben. [...] Mut zur Reduktion existiert in wenigen Unternehmen. [...]

SZ: Wie lassen sich in Zukunft Geräte entwickeln, die [...] verbraucherfreundlich sind?

Bosenick: Indem man von Anfang an bedenkt, was die Menschen in ihrem Alltag brauchen können. Marktforschung ist dazu die Grundlage. Die Forscher testen verschiedenste Geräte, indem sie Personen aus der gewünschten Zielgruppe in ein Testlabor einladen, ihnen die Geräte zum Ausprobieren geben und sie hinterher über ihre Eindrücke befragen.

SZ: Was wünschen sich die Konsumenten von den Firmen?

Bosenick: Auf keinen Fall noch mehr Produkte. [...] Ein Hersteller kann nur durch Design und Funktionalität neue Käufer auf ein Produkt aufmerksam machen. Die Alltagstauglichkeit spielt dabei eine immer größere Rolle. [...]

SZ: Amerikanische Firmen scheinen den Konsumenten ein bisschen näher zu sein als deutsche, woran liegt das?

Bosenick: Das liegt zum Teil noch an der alten deutschen Ingenieursmentalität. Das Produkt ist oft wichtiger als der Konsument. Bei britischen und amerikanischen Firmen ist der Kunde von Anfang an im Vordergrund. [...]

c Fassen Sie Hauptaussagen des Textes mithilfe Ihrer Markierungen zusammen. ▶ Ü 1

2a Wortbildung. Im Text finden Sie Substantive, die von einem Adjektiv oder Verb abgeleitet wurden. Ergänzen Sie die Übersicht.

Vom Verb zum Substantiv

Endung/Veränderung	Beispiel	häufige Bedeutung
das + Infinitiv	verstehen → das Verstehen	Handlungen
Verb ohne Endung auch mit Vokaländerung	durchblicken → der Durchblick wählen → die Wahl	Handlungen oder Gefühle
Endung -e	glauben → der Irrglaube	Handlungen/Gefühle
Endung -ung	anleiten → die Anleitung	Abstrakta (feminin)
Endung -nis	erleben → das Erlebnis	Zustände, Erfahrungen und Einstellungen
Endung -schaft	wissen → die Wissenschaft	(feminin)
Partizip II + -e	schreiben → das	vergangene Ereignisse/ Handlungen oder Haltungen
Partizip I + -e	lesen → der Lesende	Personen, die etwas tun
Endung -er auch mit Vokaländerung	schalten → der Schalter kaufen → der Käufer	Gebrauchsgegenstände oder Personen

Vom Adjektiv zum Substantiv

Endung/Veränderung	Beispiel	häufige Bedeutung
Artikelwort und Endung -e	neu → der/das/die Neue	Personen oder Dinge
Endung -(ig)keit	alltagstauglich → die Alltagstauglichkeit	Abstrakta (feminin)
Endung -heit auch mit Vokaländerung	frei → die Freiheit	Abstrakta (feminin)
Endung -schaft	bereit → die Bereitschaft	(feminin)

3 Notieren Sie möglichst viele Verben und Adjektive mit den Substantiven, die Sie daraus bilden können. Suchen Sie einen Partner / eine Partnerin. Nennen Sie abwechselnd Ihre Verben und Adjektive – der Partner / die Partnerin bildet Substantive. Wer findet mehr in einer Minute?

arbeiten → die Arbeit, der Arbeiter, der Arbeitende …

▶ Ü 2–4

Alle zusammen

1a Was ist richtig gut, wenn es alt ist? Sammeln Sie Beispiele im Kurs.

▶ Ü 1   b Was gefällt Ihnen an bestimmten Lebensphasen? Nennen Sie spontan Assoziationen: Kind, Jugendlicher, 25–40 Jahre, 41–60 Jahre, 61–80 Jahre, 80+.

2a Gemischtes Doppel. Hören Sie die Aussagen von jüngeren und älteren Menschen. Beide versetzen sich in das Alter ihrer Gesprächspartner. Von welchen Erlebnissen und Vorstellungen berichten sie?

Konstanze (72) mit Enkel Moritz (17)

Trainer Michael (55) mit Katarina (21)

Radioreporter Erwin (70) im Gespräch mit Fritz (20) und Lena (14)

▶ Ü 2

b Welche Aussagen haben Sie nicht erwartet?

▶ Ü 3   c Wenn Sie sich für einen Tag ein anderes Alter aussuchen könnten: Welches Alter würden Sie wählen? Warum?

3a Was könnte ein Mehrgenerationenhaus sein? Sammeln und vergleichen Sie Ihre Ideen.

b Lesen Sie den Artikel. Welche Vorteile werden für die jeweiligen Generationen genannt?

Leben im Mehrgenerationenhaus

1 Das aktive Zusammenleben von Alt und Jung in der Nachbarschaft hat sich bereits an vielen Orten in Deutschland, Österreich und der Schweiz etabliert. Ziel der Mehrgenerationenhäuser ist es,
5 sich in Nachbarschaftshilfe gegenseitig zu unterstützen und dennoch sein Leben individuell in den eigenen vier Wänden zu gestalten. Ein Mehrgenerationenhaus entsteht meist auf Initiative kooperierender Personen, die sich bereits kennen, und
10 ist in der Regel offen, weitere Personen einzubeziehen. Seit einiger Zeit werden in Mehrgenerationenhäusern aber neben dem gemeinschaftlichen Wohnen auch immer häufiger Nachbarschaftsprojekte initiiert, die allen Bewohnern zur Bewälti-
15 gung und Bereicherung ihres Alltags nützlich sind. Was sind die Gründe für diese Aktivitäten und Projekte?

Mit veränderten Familienstrukturen schwänden laut dem deutschen Familienministerium selbstver-
20 ständliche Begegnungen der Generationen, die Weitergabe von Erziehungswissen und Alltagskompetenzen gehe verloren, aber auch Erfahrung und Hilfe der älteren Generation für die mittlere und jüngere Generation blieben oft ungenutzt. Dienst-
25 leistungen, die die Generationen wirklich brauchen, sollen etabliert werden: Vom Wäscheservice oder Computerkurs für Internetbanking über die Leih-Oma bis hin zum Mittagstisch für Schulkinder und die Krabbelgruppe. Es entsteht ein alltägliches ge-
30 nerationenübergreifendes Netzwerk, in das sich jeder und jede mit den persönlichen Fähigkeiten einbringen kann. Freiwillige und professionelle Kräfte arbeiten in einem Mehrgenerationenhaus eng zusammen. So entstehen Angebote, die der ge-
35 samten Gemeinschaft guttun:
– Ein Café bietet gesunde Mahlzeiten zu günstigen Preisen an: Alle Generationen kommen an einen Tisch, berufstätige Eltern können ihren Alltag leichter organisieren und ältere Men-
40 schen haben Gelegenheit, Kontakte zu knüpfen und zu pflegen.
– Kinder im Alter ab sechs Monaten werden betreut. Für berufstätige Eltern sind besondere Plätze reserviert.

45 – Gute und qualifizierte Beratung wird bei Behördengängen, bei der Kindererziehung und bei anderen Herausforderungen des Alltags als Hilfe zur Selbsthilfe angeboten.
– Essensservice, Garten- und Haushaltshilfe und
50 andere Dienstleistungen: Die Nutzerinnen und Nutzer dieser Angebote erfahren dadurch eine spürbare Entlastung. Und für die Anbieter ergibt sich durch solche Dienstleistungen unter Umständen eine neue Berufschance.
55 Und so sind viele Dienstleistungen denkbar, von denen alle profitieren.

Alle Generationen einbinden

Doch schon die regelmäßige Begegnung von Alt und Jung bietet deutliche Vorteile. Früher war
60 es selbstverständlich, dass junge Erwachsene in die Gesellschaft eingebunden wurden. Nur in einem Umfeld, in dem sich alle Generationen Rechte und Pflichten teilen, können Jugendliche im partnerschaftlichen Miteinander ganz selbstverständlich
65 lernen, was kein Schulbuch vermitteln kann: Rücksicht, Respekt, Toleranz und Verantwortung.

Die heutige Großelterngeneration hat viel zu bieten: Lebenserfahrung, das Wissen und Können aus vielen Berufsjahren oder den kompetenten
70 Umgang mit Kindern und Enkeln. Für die Generation der über 50-Jährigen ist es wichtig, mit ihrem Können und ihren Fähigkeiten aktiv am Leben teilzunehmen. Menschen im hohen Alter können mit Einschränkungen in ihrem gewohnten
75 Umfeld leben, wenn es in der Nachbarschaft unkomplizierte Hilfe für den Alltag gibt. Vom Einkaufsservice bis zur Tagespflege können Mehrgenerationenhäuser dieser Altersgruppe mehr Lebensqualität ermöglichen und alte Menschen
80 aktiv in die Gesellschaft einbinden.

Doch viele Projekte in den Häusern zeigen, dass die Gemeinschaften noch mehr schaffen. Vom Generationen-Theater in Fulda über die Familienuniversität in Greifswald bis zum interkulturel-
85 len Kochkurs in Braunschweig scheinen der Kreativität keine Grenze gesetzt.

c Der Text beschreibt viele Vorteile. Welche Nachteile oder Probleme in Mehrgenerationenhäusern können Sie sich vorstellen?

Alle zusammen

4a Zoff im Mehrgenerationenhaus. Spielen Sie eine Hausversammlung. Bilden Sie Kleingruppen mit vier Personen. Wählen Sie eine Rolle und sammeln Sie Argumente, die Sie in der Diskussion nennen möchten.

Frau Monika Bracht (58), alleinstehend, eine Tochter (17): wohnt im Erdgeschoss. Mag zwar Kinder und Haustiere, aber nicht in ihrem Garten. Sie möchte sich abends ausruhen, dabei stört sie die laute Musik aus dem Dachgeschoss schon länger. Sie hat einen „grünen Daumen" und unterstützt alle bei der Gestaltung der Grünanlagen und der Balkone. Das macht ihr Spaß, aber bitte keine anderen regelmäßigen Pflichten. Sie ist schließlich berufstätig.

Herr Bernd Kiefer (38), verheiratet, zwei Kinder (5 und 8): wohnt mit seiner Frau und den Kindern in der Maisonette-Wohnung im ersten und zweiten Stock. Er kritisiert, dass die Nachbarschaft zu wenig Pflichten wahrnimmt. Beim Grillfest machen alle mit, aber wenn es darum geht, den geplanten Spielplatz anzulegen und zu pflegen, fühlt sich keiner mehr zuständig.

Herr Lukas Weidemann (22), alleinstehend, keine Kinder, aber Hirtenhund Toni: Student, Elektrotechnik, wohnt in dem kleinen Appartement im Dachgeschoss. Ihm macht es Spaß, einen kleinen Reparaturservice für die Nachbarschaft anzubieten. Er findet, dass die Hausordnung zwar okay ist, aber man etwas lockerer sein könnte (nicht so oft putzen, Hof fegen etc.). Er hört nach Feierabend gern laute Musik. Wenn es andere stört, können sie ja etwas sagen.

Frau Valentina Wagner (75), verwitwet, zwei erwachsene Söhne: Frau Wagner hat die Hausversammlung initiiert und betreut das Hauscafé. Sie wohnt im Erdgeschoss neben Frau Bracht. Sie nervt, dass oft nicht wie vereinbart geputzt wird. Nur sie und Frau Bracht halten sich an die Regeln. Außerdem steht das gemeinsame Straßenfest vor der Tür und niemand hat etwas organisiert. Sie macht das nicht wieder alleine.

b Spielen Sie die Diskussion bei der Hausversammlung. Die Redemittel helfen. Versuchen Sie, die Probleme gemeinsam zu lösen.

ein Problem ansprechen	eine andere Position vertreten
Ich finde es nicht gut, wenn …	Es ist sicher richtig/verständlich, dass …, aber …
… gefällt mir nicht.	Einerseits …, andererseits …
Ich habe ein Problem mit …	Aus meiner Sicht ist es wichtig, dass …
Es ist nicht fair / in Ordnung, wenn …	Sie sollten aber bedenken, dass ich in meiner Situation …
Über … habe ich mich geärgert.	
Ich fühle mich ausgenutzt, wenn …	Für mich ist entscheidend/wichtig, dass …, weil …
auf die Meinung anderer eingehen	
Ich kann verstehen, dass Sie …, aber ich …	Das ist Ihre Meinung. Ich bin der Ansicht …
Wir sollten auch die Meinung von Frau/Herrn … berücksichtigen.	
Was Sie sagen, ist aus Ihrer Position sicher richtig. Trotzdem …	
Ja, das sehe ich genau wie Sie, und darum …	

c Auf welche Vereinbarungen haben Sie sich in Ihrer Hausgemeinschaft geeinigt? Vergleichen Sie mit den anderen Hausgemeinschaften.

Fertigkeitstraining
hören | lesen | sprechen | schreiben

Modul 4

5a Was halten Sie vom Leben in einem Mehrgenerationenhaus? Würden Sie gerne dort wohnen oder nicht? Sammeln Sie Argumente für Ihre Position.

b Redemittel für einen Kommentar. Ordnen Sie die Überschriften den Redemitteln zu.

A Konsequenzen für die Zukunft formulieren / Resümee ziehen **B** einen Kommentar einleiten **C** auf Argumente/Aussagen eingehen **D** die eigene Ansicht argumentierend darlegen **E** die eigenen Hauptargumente hervorheben	
B	Mein Kommentar bezieht sich auf das Thema … Der Artikel … behandelt das Thema …
	Ich bin der Meinung/Ansicht/Auffassung, dass … Ich halte diese Idee für … , weil … In meinen Augen ist dieses Konzept …, denn … Für/Gegen … spricht das Argument, dass …
	Für mich persönlich ist … am wichtigsten. Das entscheidende Argument dafür/dagegen ist für mich … Ich habe zu … einen klaren Standpunkt. Er lautet: …
	Sicher ist … für viele … sinnvoll, aber ich … Jeder von uns hat sich schon über Hilfe von Nachbarn gefreut, darum/trotzdem … Im Text wird (zwar) gesagt, dass …, aber/darum … Man sollte dabei aber bedenken, dass … Dieser Gedanke ist für viele Menschen sicher richtig / eine Hilfe / unangenehm /…
	Mein persönlicher Entschluss wäre … Für mich käme nur … in Frage. Langfristig gesehen würde ich mich für/gegen … entscheiden, weil … Mit … Jahren könnte ich mir vorstellen, dass …

c Schreiben Sie einen Kommentar zum Text auf Seite 17. Nutzen Sie die Redemittel und stellen Sie Ihre Meinung und Ihre Hauptargumente dar.

6 Sie sollen sich zu einem Thema äußern. Bilden Sie Paare. Jeder wählt eine Karte aus. Hilfen finden Sie im Arbeitsbuch in Übung 4.

A Viele junge Menschen teilen sich in Wohngemeinschaften eine Wohnung. Welche Vor- und Nachteile sehen Sie im Zusammenleben in Wohngemeinschaften? Halten Sie einen kurzen Vortrag (3–4 Min.) und orientieren Sie sich an folgenden Punkten: – Beispiele für das Zusammenleben in Wohngemeinschaften (eigene Erfahrung?) – Bedeutung vom Zusammenleben in Wohngemeinschaften in Ihrem Land – Argumente, die **für** das Zusammenleben in Wohngemeinschaften sprechen – Argumente, die **gegen** das Zusammenleben in Wohngemeinschaften sprechen – Ihre persönliche Ansicht zum Thema	**B** In Deutschland leben immer mehr Singles allein in ihrem Haushalt. Welche Vor- und Nachteile sehen Sie in dieser Wohnform? Halten Sie einen kurzen Vortrag (3–4 Min.) und orientieren Sie sich an folgenden Punkten: – Beispiele für diese Wohnform (eigene Erfahrung?) – Bedeutung des Lebens als Single in einer eigenen Wohnung in Ihrem Land – Argumente, die **für** die Wohnform der Singles sprechen – Argumente, die **gegen** die Wohnform der Singles sprechen – Ihre persönliche Ansicht zum Thema

▶ Ü 4

Porträt

Dinge des Alltags – Made in DACH

Kaffeefilter
Mitte des 17. Jahrhunderts begann der Kaffee Europa zu erobern. 1673 eröffnete in Bremen das erste Kaffeehaus Deutschlands. Die Methode, das Kaffeepulver mit brühendem Wasser aufzugießen oder die Wasser-Kaffee-Mischung zusammen aufzukochen, schmeckte schon bald vielen Menschen. Dennoch trübte der Kaffeesatz oft die Freude am Getränk. Eine findige Hausfrau in Dresden hatte 1908 die zündende Idee. Melitta Bentz erfand den Kaffeefilter. Ein Löschblatt ihres Sohnes, ein alter Messingtopf, der kurzerhand mit Nagel und Hammer perforiert wurde, und schon war der erste Melitta-Filter geboren.

Klettverschluss
Der Schweizer Ingenieur Georges de Mestral war viel mit seinen Hunden in der Natur unterwegs. Immer wieder kamen einige Früchte der Großen Klette mit dem Fell der Hunde in Kontakt und blieben darin hängen. Er legte die Früchte unter sein Mikroskop und entdeckte, dass sie winzige elastische Häkchen tragen, die auch bei gewaltsamem Entfernen aus Haaren oder Kleidern nicht abbrechen. Die Beschaffenheit der Früchte gab ihm die Vorlage für einen neuen textilen Verschluss. 1951 meldete de Mestral seine Idee zum Patent an.

Schmerzmittel Aspirin
Schmerz, lass nach! Schon seit Urzeiten war bekannt, dass ein Sud aus Weidenrinde gegen Fieber und Schmerzen hilft.

Dem deutschen Chemiker Felix Hoffmann gelang es 1897, den Wirkstoff der Weidenrinde künstlich herzustellen: die Acetylsalicylsäure, kurz ASS. Er nannte sein Schmerzmittel Aspirin, das schnell zu einem der erfolgreichsten und meistverkauften Arzneimittel der Welt wurde.

Strandkorb
Das Markenzeichen deutscher Strände ist der Strandkorb. Elfriede Maltzahn aus dem Ostseebad Kühlungsborn hatte 1882 die Idee, sich einen schützenden Korbstuhl für den Strand bauen zu lassen. Sie liebte den Strand, litt aber unter Rheuma. Mit ihrer Idee ging sie zum Rostocker Hof-Korbmacher Wilhelm Bartelmann, der für sie den Ur-Strandkorb aus Weide, spanischem Rohr und Markisenstoff baute. Nur ein Jahr später ging die Strandkorbproduktion in Serie und Wilhelm Bartelmann wurde der erste Strandkorbvermieter der Welt.

Schnuller
Der „Wonnesauger", mit dem sich Kinder so wunderbar ruhig stellen lassen, ist eigentlich eine alte Erfindung. Harte Sauger führten früher aber oft zu Missbildungen des Gaumens und zu Fehlstellungen der Zähne. Zwei deutsche Zahnmediziner, Dr. Adolf Müller und Professor Wilhelm Balters, machten sich daran, einen gaumenfreundlichen Schnuller zu entwickeln. 1949 gelang ihnen der Durchbruch in der Schnuller-Entwicklung: Sie hatten den zahn- und kiefergerechten Beruhigungssauger aus Gummi erfunden.

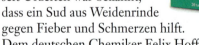

Die Nähmaschine
Von 1807 bis 1839 arbeitete der Kufsteiner Joseph Madersperger an der Herstellung und Verbesserung seiner Nähmaschine. Die Nadel wurde mit einer Spitze mit einem integrierten Nadelöhr ausgestattet. Seine hervorzuhebende Erfindung war aber eine Einrichtung zur Erzeugung des Doppelstiches. Leider gelang es ihm damals nicht, die Öffentlichkeit zu überzeugen. Er verstarb 1850 im Armenhaus in Wien.

Mehr Informationen zu „Dinge des Alltags – Made in DACH"

Sammeln Sie Informationen über weitere Dinge des Alltags, die in Deutschland, Österreich oder der Schweiz erfunden wurden.
Beispiele aus dem deutschsprachigen Bereich: MP3 – Milchschokolade – Dübel – Bobby-Car – Currywurst – Würfelzucker – Schnellkochtopf

Grammatik-Rückschau 1

1 Adjektivdeklination nach Artikelwörtern

Deklination wie nach …		Singular	Plural
… bestimmtem Artikel im Singular: *jed-, manch-, folgend-, welch-, jen-, dies-* **… bestimmtem Artikel im Plural:** *all-, irgendwelch-, manch-, mehrer-, dies-, jen-, diejenig-, solch-, beid-, folgend-, welch-, kein-*	Nom.	jeder/jedes/jede hektisch**e** Tag/Leben/Zeit	alle hektisch**en** Tage
	Akk.	jeden hektisch**en** Tag jedes/jede hektisch**e** Leben/Zeit	alle hektisch**en** Tage
	Dat.	jedem hektisch**en** Tag/Leben jeder hektisch**en** Zeit	allen hektisch**en** Tagen
	Gen.	jedes hektisch**en** Tages/Lebens jeder hektisch**en** Zeit	aller hektisch**en** Tage
… unbestimmtem Artikel im Singular: *manch ein-, irgendein-, kein-*	Nom.	irgendein hektisch**er** Tag irgendein hektisch**es** Leben irgendeine hektisch**e** Zeit	
	Akk.	irgendeinen hektisch**en** Tag irgendein hektisch**es** Leben irgendeine hektisch**e** Zeit	
	Dat.	irgendeinem hektisch**en** Tag/Leben irgendeiner hektisch**en** Zeit	
	Gen.	irgendeines hektisch**en** Tages/Lebens irgendeiner hektisch**en** Zeit	
… Nullartikel: *etwas, genug, viel, wenig, mehr* **… Nullartikel im Plural:** *viel-, wenig-, ander-, einig-, ein paar, etlich-, zahlreich-, verschieden-, weiter-, sämtlich-, sonstig-*	Nom.	etwas hektisch**er** Stress etwas hektisch**es** Leben etwas hektisch**e** Zeit	mehr hektisch**e** Zeiten viele hektisch**e** Zeiten
	Akk.	etwas hektisch**en** Stress etwas hektisch**es** Leben etwas hektisch**e** Zeit	mehr hektisch**e** Zeiten viele hektisch**e** Zeiten
	Dat.	etwas hektisch**em** Stress/Leben etwas hektisch**er** Zeit	mehr hektisch**en** Zeiten vielen hektisch**en** Zeiten
	Gen.	etwas hektisch**en** Stresses/Lebens etwas hektisch**er** Zeit	mehr hektisch**er** Zeiten vieler hektisch**er** Zeiten

2 Wortbildung

Vom Verb zum Substantiv

Endung / Veränderung	Beispiel	Bedeutung
das + Infinitiv	**das** Arbeiten	Handlungen
Verb ohne Endung auch mit Vokaländerung	**der** Ruf **die** Wahl	Handlungen oder Gefühle
Endung *-e*	die Sorg**e**	andauernde Handlungen/Gefühle
Endung *-ung*	die Erfahr**ung**	Abstrakta (feminin)
Endung *-nis*	das Bedürf**nis**	Zustände, Erfahrungen und Einstellungen
Endung *-schaft*	die Wissen**schaft**	(feminin)
Partizip II + *-e*	das **Geschriebene**	vergangene Ereignisse/Handlungen oder Haltungen
Partizip I + *-e*	der/die **Lesende**	Personen, die etwas tun
Endung *-er*	der Fernseh**er**	Gebrauchsgegenstände oder Personen

Vom Adjektiv zum Substantiv

Endung / Veränderung	Beispiel	Bedeutung
Artikelwort und Endung *-e*	**der/das/die** Neue	Personen oder Dinge
Endung *-(ig)keit*	die Gerecht**igkeit**	Abstrakta (feminin)
Endung *-heit* auch mit Vokaländerung	die Krank**heit**	Abstrakta (feminin)
Endung *-schaft*	die Verwandt**schaft**	(feminin)

Ein bisschen Chaos ist in Ordnung

1 Sehen Sie den Film. Um welches Thema geht es? Mit welcher Haltung wird das Thema dargestellt? Notieren Sie Prozentzahlen je nach Ihrer Meinung und tauschen Sie sich danach im Kurs aus.

humorvoll, komisch _____%

wissenschaftlich, seriös _____%

2 Bilden Sie zwei Gruppen und sehen Sie den Film noch einmal.

Gruppe A:
Durch welche Mittel wird die Komik im Film hergestellt?
Machen Sie Stichpunkte und sammeln Sie dann im Kurs.

- ungewöhnliche Bewegungen des Reporters, z. B. Schwimmen
- …

Gruppe B:
Konzentrieren Sie sich auf die drei Interviewteile mit der Psychologin.
Ergänzen Sie die Sätze, die die Hauptidee der Aussagen ausdrücken.

Teil 1: Unordnung im Alltag (z. B. ein unaufgeräumter Schreibtisch) …

Teil 2: Manchmal ist Unordnung nur scheinbar Chaos. In Wirklichkeit ist es …

Teil 3: Um kreativ zu sein, gibt es folgende Methoden: …

sehen | nachdenken | diskutieren 1

3 Im Film werden folgende Sätze gesagt:

Ordnung ist das halbe Leben.

Wer keine Ordnung hält, der sucht sich tot.

Wer aufräumt, ist nur zu faul zum Suchen.

Wählen Sie einen der Sätze und äußern Sie Ihre Meinung dazu.

4 a In vielen Ländern werden die Deutschen als besonders ordentlich angesehen. Gibt es dieses Klischee auch in Ihrem Land?
  b Welche Erfahrungen haben Sie mit der angeblichen deutschen Ordnung gemacht? Nennen Sie positive oder negative Beispiele.
  c In welchen Bereichen würden Sie den Deutschen zu mehr „chaotischer Lockerheit" raten? Und in welchen Bereichen würden Sie sich in Ihrem Land mehr Ordnung bzw. mehr Gelassenheit wünschen?

5 a Wo sind Sie persönlich kreativer: in einer ordentlichen oder in einer unordentlichen, chaotischen Umgebung?
  b Beschreiben Sie möglichst genau Ihre Lernumgebung. Was finden Sie daran gut, was möchten Sie gern ändern?
  c Wie lernen Sie am effektivsten? Beschreiben Sie die Rolle von Chaos und Ordnung für Ihren Lernprozess (Vokabellernen, Hausaufgaben, Prüfungsvorbereitungen usw.). Diskutieren Sie im Kurs.
  Sie können die besten Lerntipps sammeln und auf ein Plakat schreiben.

An die Arbeit!

1a Sehen Sie sich die Fotos an. Um welche Berufe könnte es sich hier handeln? Welche Voraussetzungen muss man Ihrer Meinung nach für diese Berufe erfüllen?

b Lesen Sie die Texte. Ordnen Sie sie den Fotos zu. Haben sich Ihre Vermutungen bestätigt? Was hat Sie überrascht?

A Als ich im Sommer 1982 mit meinem Motorrad durch Hamburg fuhr, hielten mich zwei Polizisten an. Angeblich hätten meine Reifen zu wenig Profil. Während ich zusah, wie sie einen Strafzettel ausfüllten, blieb meine Aufmerksamkeit an einem Detail hängen: Einer der beiden Polizisten hatte in seiner Brusttasche mehr als ein Dutzend Schreibstifte. Als ich mich erkundigte, wofür er sie alle brauchte, gab er eine Antwort, die mich faszinierte: Er benutze für jede Kategorie Mensch genau einen Stift. Es gebe nur 18 unterschiedliche Menschentypen, folglich habe er exakt 18 Stifte dabei. Vier Monate später trat ich in die Polizeischule ein und begann nach der Ausbildung meinen Dienst am Bahnhof. Schon damals war mir klar: Verstehen, warum sich Menschen unterschiedlich verhalten, kann man nicht mithilfe des Studiums aus Büchern lernen. Man muss auf die Straße gehen, mit den Menschen sprechen, in Kontakt treten, beobachten. Man muss freundlich, wertfrei und interessiert sein. Eine wichtige Voraussetzung, damit sich Menschen einem öffnen. Und vielleicht die wichtigste Eigenschaft, um ein guter Kriminalpsychologe zu werden. Um aus meinen Beobachtungen Schlussfolgerungen ziehen zu können, beschloss ich, neben dem Polizeidienst Psychologie zu studieren.

B Ich habe schon mit sechs Jahren angefangen. Mein Vater hat mir ein kleines motorisiertes Auto, einen Gokart, gekauft und ich habe fast jedes Wochenende trainiert. Mit zehn Jahren bin ich als Jung-Pilot in der Bambini-Klasse bei richtigen Rennserien mitgefahren. Ein paar Jahre später ging es dann zur Sache: Mit 16 konnte ich in echte Rennautos einsteigen. Das geht sogar ohne Führerschein. In den sogenannten Formel-Serien fahren Teenager Autos, die wie Formel-1-Wagen aussehen. Nur sind sie etwas kleiner und langsamer. Die talentiertesten Fahrer steigen dann in die Formel-3 auf und bekommen wie „Schumi" und andere Rennfahrer einen eigenen Sponsor. Wer aber wirklich Rennfahrer werden will, der braucht nicht nur Talent, sondern muss auch Angst haben können. Angst in Form von Respekt vor dem Fahrzeug, der Geschwindigkeit und der Strecke. Denn wer als Rennfahrer einen Fehler macht, für den wird es sehr schnell gefährlich.

Sie lernen

Einem Text über Bewerbungen mit „buntem" Lebenslauf Ratschläge entnehmen und ein Stellengesuch schreiben .. Modul 1

Über Vor- und Nachteile von Studium und Berufsausbildung sprechen und Stichworte zu einem Studienberatungsgespräch notieren .... Modul 2

Einen Text zum Thema „Multitasking" verstehen .... Modul 3

Notizen zu einem Radiointerview über „Soft Skills" machen................. Modul 4

Bewerbungstrainings vergleichen und eine Entscheidung aushandeln .... Modul 4

Grammatik

Attribute .... Modul 1
Weiterführender Nebensatz............ Modul 3

C Den Finger auf den roten Knopf legen – dieser Moment wird total überschätzt. Das eigentlich Interessante an der Sprengarbeit ist nicht nur die Explosion, sondern die ganze Vorbereitung. Ich liebe die Arbeit als Sprengmeister, weil man sich für jedes Problem eine neue Lösung ausdenken muss. Jedes Wohnhaus, jede Brücke und jeder Turm ist anders konstruiert – und man muss bei der Sprengung immer die Ideallösung finden. Manchmal ist vielleicht genug Platz, um das Gebäude durch die Sprengung einfach zum Kippen zu bringen. Manchmal steht das Objekt aber auch in der Mitte einer belebten Straße und man muss dafür sorgen, dass es praktisch auf der Grundfläche in sich zusammenbricht. Sprengmeister ist kein Ausbildungsberuf wie Schreiner oder Bäcker. Zuerst habe ich als Assistent bei Sprengungen geholfen. Das war für meinen späteren Weg ganz wichtig. Denn wer selber sprengen möchte, muss bei mindestens 50 Sprengungen assistiert haben oder aber zwei Jahre lang bei einem Sprengmeister gearbeitet haben.

D Von Beruf bin ich Schauspielerin. Ich bin vor einigen Jahren über eine Agentur zum Synchronsprechen gekommen. Von Anfang an hat mich diese Arbeit begeistert: Man gibt einer fremden Person seine Stimme, muss sich in diese Person hineinversetzen, sich mit ihr freuen, mit ihr leiden, mit ihr lachen, mit ihr weinen. Die wichtigste Voraussetzung dafür ist natürlich eine gute Stimme. Aber genauso wichtig ist Menschenkenntnis und die Fähigkeit, Emotionen zeigen zu können. Grundsätzlich kann man auch ohne Schauspielerausbildung Synchronsprecherin werden, doch das dürfte eher die Ausnahme als die Regel sein. Man müsste schon eine außergewöhnlich prägnante Stimme und ein Riesentalent haben, um sich unter den vielen Schauspielern behaupten zu können. Ohne Ausbildung einfach bei einem Synchronstudio an die Tür zu klopfen oder sich bei einer Agentur vorzustellen, wird vermutlich nicht von Erfolg gekrönt sein, zumal die Branche recht überlaufen und die Verdienstmöglichkeiten leider noch immer bescheiden sind.

E Die Idee, Butler zu werden, wurde geboren, als ich in den Semesterferien auf einem privaten Schiff als Steward tätig war. Nachdem ich mein Studium beendet hatte, stand für mich fest, nach London zu gehen und eine Ausbildung als Butler zu machen. Um Butler zu werden, braucht man eine abgeschlossene Ausbildung im Hotelfach, mehrjährige Berufserfahrung in der gehobenen Hotellerie und/oder auf einem Schiff, kommunikationsfähiges Englisch, Französisch ist wünschenswert. Diskret, loyal, flexibel und belastbar muss man sein. Ausgezeichnete Referenzen muss man vorweisen, eigenverantwortliches Arbeiten und sehr gute Umgangsformen sind notwendig. Und als Butler sollte man die Fähigkeit besitzen, ein professioneller Multitasker zu sein.

2 Welche anderen Berufe kennen Sie, für die man spezielle Kenntnisse, ein bestimmtes Talent oder Geschicklichkeit braucht? Beschreiben Sie einen solchen Beruf kurz.

Ein bunter Lebenslauf

1a Was könnte ein „bunter" Lebenslauf sein?

b Lesen Sie den ersten Absatz des Textes. Lagen Sie mit Ihrer Einschätzung richtig?

c Worauf sollte Ihrer Meinung nach ein Bewerber mit „buntem" Lebenslauf achten?

2 Lesen Sie den gesamten Text. Welche Ratschläge gibt der Personalexperte Dr. Becker Bewerbern mit „buntem" Lebenslauf?

Bewerben mit „buntem" Lebenslauf

Ein abgebrochener Studiengang, verschiedene Jobs, die mit der angestrebten Berufslaufbahn nichts zu tun haben, und Lücken im Lebenslauf: Absolventen und Berufseinsteiger mit solch einer „bunten" Vita sind häufig verunsichert, wie sie diese im Bewerbungsgespräch plausibel erklären sollen. Dabei besteht eigentlich kein Grund zur Sorge, wie Dr. Frank Stefan Becker, Personalexperte der Siemens AG, weiß. Jedoch gilt es, einige Stolpersteine zu umgehen. […]

Ein nur mäßig zielstrebiger Lebenslauf, der beispielsweise ein abgebrochenes Studium vor dem erfolgreich abgeschlossenen enthält, ist für viele Personaler eine Frage des Alters. „Zwischen 20 und 30 Jahren formt sich ein Mensch", so Frank Stefan Becker. „Hier sind thematische Richtungswechsel nichts Außergewöhnliches. Wichtig ist aber, dass der Bewerber die Um- bzw. Neuorientierung schlüssig darlegen kann. Ältere Bewerber hingegen tun sich in der Regel schwerer, zu erklären, warum sie die Richtung noch einmal komplett gewechselt haben."

www.achecht.de

Ebenso zentral wie selbstverständlich ist, dass die Begründung von Richtungswechseln oder zeitlichen Lücken im Lebenslauf auf Ehrlichkeit beruht. […] „Unabhängig davon, welche Auszeit der Bewerber genommen oder welchen Richtungswechsel er vollzogen hat, wird er sich dabei etwas gedacht und Erkenntnisse gewonnen haben. Genau das ist es, was den Personaler interessiert." Im Bewerbungsgespräch zu sagen, dass das zunächst begonnene Studium doch nicht das war, was man sich vorgestellt hatte, muss kein Nachteil sein. „Der Personaler sieht es so: Der Bewerber hat eine falsche Entscheidung getroffen und diese revidiert. So wird er später nicht irgendwann einmal feststellen müssen, dass er sich für den falschen Beruf entschieden hat. Fehler zu machen ist normal – der Umgang mit ihnen ist aufschlussreich", so der Personalexperte. Begründungen wie „das bewusst absolvierte Grundstudium meines abgebrochenen Studiengangs brachte mir wichtige Erfahrungen, die mein späteres Studium ergänzten" sind hingegen Verlegenheitsargumente bzw. haben etwas Phrasenhaftes, das vom Personaler schnell erkannt wird und dem Bewerber eher schadet.

Im Hinblick auf vorherige Tätigkeiten und Nebenjobs, die mit der angestrebten Stelle nichts gemein haben, raten viele Bewerbungsratgeber hingegen dazu, eine Brücke zum gewünschten Job zu schaffen.

Dabei ist aber Vorsicht geboten: „Der Bewerber sollte nicht auf Biegen und Brechen versuchen, seine vorherigen Tätigkeiten per se als wichtige Erfahrung für die gewünschte Stelle zu verargumentieren – beispielsweise seinen früheren Nebenjob als Briefträger, wenn in der Stellenanzeige eine hohe Mobilität gewünscht wird. Personaler hören solche Argumente täglich und können plausible durchaus von allzu fantasiereichen Konstrukten unterscheiden." Im Zweifel gilt daher: Im Lebenslauf sollte auch Berufserfahrung angegeben werden, die mit der gewünschten Stelle nichts gemein hat. Es ist jedoch davon abzuraten, diese um jeden Preis in einen Zusammenhang mit der Stelle bringen zu wollen. […]

▶ Ü 1

3 Wie wichtig ist ein lückenloser und geradliniger Lebenslauf in Ihrem Land?

4a Attribute. Ergänzen Sie die Wörter im Satz.

| meines abgebrochenen Studiengangs   bewusst absolvierte |
| die mein späteres Studium ergänzten |

Das _____ Grundstudium _____

brachte mir wichtige Erfahrungen, _____

b Welche Funktion haben Attribute?

c Sehen Sie sich die Tabelle an. Was für Attribute sind das? Notieren Sie die Nummer.

1 Adjektiv   2 Relativsatz   3 Substantiv im Genitiv   4 Partizip I/II   5 Präposition mit Substantiv

Artikelwort	Linksattribut	Substantiv	Rechtsattribut
ein	bunter ☐	Lebenslauf	—
ein	abgebrochenes ☐	Studium	—
eine	—	Frage	des Alters ☐
die	—	Begründung	von Richtungswechseln ☐
eine	wichtige ☐	Erfahrung,	die mein späteres Studium ergänzte ☐

d Ergänzen Sie die Regel.

Relativsätze – zusätzliche – rechts – Substantiv – links

Attribute bestimmen ein _____ näher und geben ihm _____ Merkmale. Attribute, die _____ von einem Substantiv stehen, sind: Adjektive und Partizipien. Attribute, die _____ von einem Substantiv stehen, sind: Substantive im Genitiv oder eine Präposition mit Substantiv. Auch _____ können Attribute sein, wenn sie ein Substantiv näher bestimmen.

▶ Ü 2–3

5 Recherchieren Sie im Internet nach Stellengesuchen und notieren Sie typische Attribute. Schreiben Sie dann ein eigenes Stellengesuch.

langjährige Erfahrung als ... / gute Kenntnisse der neuen deutschen Rechtschreibung / ...

Probieren geht über Studieren?

1 Welcher Schulabschluss (Berufsschulabschluss, Fachschulabschluss, Hochschulabschluss, …) ist in Ihrem Heimatland besonders häufig? Warum?

2a Studium oder Berufsausbildung? Sammeln Sie im Kurs Vor- und Nachteile.

Einerseits verdient man nach einer Ausbildung viel schneller Geld, andererseits lassen sich bestimmte berufliche Ziele ohne ein Studium nicht realisieren.

b Lesen Sie die folgenden Aussagen zum Thema „Studium oder Berufsausbildung". Nehmen Sie zu jeder Aussage kurz Stellung und begründen Sie Ihre Meinung.

1 Ich habe keine Lust, fünf Jahre zu studieren und dann festzustellen, dass der Arbeitsmarkt in diesem Beruf überlaufen ist.

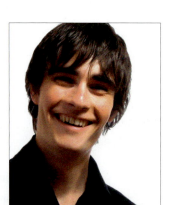

2 Ohne Studium ist man heute ein Niemand. Nach einem Studium ist man doch in der Gesellschaft viel angesehener.

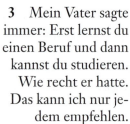

3 Mein Vater sagte immer: Erst lernst du einen Beruf und dann kannst du studieren. Wie recht er hatte. Das kann ich nur jedem empfehlen.

4 Wer wirklich richtig Geld verdienen möchte, braucht eine gute Ausbildung. Und die bekommt man nur an einer Uni.

5 Was lernt man denn im Studium? Die blanke Theorie. Im Beruf aber zählt die Praxis. Ein altes Sprichwort sagt: Probieren geht über Studieren.

hören sprechen

Modul 2

3 Sie hören jetzt ein Telefongespräch. Anna Novotná ruft bei der Studienberatung der Fachhochschule Worms an. Sie hat einige Fragen zu ihrem zukünftigen Studium. Notieren Sie zu diesen Punkten Stichworte. Sie hören das Gespräch einmal.

01 Was macht Frau Novotná zurzeit? — *Au-pair-Mädchen in Regensburg*

02 Sie möchte an der Fachhochschule Worms … studieren. — *Touristik und Verkehrswesen*

1. Was ist das Besondere an dem Gymnasium, das Frau Novotná besucht hat?
2. Nennen Sie zwei Zulassungsvoraussetzungen für das Studium.
3. Nennen Sie zwei Möglichkeiten für das Praktikum.
4. Das Praktikum muss mindestens … dauern.
5. Welche Sprache hat Frau Novotná als zweite Fremdsprache gelernt?
6. Was für ein Abschluss ist für die Fremdsprache wichtig?
7. Frau Novotná muss sich bis zum … beworben haben, wenn sie im Wintersemester beginnen möchte.
8. Nach welchen beiden Kriterien werden die Studenten ausgewählt?
9. Wenn man keinen Platz bekommt, wird man auf die … gesetzt.
10. Nach der Entscheidung bekommt Frau Novotná einen … .

▶ Ü 1–3

4 Informieren Sie sich im Internet, welche Voraussetzungen Sie erfüllen müssen, wenn Sie eine Berufsausbildung oder ein Studium in einem deutschsprachigen Land absolvieren wollen. Tauschen Sie Ihre Informationen im Kurs aus.

| Welche Sprachkenntnisse? | Nachweis der Sprachkenntnisse? | Schulabschluss? |
| Praktikum? | Vorwissen? | Prüfung? | Physische Eignung? |

Multitasking

1a „Multitasking" – Klären Sie den Begriff gemeinsam und nennen Sie Beispiele.

b Lesen Sie den folgenden Text und ordnen Sie den Abschnitten jeweils eine passende Überschrift zu. Zwei Überschriften passen nicht.

- **A** Gleichzeitige Wahrnehmung und Reaktion ist zu viel für das Gehirn
- **B** Beweis durch Studie: Gleichzeitigkeit verursacht Stress
- **C** Einigkeit bei Experten: Multitasking ist Zeitfalle
- **D** Verschwendung wertvoller Ressourcen
- **E** Unfälle durch Ablenkung
- **F** Verbesserung der Wirtschaftlichkeit durch Zeitpläne
- **G** Entscheidungsprobleme durch zu viele Anforderungen in kurzer Zeit

Schön der Reihe nach statt Multitasking

1 _____

Als vor ihm die roten Bremslichter aufleuchten, reagiert der Proband einige Zehntelsekunden zu spät. Die Stoßstange seines Fahrzeugs berührt das vor ihm fahrende Auto, die Anzeige „Crash" leuchtet auf. Virtuelle Unfälle wie diesen hat Versuchsleiter David Strayer schon viele erlebt. Der Grund ist fast immer derselbe: Die Probanden sind abgelenkt, weil sie während des Fahrens telefonieren. Eine Freisprechanlage ändert nichts an der hohen Unfallquote. Wer während des Autofahrens telefoniert, hat ein viermal so hohes Unfallrisiko.

2 _____

Der Mensch kann nicht erfolgreich mehrere Dinge auf einmal tun, was Wissenschaftler in neuen Untersuchungen bestätigen. Zwar beharren viele Unternehmer und Betriebsberater auf der Ansicht, verschiedene Aufgaben zugleich zu erledigen sei das Patentrezept gegen Dauerstress, gegen zu viel und zu langsam erledigte Arbeit. Multitasking nennen sie dieses Rezept. Doch Psychologen, Neurowissenschaftler und Ökonomen widersprechen mittlerweile einhellig: Der Mensch mache bei solchem Vorgehen haufenweise Fehler, sein Gehirn sei der Doppelbelastung nicht gewachsen. Er verplempere sogar Zeit, und zwar mehr als ein Viertel, weil er Fehler wieder ausbügeln und sich an die jeweils nächste Aufgabe erinnern müsse. Der Gleichzeitigkeitswahn verschwendet wertvolle Arbeitszeit.

3 _____

Im Kernspintomografen messen Wissenschaftler, wie gut das Gehirn damit klarkommt, wenn es mehrere Aufgaben gleichzeitig erledigen soll. Marcel Just von der Carnegie Mellon University in Pittsburgh las seinen Probanden einfache Sätze vor, die Versuchspersonen sollten nur zuhören. Die für die Spracherkennung zuständigen Gehirnareale waren höchst aktiv. Dann sahen die Probanden zusätzlich Bilder von zwei dreidimensionalen Objekten, die sie miteinander vergleichen sollten. Das gelang den Studienteilnehmern zwar meistens, doch ihr Gehirn kam mit der Doppelbelastung nicht zurecht. Die Spracherkennungsareale waren in der Multitasking-Aufgabe nicht mal mehr halb so aktiv wie zuvor. Der Preis für das Multitasking besteht darin, dass zumindest eine der Aufgaben nur mit halber Kraft bearbeitet wird. Ein telefonierender Autofahrer konzentriert sich gleichzeitig auf den Gegenverkehr und das Gespräch, weshalb er keine Kapazitäten mehr frei hat, um auf einen Fußgänger zu reagieren. Wenn das Gehirn nicht mehr nur wahrnehmen, sondern auch reagieren muss, scheitert jeder Versuch von Gleichzeitigkeit.

4 _____

Entscheidungen brauchen Zeit, und zwar mindestens eine Sekunde. Der Psychologe René Marois präsentierte seinen Probanden Bilder geometrischer Figuren und dann, nach unterschiedlich langen Zeitintervallen, einen Ton. Zu jedem der acht verschiedenen Bilder und Töne gehörte eine bestimmte Taste, die die Probanden so schnell wie möglich betätigen sollten. Wenn Marois Bild und Ton in einem zeitlichen Abstand von 300 Millisekunden oder weniger darbot, verzögerte sich die Reaktion der Studienteilnehmer um eine Sekunde.

Nur wenn sie Bild und Ton um mindestens eine Sekunde versetzt wahrnahmen, konnten sie unmittelbar und korrekt auf beide Reize reagieren.

Zu viele Aufgaben, die in zu kurzer Zeit auf das Gehirn einstürmen, verursachten einen Entscheidungsstau, erklärt Marois. Mindestens zwei Regionen im Gehirn, die für die Auswahl der passenden Reaktionen zuständig sind, funktionieren wie eine Art Flaschenhals: Handlungsanweisungen gelangen nur langsam und der Reihe nach hindurch.

5 _____

Der Mensch versucht sich trotzdem ständig im Multitasking und wähnt sich dabei meistens erfolgreich. „Was wir als Multitasking erleben, ist nur ein schneller Wechsel zwischen verschiedenen Aufgaben", erklärt der Psychologe Jordan Grafman. „Dabei verwechseln wir Schnelligkeit mit Intelligenz", sagt der Münchener Hirnforscher Ernst Pöppel. „Wer schnell ist, gilt immer auch als schlau."

Zahlreiche Menschen erliegen dieser Illusion, wodurch täglich wertvolle Ressourcen verschwendet werden: Intellekt, Arbeitszeit – und eine Menge Geld. „Wenn jeder Mensch in Deutschland eine Stunde am Tag ohne Unterbrechung durcharbeiten würde, bekämen wir den größten Innovationsschub aller Zeiten", so Ernst Pöppel.

▶ Ü 1–2

c Fassen Sie den Text in wenigen Sätzen zusammen.

d In welchen Situationen ist für Sie Multitasking kein Problem, wann finden Sie es belastend?

2a Lesen Sie die Sätze und unterstreichen Sie die weiterführenden Nebensätze. Worauf bezieht sich der weiterführende Nebensatz jeweils?

– Der Mensch kann nicht erfolgreich mehrere Dinge auf einmal tun, <u>was Wissenschaftler in neuen Untersuchungen bestätigen</u>.
– Ein telefonierender Autofahrer konzentriert sich gleichzeitig auf den Gegenverkehr und das Gespräch, weshalb er keine weiteren Kapazitäten zum Reagieren mehr frei hat.
– Zahlreiche Menschen erliegen dieser Illusion, wodurch täglich wertvolle Ressourcen verschwendet werden.

b Formen Sie die Sätze um.

– Das Gehirn kann keine Doppelbelastung bewältigen. Das überrascht mich sehr.
  Das Gehirn kann keine Doppelbelastung bewältigen, was mich sehr überrascht.
– Durch Multitasking wird viel Zeit verschwendet. Deshalb sollte man es vermeiden.
– Während der Arbeit werde ich ständig unterbrochen. Darüber ärgere ich mich oft.
– Am Montag bekomme ich ein eigenes Büro. Damit habe ich gar nicht gerechnet.

c Ergänzen Sie die Regel.

> Weiterführende Nebensätze beziehen sich auf die Gesamtaussage des _____. Die Aussage des Hauptsatzes wird kommentiert oder weitergeführt. Weiterführende Nebensätze werden mit *was*, mit *wo(r)* + Präposition oder mit *weshalb/weswegen* eingeleitet und stehen immer _____ dem Hauptsatz. **G**

d Arbeiten Sie zu zweit. Geben Sie einen Hauptsatz vor. Ihr Partner / Ihre Partnerin bildet einen passenden weiterführenden Nebensatz. Dann tauschen Sie.

Ich arbeite jetzt in einer anderen Abteilung, …   … worüber ich mich sehr freue.

▶ Ü 3–7

Soft Skills

1 Sehen Sie die Zeichnung an. Was wird hier dargestellt?

2 Neben Fachwissen sind heute im Arbeitsleben zahlreiche weitere Fähigkeiten gefragt. Wählen Sie zwei Begriffe, erklären Sie sie und nennen Sie Berufe, bei denen diese Fähigkeiten besonders wichtig sind.

> Kundenorientierung   Durchsetzungsvermögen   Führungskompetenz
> Motivation   Kommunikationsfähigkeit   Engagement
> Teamfähigkeit/Teamorientierung
> Eigeninitiative   Analytisches und logisches Denken   Belastbarkeit
> Konfliktfähigkeit   Zielorientierung/Zielstrebigkeit   Kreativität
> Begeisterungsfähigkeit   Flexibilität
> Verlässlichkeit   Organisationsfähigkeit   Emotionale Intelligenz   Mobilität

Konfliktfähigkeit bedeutet, dass man Konflikten nicht aus dem Weg geht, sondern Probleme anspricht. Man sollte in der Lage sein, Konflikte fair und sachlich zu lösen und gleichzeitig aus dem Konflikt zu lernen. Das ist eigentlich in allen Berufen wichtig, besonders wenn man im Team arbeitet. ...

▶ Ü 1

3a Beim Hören eines Radiointerviews sollen Sie Notizen zu wichtigen Informationen machen. Sammeln Sie zuerst gemeinsam im Kurs, wie man am besten Notizen macht.

Fertigkeitstraining
hören | lesen | sprechen | schreiben

2 Modul 4

b Sie hören ein Radiointerview zum Thema „Soft Skills" in drei Abschnitten. Ergänzen Sie die Informationen und vergleichen Sie Ihre Notizen nach jedem Abschnitt mit Ihrem Nachbarn / Ihrer Nachbarin.

Abschnitt 1:

In Stellenanzeigen häufig geforderte Soft Skills:	Zahl der Unternehmen, die Soft Skills für wichtig halten:

Grund für große Bedeutung von Soft Skills heute:	Für Teamarbeit wichtige Fähigkeiten:

Abschnitt 2:

Grund für Forderung nach Veränderungsbereitschaft:	Führungskraft heute:
Grund für Popularität von interkultureller Kompetenz:	Bedeutung von vernetztem Denken:

Abschnitt 3:

Problem beim Umgang mit Soft Skills:

33

Soft Skills

c Hören Sie das Interview noch einmal und ergänzen Sie fehlende Informationen.

d Welche Soft Skills haben in Ihrem Land eine große Bedeutung?

e Welche Soft Skills sind in Ihrem Beruf/Traumberuf wichtig und warum?

4a Arbeiten Sie zu zweit. Jeder liest einen Text und macht sich Notizen zu den wichtigsten Informationen.

A Soft Skills in der Bewerbung

Christian Püttjer weiß, was Personaler wollen. Seit über 15 Jahren vermittelt er in Seminaren und Büchern sein Wissen rund um das Thema Bewerbung. Zum Beispiel hat er beobachtet, dass Soft Skills bei Unternehmen einen ähnlichen Stellenwert einnehmen wie fachliche Kenntnisse. Wer sich auf eine Stellenanzeige bewerbe, sollte deshalb zunächst ganz genau den Text analysieren und akribisch alle geforderten Hard und Soft Skills herausfiltern. Das sei die Grundvoraussetzung für eine überzeugende Mappe. Für das Anschreiben rät er: „Fachliche Fähigkeiten stichwortartig aufzählen, Soft Skills lieber beschreiben." Dabei warnt Püttjer vor floskelhaften Behauptungen. Gerade im ersten Schritt der Bewerbung sei es geschickt, die Soft Skills passgenau aufzuzeigen, um die Personalabteilung neugierig zu stimmen. Angaben wie: „Ich bin teamfähig, kommunikativ und belastbar" bringen den Bewerber nicht weiter. „Besser sind beispielhafte Situationen, in denen man die gewünschten Schlüsselqualifikationen bereits eingesetzt hat." Fordert die Stellenanzeige Teamfähigkeit, könnte man schreiben: „Ich habe in meinem Praktikum im Team gearbeitet und mit anderen Referenten Wettbewerberanalysen erstellt." Auch im Lebenslauf darf es Beispiele für Soft Skills geben. „Man sollte nicht bloß Situationen wie Praktikum, Aushilfstätigkeit oder Ehrenamt auflisten", sagt Püttjer, „besser ist es, einen tätigkeitsbezogenen Lebenslauf zu schreiben." Dabei geht es darum, jeweils drei bis fünf Tätigkeiten anzugeben, die man in einzelnen Stationen ausgeführt hat. „Wenn jemand Mitglied einer Studentenorganisation war, lässt man das nicht bloß so stehen. Besser ist es, zu schreiben, dass man Versammlungen organisiert, Vorträge gehalten und Verhandlungen geführt hat."

B Assessment Center

Im Rahmen einer Bewerbung können Sie zu einem Assessment Center (AC) eingeladen werden. Das AC verfolgt das Ziel, herauszufinden, wie Sie sich in bestimmten Situationen verhalten. Dazu werden verschiedene Beobachter eingesetzt, die Ihr Verhalten bewerten. Die Ergebnisse werden dann mit den Anforderungen des Unternehmens verglichen. So kann es sein, dass ein innovativer Charakter gesucht wird, der durchsetzungsstark ist und neuen Wind in ein (zu) eingespieltes Team bringt. So können Sie sich vorbereiten:
Informieren Sie sich ausführlich über das Unternehmen und seine AC-Politik, etwa über Kommilitonen, Karrieremagazine und Webseiten.
Halten Sie sich auf dem Laufenden über das Tagesgeschehen, oft wird aktuelles Wissen abgefragt.
Verschaffen Sie sich einen Überblick zu typischen AC-Fragen, etwa durch spezielle Ratgeberbücher.
Sehen Sie dem AC ruhig und gelassen mit dem Bewusstsein entgegen, dass Sie hier nur lernen können. Die jeweils unterschiedlichen Prioritäten in den Assessment Centern sind gut für Sie, denn diese bedeuten, dass Sie in einem AC durchfallen können, in einem anderen aber gute Chancen haben.
In jedem Fall ist jedes AC lehrreich, denn Sie lernen mehr über Ihre Stärken und Schwächen und können fortan besser damit umgehen. Nach einem AC ohne Stellenangebot sollten Sie deshalb um ein Feedback bitten, was Ihnen meist auch gerne gegeben wird.
Das AC beinhaltet in der Regel verschiedene Abschnitte. Dazu gehören neben Einzelinterviews auch Rollenspiele, Selbstpräsentation, Persönlichkeits- und Konzentrationstests sowie Tests zur Überprüfung kognitiver Fähigkeiten und Gruppendiskussion. Legendär ist die Postkorbübung, bei der Sie Wichtiges von Unwichtigem trennen sollen. Die Übung gibt es auch in einer E-Mail-Variante.

www.staufenbiel.de/bewerbungswissen

b Tauschen Sie sich mit Ihrem Partner / Ihrer Partnerin aus. Informieren Sie ihn/sie über die wichtigsten Inhalte und Ratschläge Ihres Textes.

Fertigkeitstraining
hören | lesen | sprechen | schreiben

2 Modul 4

5 Schreiben Sie einen Beitrag für eine Lokalzeitung zum Thema „Soft Skills".

– Ordnen Sie die Informationen aus dem Radiointerview und den Texten.
– Ergänzen Sie eigene Gedanken und Beispiele.
– Bringen Sie alle Punkte in eine sinnvolle Reihenfolge.
– Verknüpfen Sie die Sätze und Abschnitte sinnvoll miteinander. Verwenden Sie geeignete Konnektoren.
– Überprüfen Sie am Ende noch einmal die Korrektheit Ihrer Sätze.

6a Arbeiten Sie zu zweit und ordnen Sie den Redemitteln die passenden Überschriften zu. Ergänzen Sie gemeinsam weitere Redemittel.

einen Vorschlag ablehnen – einen Vorschlag machen – zu einer Entscheidung kommen – einen Gegenvorschlag machen – einem Vorschlag zustimmen

Wie wäre es, wenn wir …?	Wir sollten überlegen, ob es nicht besser wäre …
Meiner Meinung nach sollten wir …	Ich hätte da eine bessere Idee: …
Was hältst du / halten Sie von folgendem Vorschlag: …?	Ich würde gern einen anderen Vorschlag machen, und zwar …
Mein Vorschlag wäre …	

Dieser Vorschlag gefällt mir.	Das halte ich für keine gute Idee.	Ja, so machen wir es.
Ich kann diesem Vorschlag nur zustimmen.	Das würde ich so nicht machen.	Einigen wir uns doch auf Folgendes: …
Das hört sich gut an.		Lass uns / Lassen Sie uns Folgendes vereinbaren: …

GI

b Sie möchten sich auf zukünftige Bewerbungen besser vorbereiten.

Es gibt folgende Angebote:
• eines der zahlreichen Bücher zum Thema „Bewerbung"
• ein Online-Bewerbungstraining im Internet mit interaktiven Übungen
• eine DVD mit kommentierten Vorstellungsgesprächen und anderen Tipps
• ein Wochenendseminar bei einem privaten Anbieter
• acht Abende in einem Kurs bei der Bundesagentur für Arbeit
• ein Einzeltraining bei einem spezialisierten Coach über zehn Stunden

– Vergleichen Sie die Angebote und begründen Sie Ihren Standpunkt.
– Gehen Sie auch auf die Äußerungen Ihres Gesprächspartners / Ihrer Gesprächspartnerin ein.
– Am Ende sollten Sie zu einer Entscheidung kommen.

▶ Ü 2

Porträt

Willy Bogner (* 23.01.1942)

Skifahrer, Filmregisseur und Unternehmer

Der deutsche Skifahrer, Filmregisseur und Unternehmer Willy Bogner wurde am 23. Januar 1942, als Sohn des Unternehmers Willy Bogner senior und seiner Frau Maria in München geboren.

Bogner studierte nach seinem Schulabschluss Betriebswirtschaft und Textiltechnik in Hohenstein und arbeitete nach seiner Ausbildung im elterlichen Betrieb mit, der unter anderem Skimode herstellte.

Doch der Skisport und der Film reizten ihn gleichfalls. Deshalb kümmerte er sich mit viel Engagement um seine sportliche Karriere. Zunächst wurde er als Skirennläufer bekannt und zählte in den 1960er-Jahren zu den besten Skifahrern der Welt. Er wurde jeweils zweimal Studentenweltmeister und Deutscher Meister. 1960 und 1964 nahm er sogar an Olympia teil. 1967 verabschiedete sich Bogner vom Skisport, um Filme zu machen. Lange galt er als einer der besten Skikameraleute der Welt, so wirkte er unter anderem in mehreren James-Bond-Filmen mit. Sein Sport- und Naturfilm „Feuer und Eis" bekam 1986 den Bayerischen Filmpreis und einen anderen wichtigen Medienpreis, den Bambi. 1970 stieg Bogner zudem in den Modebetrieb seiner Eltern ein, dessen Leitung er 1977 übernahm. Er entwickelte sich zu einem erfolgreichen Modemacher und Designer und das Markenlabel „Willy Bogner" etablierte sich auch international.

Im Jahr 1972 heiratete Bogner die Brasilianerin Sônia Ribeiro. Als 1977 Bogners Vater starb, übernahm er den elterlichen Betrieb und entwarf später das Modelabel „Fire & Ice".

In seinem Modeunternehmen entwirft Bogner zusammen mit seiner Frau Skibekleidung, Tennisbekleidung, Langlaufmode, Bade- und Lederbekleidung, Damen- und Herrenmode sowie Accessoires. Bogners Modekennzeichen besteht aus einem Regenbogen oder einem „B" am Reißverschluss.

Willy Bogner mit seiner Frau

Zudem entwickelte er eine eigene Kosmetiklinie. Zu Bogners Auszeichnungen zählen neben den Filmpreisen unter anderem der Münchner Modepreis (1994), an dem seine Frau gleichfalls Anteil hatte. Im Jahr 1996 wurde Bogner dann mit dem Bundesverdienstkreuz geehrt.

Einen spektakulären Auftritt leistete sich der sechzigjährige Willy Bogner nochmals am 3. Oktober 2002, als er anlässlich der Feiern zum Tag der Deutschen Einheit das Brandenburger Tor in Berlin verkleidete und enthüllte.

Mehr Informationen zu Willy Bogner

Sammeln Sie Informationen über Persönlichkeiten aus dem In- und Ausland, die für das Thema „Arbeit und Karriere" interessant sind, und stellen Sie sie im Kurs vor. Sie können dazu die Vorlage „Porträt" im Anhang verwenden.
Beispiele aus dem deutschsprachigen Bereich: Heinz-Horst Deichmann – Hubert Burda – Swarovski

Grammatik-Rückschau 2

1 Attribute

Attribute bestimmen ein Substantiv näher und geben ihm zusätzliche Merkmale.

Das bewusst absolvierte Grundstudium meines abgebrochenen Studiengangs brachte mir wichtige Erfahrungen, die mein späteres Studium ergänzten.

Der Bewerber hat eine falsche Entscheidung getroffen.

Artikelwort	Linksattribut	Substantiv	Rechtsattribut
ein	bunter (Adjektiv)	Lebenslauf	–
ein	abgebrochenes (Partizip II)	Studium	–
ein	schwerwiegendes (Partizip I)	Problem	
eine	–	Frage	des Alters (Substantiv im Genitiv)
die	–	Begründung	von Richtungswechseln (Präposition mit Substantiv)
eine	wichtige	Erfahrung,	die mein späteres Studium ergänzte (Relativsatz)
die	–	Bemühungen,	einen guten Arbeitsplatz zu finden (Infinitiv mit *zu*)
die	–	Tatsache,	dass es zu wenige Arbeitsplätze gibt (*dass*-Satz)

2 Weiterführende Nebensätze

Weiterführende Nebensätze beziehen sich auf die Gesamtaussage des Hauptsatzes. Die Aussage des Hauptsatzes wird kommentiert oder weitergeführt.

Der Mensch kann nicht erfolgreich mehrere Dinge auf einmal tun, was Wissenschaftler in neuen Untersuchungen bestätigen.

Während der Arbeit werde ich ständig unterbrochen, worüber ich mich oft ärgere.

Weiterführende Nebensätze werden mit *was*, *wo(r)* + Präposition oder mit *weshalb/weswegen* eingeleitet und stehen immer nach dem Hauptsatz.

Ingenieure dringend gesucht

1. In Magazinsendungen kündigt meist ein Moderator / eine Moderatorin die einzelnen Beiträge an, um das Interesse der Zuschauer zu wecken.

   a Sehen Sie den Film und notieren Sie Stichpunkte. Formulieren Sie in Partnerarbeit einen Text (4–5 Sätze) für eine Anmoderation.

   b Tragen Sie Ihre Anmoderation vor. Wer war am überzeugendsten und warum?

2. Bilden Sie zwei Gruppen, lesen Sie die Aufgaben und sehen Sie den Film noch einmal. Informieren Sie sich dann gegenseitig über Ihre Ergebnisse.

   Gruppe A

   a Welche Firmen, Institutionen und Veranstaltungen werden im Film gezeigt und genannt?
   b Was produzieren die Firmen in Frankfurt/Oder und in der nordhessischen Stadt Haiger?

   Gruppe B

   c Welches Ziel hat die Bonding-Messe in Karlsruhe?
   d Ergänzen Sie die Zahlen, die im Film genannt werden:

   1. Die Firma Conergy hat derzeit _____ Mitarbeiter.
   2. Der junge Ingenieur André Lampe hat _____ Bewerbungen losgeschickt.
   3. _____ Ingenieurstellen konnten nicht besetzt werden.
   4. An der Bonding-Messe nehmen mehr als _____ Firmen teil.
   5. Die Loh Group exportiert ihre Produkte in mehr als _____ Länder und sucht zurzeit rund _____ Ingenieure.
   6. An der TH Aachen sind bei den Ingenieurswissenschaften _____ Prozent der Studenten weiblich, bundesweit nur _____ Prozent.
   7. Per Gesetz müssen ausländische Hochschulabsolventen _____ Euro nachweisen, um in Deutschland arbeiten zu dürfen.

sehen | nachdenken | diskutieren 2

1 📖 3 Sehen Sie die Sequenz „Gründe für den Ingenieurmangel". Notieren Sie Stichpunkte und berichten Sie.

2 📖 4 Sehen Sie die Sequenz „Folgen für die Wirtschaft". Notieren Sie alles, was dazu gesagt wird, und geben Sie es wieder.
– weniger Wachstum
– ...

5 Recherchieren Sie über Ihr Land oder ein Land Ihrer Wahl und berichten Sie im Kurs:
– Für welche Berufe fehlen bei Ihnen Fachkräfte?
– Wie schätzen Sie die Bedingungen für ausländische Fachkräfte ein?
– Was ist für Bewerber einfach, was kann eventuell problematisch sein?

Hast du Worte?

 1a Was ist witzig? Sehen Sie sich die Witze und Cartoons an und hören Sie die Ausschnitte aus einem Comedy-Programm. Worüber können Sie am meisten lachen?
Vergeben Sie einen ersten, einen zweiten, einen dritten Platz.

Platz 1: _____   Platz 2: _____   Platz 3: _____

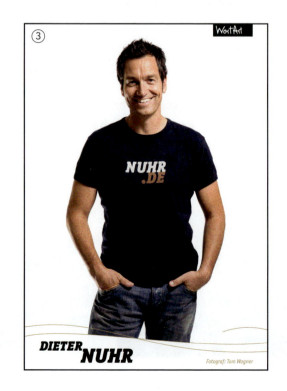

Sie lernen

Vor- und Nachteile moderner Medien aus einem Zeitungstext herausarbeiten und Meinungen aus dem Text wiedergeben .... Modul 1

Ein Interview zum Thema „Schlagfertigkeitstraining" verstehen und die eigene Schlagfertigkeit üben .... Modul 2

Einen Fachtext über „Sprachen lernen und erwerben" verstehen und zusammenfassen   Modul 3

Einen Magazinbeitrag über Dialekte verstehen und über die Verwendung von Dialekten sprechen .... Modul 4

Eine E-Mail in Umgangssprache verstehen und darauf antworten .... Modul 4

Grammatik

Redewiedergabe: Präpositionen,
Sätze mit wie, Konjunktiv I .... Modul 1
Nominal- und Verbalstil .... Modul 3

AB Wortschatz

3

b Was steht im Kurs am häufigsten auf Platz 1? Können Sie sich auf einen Spitzenreiter einigen?

c Worüber lacht man in Ihrer Heimat? Was sind typische Witze? Welche Komiker oder Comedy-Sendungen sind sehr beliebt?

1.18 2a Hören Sie zu, wie jemand einen Witz erzählt. Was könnte er besser machen?

1.19 b Hören Sie denselben Witz von einer anderen Person erzählt. Haben Sie den Witz verstanden? Was hat der Mann beim Erzählen gut gemacht?

3a Recherchieren Sie in Büchern, Zeitschriften oder im Internet nach Witzen und wählen Sie einen aus, der Ihnen gut gefällt.

b Wer will, erzählt jetzt den Witz auf Deutsch. Üben Sie erst zu zweit und erzählen Sie dann im Kurs.

Immer erreichbar

1. Ist Ihr Handy immer eingeschaltet? Wie oft rufen Sie Ihre E-Mails ab? Wie viele SMS schreiben Sie pro Tag? Wie viel Zeit verbringen Sie in Chats, Blogs und Communitys?

2. Lesen Sie die Texte und ergänzen Sie die Tabelle in Stichwörtern.

Müssen wir immer erreichbar sein?

Ja, denn das bringt Vorteile im Beruf

Dr. Kerstin Cuhls
Zukunftsforscherin, Fraunhofer-Institut

Die technischen Möglichkeiten, durch die man immer und überall erreichbar ist, schätze ich sehr. Sie geben mir die Chance, meinen Beruf, so wie er sich entwickelt hat, überhaupt ausüben zu können. Ich kann von zu Hause aus arbeiten, und das nicht nur zu den klassischen Arbeitszeiten. Ohne mein mobiles Büro wäre für mich die Vereinbarkeit von Beruf und Familie gar nicht möglich oder würde ich meine Kinder fast nur am Wochenende sehen. Ein weiterer Vorteil ist es, überall und zu jeder Zeit Zugriff auf meine eigenen Daten und anderweitige Informationen zu haben. Das ist für mich als Innovationsforscherin – und sicher auch für viele andere Menschen – enorm wichtig und angenehm. Ich kann mit Personen kommunizieren und gemeinsam Projekte bearbeiten, ohne mich allzu oft mit ihnen zu treffen. Ich muss auch nicht mehr ganz so viele Dienstreisen machen. Trotzdem manage ich derzeit ein relativ großes Forschungsprojekt mit vielen Beteiligten.

Kommunikation braucht Sendepausen

Prof. Miriam Meckel
Professorin für Kommuikationsmanagement

Nein, wir müssen auch abschalten dürfen. Niemand ist verpflichtet, auf die umfassenden Ansprüche der modernen Kommunikationskultur einzugehen. Natürlich wollen wir per Handy oder Blackberry vernetzt sein, aber eben dabei nicht den Überblick verlieren und ständig in der Pflicht zur Kommunikation stehen. Ein erster Schritt kann es sein, Zeiten für die eigene Erreichbarkeit zu definieren. Denn: Wenn ich immer für alle erreichbar bin, bin ich in Wahrheit nie voll und ganz für jemanden da. Schalte ich hingegen beim Treffen mit Freunden das Handy einmal bewusst aus, erreicht mich derjenige wirklich, der diesen Moment mit mir teilt. Es bedarf der gelegentlichen Sendepause, um auf Information Kommunikation folgen zu lassen. Schließlich muss der Mensch verarbeiten können, was auf ihn zukommt. Hat er dazu im Dauerfeuer der Botschaften keine Zeit, fällt die Information ins Nichts. Es ist daher wichtig, Platz im Kopf und Zeit zum Denken zu schaffen.

Pro	Contra

sprechen
lesen | Grammatik

3 Redewiedergabe in wissenschaftlichen Texten, Zeitungen, Nachrichten.

a Redewiedergabe mit präpositionalen Ausdrücken oder Nebensatz mit *wie*.
Geben Sie die Meinungen aus den Texten wieder. Benutzen Sie dabei die präpositionalen Ausdrücke oder bilden Sie einen Nebensatz mit *wie*.

Redewiedergabe

Präpositionale Ausdrücke	vorgestellt	nachgestellt
laut + Genitiv/Dativ	**Laut** Miriam Meckel …	
nach + Dativ	**Nach** Kerstin Cuhls …	Ihrer Meinung **nach** …
zufolge + Dativ		Dem zweiten Text **zufolge** …
gemäß + Dativ	**Gemäß** ihrer Einstellung …	Ihrer Aussage **gemäß** …

Nebensätze mit *wie*

Wie Kerstin Cuhls berichtet, ….
Wie die Professorin erklärt, …
Wie im linken/rechten Text beschrieben wird, …

Laut Kerstin Cuhls ist die ständige Erreichbarkeit im Beruf vorteilhaft.
Wie Kerstin Cuhls berichtet, helfen ihr die neuen Möglichkeiten sehr.

▶ Ü 1–3

b Redewiedergabe mit Konjunktiv I. In wissenschaftlichen Texten, in Zeitungen und Nachrichtensendungen verwendet man häufig den Konjunktiv I, um die Worte eines anderen wiederzugeben. Formen Sie folgende Sätze um.

Ich kann von zu Hause aus arbeiten. → *Sie sagt, sie könne von zu Hause aus arbeiten.*
Ich muss nicht mehr so viele Dienstreisen machen.
Es bedarf der gelegentlichen Sendepause.
Es ist wichtig, Platz im Kopf zu schaffen.

▶ Ü 4

c Ergänzen Sie die Regel.

Um die Aussagen einer anderen Person wiederzugeben, kann man folgende Präpositionen verwenden: _____, _____, _____ und _____. Als Alternative kann man einen Nebensatz mit _____ bilden. Eine weitere Möglichkeit der Redewiedergabe ist die Verwendung des _____.

▶ Ü 5

4 Immer erreichbar. Welcher Meinung stimmen Sie am ehesten zu und warum?

5 Spielen Sie Nachrichtensprecher. Bringen Sie einen interessanten Zeitungsartikel mit und geben Sie den Inhalt wieder. Verwenden Sie die verschiedenen Möglichkeiten der Redewiedergabe.

Wie die Polizei mitteilte, kam es auf der Veranstaltung zu einem Streit zwischen …
Laut einem Bericht der Bundesregierung wird es im nächsten Jahr …

Gib Contra!

1a Was bedeuten die Aussagen?

1. Sonja ist nicht auf den Mund gefallen.
2. Dein Kollege muss immer das letzte Wort haben, oder?
3. Sie war so unverschämt. Ich war wirklich sprachlos.
4. Herr Bockelberg ist wirklich schlagfertig.
5. Peter hat unserem Chef heute mal richtig Contra gegeben.
6. Du bist wohl nie um eine Antwort verlegen, wie?

b Sehen Sie sich die Zeichnung an und lesen Sie die Sprechblasen. Welche Antwort finden Sie am schlagfertigsten?

2 Sie hören ein Interview zum Thema „Schlagfertigkeit trainieren". Sie hören den Text zweimal, zunächst einmal ganz, danach ein zweites Mal in Abschnitten. Kreuzen Sie die richtige Antwort (a, b oder c) an.

1.20
P
GI

1	Wer wird leichter Opfer von verbalen Angriffen?	a	Kinder, die unter ihren Mitschülern leiden.
		b	Erwachsene im Berufsleben.
		c	Jeder, der nicht schlagfertig ist.
2	Was stellte das LBS-Kinderbarometer fest?	a	Etwa ein Drittel der Schüler leidet unter verbalen Angriffen.
		b	Dass sich 9–14-Jährige selten ausgegrenzt fühlen.
		c	Dass sich fünf von 30 Kindern angegriffen fühlen.
3	Wie beschreibt Dr. Traber die verbalen Attacken Erwachsener?	a	Sie sind weniger öffentlich und indirekter als bei Kindern.
		b	Sie sind nicht so verletzend wie bei Kindern.
		c	Sie sind hemmungsloser als bei Kindern.
4	Welchen häufigen Grund nennt Dr. Traber für eine verbale Attacke?	a	Jemand kann eine Person nicht leiden.
		b	Jemand will anderen seine Stärke zeigen.
		c	Jemand fühlt sich von der anderen Person angegriffen.
5	Was passiert laut Dr. Traber, wenn sich das Opfer nicht verbal wehrt?	a	Der Angreifer verliert die Lust an weiteren Offensiven.
		b	Das Opfer wird häufig immer wieder angegriffen.
		c	Das Opfer wird aggressiv und gewalttätig.

hören sprechen — 3 Modul 2

6	Wie sollte man bei der Strategie des Ironisierens handeln?	a	So tun, als sei das Gesagte egal, und desinteressiert antworten.
		b	Dem Angreifer zustimmen und die Aussage erweitern.
		c	Eine Antwort aus einem anderen Kontext geben.
7	Beim Schlagfertigkeitstraining ist zentral, …	a	Freunde und Familie in das Training zu integrieren.
		b	das Training regelmäßig Tag für Tag durchzuführen.
		c	die Defensive zu verlassen und selbst zu handeln.
8	Was sollte laut Dr. Traber in dem persönlichen Trainingsbuch notiert werden?	a	Hier sollten die Strategien und die Äußerungen, die einem am besten gefallen, stehen.
		b	Hier sollten alle Situationen, die man erlebt hat, notiert werden.
		c	Hier sollten alle Strategien und Beispiele für Attacken aufgeschrieben werden.
9	Warum werden die Seminare für unterschiedliche Situationen angeboten?	a	Weil verschiedene Situationen unterschiedliche Reaktionen erfordern.
		b	Weil die Seminarlänge von Situation zu Situation unterschiedlich ist.
		c	Weil sich die Kunden Seminare für unterschiedliche Situationen gewünscht haben.
10	Was wird im Seminar neben der Sprache trainiert?	a	Die Körperhaltung zu beachten und gleichgültiger gegen mündliche Provokationen zu werden.
		b	Auf die Körperhaltung zu achten und mit dem Körper auf Angriffe zu reagieren.
		c	Auf die Körperhaltung zu achten und Konfliktsituationen auszuweichen.

1.22

3a Hören Sie den zweiten Abschnitt noch einmal. Welche fünf Abwehrstrategien werden genannt? ▶ Ü 1–2

b Manchmal muss man nicht nur auf Äußerungen, sondern auch auf ein Verhalten in einer Situation reagieren. Welche Strategie würden Sie in den Situationen A bis C nutzen? Überlegen Sie, was Sie sagen könnten.

Ⓐ   Ⓑ   Ⓒ

Sprachen lernen

1 Wann, wie, wo und mit wem lernen wir Sprachen? Erstellen Sie ein Assoziogramm.

▶ Ü 1

2 Lesen Sie den Text. Welche Wörter aus Ihrer Sammlung kommen vor? Welche Begriffe sind neu?

Wie wir uns eine Sprache aneignen, untersuchen unterschiedliche wissenschaftliche Disziplinen, z.B. die Linguistik, die Entwicklungspsychologie, die Didaktik und andere. Die Forschung unterscheidet dabei den Spracherwerb und das Sprachenlernen.

Wenn wir uns bei Kindern anschauen, über welches sprachliche Repertoire sie in der Muttersprache verfügen, dann können wir Folgendes bemerken: Sie erwerben auch Sprachregeln, die in ihrer Alltagssprache nur selten vorkommen.

Kinder üben die Strukturen aber nur mit einer begrenzten Anzahl von Regeln. Es ist ein Bestandteil des Lernprozesses, wenn sie dabei von den Normen der Muttersprache abweichen.

Selbst wenn Eltern die Fehler nicht korrigieren, erwerben die Kinder ihre Muttersprache dennoch vollständig.

Kinder erwerben eine Sprache mit dem Ziel, soziale Kontakte aufzubauen, nicht, um Informationen weiterzugeben. Daher nimmt man an, dass sich das Sprachvermögen auch in der Schule verbessert, wenn die Sprachkontakte erhöht werden, z.B. durch ...

Bei Erwachsenen kann man jedoch allgemein beobachten, dass sich ...

Wege zur Sprache

Die Aneignung einer Sprache ist ein Forschungsgegenstand sowohl der Linguistik als auch der Entwicklungspsychologie, der Didaktik und anderer wissenschaftlicher Disziplinen.
In der Forschung gibt es eine Unterscheidung zwischen
5 Spracherwerb und Sprachenlernen:
Erwerb meint unbewusste und implizite Vorgänge in natürlicher Umgebung, etwa „beim Einkaufen" oder „auf der Straße". Beispiel: Der Erwerb der Sprache bei Immigranten im Zielland.
10 *Lernen* beschreibt bewusste und explizite Vorgänge mit einer klaren Steuerung. Beispiel: Lernen mit Lehrern innerhalb von Institutionen.
Bei Kindern ist das Repertoire in der Muttersprache bemerkenswert: Ihr Erwerb umfasst auch Sprachregeln, deren Vor-
15 kommen in ihrer Alltagssprache selten ist. Und das, obwohl das Üben von Strukturen nur mit einer begrenzten Anzahl von Regeln erfolgt. Abweichungen von den Normen der Muttersprache sind dabei ein Bestandteil des Lernprozesses. Selbst ohne Korrekturen der Fehler durch die Eltern ist der
20 Erwerb der Muttersprache durch die Kinder dennoch vollständig.
Beim Lernen von Fremdsprachen in der Schule gibt es Korrekturen durch die Lehrer. Trotzdem ist der Erwerb der neuen Sprache am Ende unvollständig.
25 Es gibt viele Gründe für dieses Phänomen, wie der Umfang an Trainingszeit, Möglichkeiten des Sprachkontakts, Maß der Motivation oder das Lernziel.
Das Hauptziel von Kindern beim Spracherwerb liegt im Aufbau von sozialen Kontakten und weniger in der Weiter-
30 gabe von Informationen. Es besteht daher die Annahme, dass eine Verbesserung des Sprachvermögens in der Fremdsprache auch in der Schule mit der Erhöhung der Sprachkontakte, z.B. durch Korrespondenz, Schüleraustausch oder Klassenfahrten, eintritt.
35 Bei Erwachsenen gibt es jedoch die allgemeine Beobachtung, dass eine Verbesserung der Fremdsprache im Gegensatz zu Kindern nicht unbedingt mit dem Sprachkontakt verbunden ist. Der Lebensmittelpunkt in einem deutschsprachigen Land ist z.B. allein kein Garant für gute Sprachkenntnisse.

lesen
schreiben | Grammatik

3 Was wissen Sie jetzt über das Lernen bzw. den Erwerb von Sprache? Fassen Sie die wichtigsten Aussagen des Textes schriftlich zusammen. Kommentieren Sie die Aussagen aufgrund Ihrer Erfahrungen. Stimmen Sie den Aussagen zu oder nicht? Warum (nicht)? Können Sie weitere Erfahrungen ergänzen?

4a Vergleichen Sie die Aussagen der Sprechblasen mit denen im Text. Was stellen Sie bezüglich Verständlichkeit, Länge und Verwendung von Substantiven und Verben fest?

b Verbalstil oder Nominalstil? Ergänzen Sie die Lücken.

Der **Verbalstil** wird vor allem in erzählenden Texten und in der mündlichen Sprache verwendet. _____ und _____ werden ausgeglichen benutzt. Die _____ haben eine starke eigene Bedeutung. Texte im Verbalstil wirken lebendiger.	Der **Nominalstil** wird vor allem in Fachtexten und in wissenschaftlichen Texten verwendet. Es werden besonders viele _____ benutzt. Die _____ tragen die Hauptbedeutung. Texte im Nominalstil sind eher abstrakter.

c Wie werden die Nominalisierungen im Text gebildet? Lesen Sie die Sätze in A bis F. Ordnen Sie passende Regeln aus 1–6 zu.

	Verbalform		Nominalform
A ____	Die Forschung unterscheidet dabei den Spracherwerb und das Sprachenlernen.	→	In der Forschung gibt es eine Unterscheidung zwischen Spracherwerb und Sprachenlernen.
B ____	Daher nimmt man an, dass sich das Sprachvermögen verbessert, wenn …	→	Es besteht die Annahme, dass eine Verbesserung des Sprachvermögens mit …
C ____	Es ist …, wenn sie dabei von den Normen der Muttersprache abweichen.	→	Abweichungen von den Normen der Muttersprache sind dabei …
D ____	Sie erwerben auch Sprachregeln, die in ihrer Alltagssprache nur selten vorkommen.	→	Ihr Erwerb umfasst auch Sprachregeln, deren Vorkommen in ihrer Alltagssprache selten ist.
E ____	Bei Erwachsenen kann man allgemein beobachten, dass …	→	Bei Erwachsenen gibt es die allgemeine Beobachtung, dass …
F ____	Selbst, wenn Eltern die Fehler nicht korrigieren, erwerben die Kinder …	→	Selbst ohne Korrekturen der Fehler durch die Eltern ist der Erwerb …

	Verbalform		Nominalform
1	intransitive Verben / reflexive Verben: Subjekt im Aktivsatz	→	Genitivattribut
2	transitive Verben: → Akkusativ-Ergänzung im Aktivsatz → Subjekt im Passivsatz → handelnde „Person"	→	Genitivattribut → oft mit *durch* + „Person"
3	Präpositional-Ergänzung im Satz	→	Präpositionalattribut
4	Akkusativ-Ergänzung im Satz Dativ-Ergänzung im Satz	→	Präpositionalattribut
5	Personalpronomen	→	Possessivpronomen
6	Adverb	→	Adjektiv vor nominalisiertem Verb

▶ Ü 2–5

Sag mal was!

1a Welche deutschen Dialekte kennen Sie? Haben Sie sich schon einmal in einer deutschsprachigen Region aufgehalten, wo ein Dialekt gesprochen wird? Wie gut haben Sie diesen Dialekt verstanden?

1.24

b Hören Sie einige Dialektbeispiele. Wo werden diese Dialekte gesprochen? Schreiben Sie die Zahl an die entsprechende Stelle.

c Was sagen die Personen zu ihrem Dialekt? Hören Sie noch einmal und notieren Sie.

1. spricht Dialekt nur in der Familie   2. ...

2a Lesen Sie einen Text zum Thema „Dialekte" und die Aussagen 1–8 dazu. Markieren Sie bei jeder Aussage, ob sie mit dem Text übereinstimmt (a), nicht mit dem Text übereinstimmt (b) oder ob zu dieser Aussage nichts im Text steht (c).

Die neue Dialektik

Die allermeisten Menschen, die heute erwachsen sind und statt Hochdeutsch zuerst einmal einen Dialekt gelernt haben, dürften eine solche oder ähnliche Geschichte erlebt haben: Sie hatten sich verliebt, fragil noch war die Partnerschaft, und dann klingelte irgendwann das Telefon, und die Mutter war dran. Oder der Vater. Oder ein alter Freund von früher. Und zum allerersten Mal hörte einer der neue Partner Dialekt sprechen. Die Angerufenen fürchteten nach solchen Telefonaten, sofort wieder verlassen zu werden.

Bis vor wenigen Jahren galt, wer Dialekt spricht, als ungebildet, als ein bisschen minderbemittelt. Wer etwas auf sich hielt, legte seinen Dialekt ab, lernte Hochdeutsch und vermied, den Dialekt auch nur anklingen zu lassen. Seit einigen Jahren löst sich dieses Stigma langsam auf. In Niedersachsen bringen einige Schulen Kindern Platt bei. In Hamburg dürfen fortan Stadtteilschilder in dieser Sprache aufgestellt werden. In Bayern bilden Theaterleute junge Schauspieler im Bairischen aus. In ganz Deutschland sind Radio-Tatorte zu hören, in denen die Kommissare einen noch stärkeren Dialekt sprechen als die Kommissare im Fernsehen, und Asterix-Bände sind mittlerweile in 22 deutschen Dialekten erschienen, „Däm Asterix singe Jung" heißt „Der Sohn des Asterix" auf Kölsch.

Jahrelang überlebte der Dialekt in Deutschland fast ausschließlich in zwei Formen: im Komödiantischen und in der Politik. Kabarettisten benutzten den Dialekt, um komischer zu wirken. Ein Satz auf Sächsisch, und das Publikum lachte. Und Politiker sprachen Dialekt, weil sie glaubten, damit den Menschen in ihrem Wahlkreis imponieren zu können. Jetzt vermehrt sich der Dialekt auch anderswo: im ernsthaften Theater, im Film, in der Musik, in der Werbung. Es gibt eine Renaissance der Dialekte.

Alfred Lameli vom Forschungsinstitut für deutsche Sprache in Marburg sagt, dass zwar von Jahr zu Jahr weniger Menschen einen echten Dialekt sprechen, weil die Alten, die ihn noch beherrschen, sterben und weil es für die Jungen immer weniger Gelegenheiten gibt, ihn zu sprechen: Aus den Schulen, den Büros, den Ämtern wurde der Dialekt vertrieben. Allerdings scheint es so, als steige im gleichen Maße, wie die ursprünglichen Dialektsprecher verschwinden, die Liebe der Nachkommen zu diesen Dialekten.

Fertigkeitstraining
hören | lesen | sprechen | schreiben

3 Modul 4

Vor ein paar Jahren ist es Lameli zum ersten Mal aufgefallen: Die Nachrichtensprecher im Privatradio sprechen kein Hochdeutsch, sondern eine Mischform aus Dialekt und Hochdeutsch, Regiolekt nennt er das. Die Menschen sollen Vertrautes zu hören bekommen, das Radio will ihre Gefühle erreichen, nicht nur ihren Verstand. Dann fiel Lameli auf, dass auch die Moderatoren der Fernsehnachrichten kein perfektes Hochdeutsch mehr sprechen, nicht die der privaten Sender und auch nicht die des ZDF. Im Grunde genommen, sagt Lameli, gebe es das Hochdeutsch in seiner Reinform nur noch in der „Tagesschau" und in den „Tagesthemen".

Lameli hat jüngst zwei seiner Studenten einen Versuch machen lassen. Sie spielten zwei Gruppen von Testpersonen verschiedene um die Stadt Kassel herum gesprochene Dialekte vor. In der ersten Gruppe waren Menschen zwischen 60 und 70 Jahren. Die zweite Gruppe bestand aus Schülern der neunten Klasse. Sie alle sollten die Himmelsrichtung angeben, von der sie glaubten, dass der jeweilige Dialekt, von Kassel aus betrachtet, gesprochen wird. Was Lameli und seine Studenten verblüfft hat: Die Jüngeren schnitten dabei besser ab als die Alten, obwohl doch früher mehr Dialekt gesprochen wurde. Die Jüngeren haben offenbar ein besseres Gehör, ein größeres Interesse für die Unterschiede.

Es kann sein, sagt Lameli, dass das „von den modernen Medien" kommt. Wenn Wissenschaftler sonst vermuten, dass etwas „von den modernen Medien" kommt, dann ist es für gewöhnlich so etwas wie Verdummung, Verrohung, wenn nicht der Untergang überhaupt. Die Dialekte scheinen zu profitieren: Es gibt Chats im Internet im Dialekt, Dialekt-Wörterbücher, und wer will, kann einen Plattkurs in 19 Lektionen herunterladen. Vor allem schreiben wir uns privat so viel wie nie, per E-Mail und per SMS, während vor nicht allzu langer Zeit noch eine Postkarte pro Jahr und Freund genügte. In ihren Mails und SMS schreiben viele Dialekt, um den Unterschied zu den beruflichen Nachrichten zu betonen. „Moin" zu schreiben ist kürzer als „Guten Morgen", und auch ein bisschen liebevoller.

Wenn der Dialekt gerade jetzt zurückkommt, dann hat das sicher mit der Globalisierung zu tun. Die Welt, in der wir leben, ist unüberschaubar groß geworden und arm an Unterschieden: Wir essen überall die gleichen Gerichte, trinken die gleichen Säfte. Der Mensch will sich aber unterscheiden und viele sehnen sich gleichzeitig nach einer kleineren Welt, in der sie sich zurechtfinden, die so etwas wie Heimat gibt.

1. Bis vor einigen Jahren noch wurde Dialektsprechenden Bildung und Intelligenz abgesprochen. [a] [b] [c]

2. Im Bundesland Niedersachsen lernen alle Grundschulkinder jetzt Dialekt im Unterricht. [a] [b] [c]

3. Auch andere Bundesländer planen, die Dialekt-Vermittlung in der Schule einzuführen. [a] [b] [c]

4. Immer weniger Menschen sprechen echten Dialekt, und immer weniger interessieren sich dafür. [a] [b] [c]

5. Privatradiosender versuchen durch die Verwendung von regional gefärbter Sprache, die Menschen auf einer emotionalen Ebene anzusprechen. [a] [b] [c]

6. Im Fernsehen erreichen Sendungen, in denen nicht Hochdeutsch gesprochen wird, hohe Einschaltquoten. [a] [b] [c]

7. Die neuen Medien tragen dazu bei, dass immer weniger Dialekt verwendet wird. [a] [b] [c]

8. Durch Dialekt kann man sich von anderen unterscheiden. [a] [b] [c] ▶ Ü 1

Sag mal was!

b Welche Informationen im Text finden Sie besonders interessant? Was hat Sie überrascht?

3 Sprechen Sie selbst einen Dialekt? Wo und wann sprechen Sie ihn? Gibt es in Ihrer Muttersprache viele Dialekte? Welchen Stellenwert haben Dialekte in Ihrem Land?

▶ Ü 2

4 Diskutieren Sie mit Ihrem Partner / Ihrer Partnerin das folgende Thema:

TELC

Kinder sollten in der Schule Dialekt lernen!

Sagen Sie, inwieweit Sie mit der Aussage übereinstimmen oder sie ablehnen. Geben Sie dazu Gründe und Beispiele an. Gehen Sie auch auf die Argumente Ihres Partners / Ihrer Partnerin ein.

eine Meinung ausdrücken	einer Aussage zustimmen / auf andere Argumente eingehen
Meiner Auffassung nach …	Ich bin der gleichen Ansicht.
Ich bin der festen Überzeugung, dass …	Dem kann ich zustimmen.
Ich bin der Meinung, dass …	Dem kann ich mich nur anschließen.
Meines Erachtens ist das …	Das klingt einleuchtend/überzeugend.
Ich vertrete die Ansicht, dass …	Dieses Argument leuchtet mir ein.
Für mich steht fest, dass …	Dem kann ich nur bedingt/teilweise zustimmen.
	Das klingt überzeugend, aber …
	Da kann ich dir/Ihnen (nur) völlig recht geben, …

eine Aussage ablehnen / Argumente widerlegen	Gründe/Beispiele anführen
Dieser Aussage muss ich widersprechen.	Das hat folgende Gründe: …
Da kann man einwenden, dass …	Dafür/Dagegen spricht vor allem, dass …
Dagegen spricht, dass …	Dazu möchte ich folgende Beispiele anführen: …
Dem kann ich nicht zustimmen.	
Das kann ich nicht nachvollziehen.	Man kann das mit folgenden Beispielen untermauern: …
Die Aussage überzeugt mich nicht.	
Dazu habe ich eine andere Meinung.	Man muss hierbei berücksichtigen, dass …

5a Neben den Dialekten ist ein weiterer Bereich der Alltagssprache die Umgangssprache. Lesen Sie die E-Mail auf der folgenden Seite und markieren Sie alle umgangssprachlichen Ausdrücke und Wendungen. Ordnen Sie sie dann ihrer Bedeutung zu.

Fertigkeitstraining
hören | lesen | sprechen | schreiben

3 Modul 4

Liebe/r …
ich weiß gar nicht, wo die Zeit geblieben ist, die letzten Monate sind wie nix verflogen. Wie geht's Dir denn? Jetzt bin ich ja schon seit vier Monaten in Berlin, Du musst echt endlich mal kommen! Ich bin vom Studentenwohnheim in eine eigene kleine Wohnung umgezogen. Auf das Studentenwohnheim hatte ich überhaupt keinen Bock mehr. Ich wollte gern meine eigenen Möbel haben, mein eigenes Umfeld. Also habe ich angefangen zu suchen und hab' echt Schwein gehabt. Ich habe nämlich am Prenzlauer Berg eine günstige Wohnung gefunden. Ich kann Dir sagen, das Viertel ist voll abgefahren, lauter nette Cafés, süße Läden und viele coole Leute. Da muss ich aufpassen, dass ich mich noch genug auf mein Studium konzentriere ☺. Nächsten Monat habe ich die ersten Prüfungen, da geht's jetzt langsam echt ans Eingemachte. Ich muss mich da voll reinhängen. Dabei habe ich gerade total wenig Zeit.
Seit zwei Wochen mache ich nämlich so eine Art Praktikum in einem kleinen Veranstaltungsbüro. Mein Chef ist ziemlich durchgeknallt, aber ich komme ganz gut mit ihm klar. Wenn alles gut läuft und ich keinen Mist baue, würde der mich auch behalten. Dann hätte ich genug Kohle, um hier einigermaßen klarzukommen. Von meinen Eltern bekomme ich ja auch noch was. Allerdings gibt es da ein kleines Problem. Es gibt noch eine Praktikantin, die den Job unbedingt haben will. Die schleimt sich die ganze Zeit nur beim Chef ein, dabei kriegt sie echt nichts auf die Reihe, und ich kann immer noch für sie mit arbeiten. Trotzdem habe ich ein bisschen Angst, dass am Ende sie den Job bekommt. Was meinst Du, soll ich mal mit dem Chef quatschen oder einfach abwarten?
Check doch mal ab, wann du kommen kannst. Es wäre echt toll, Dich mal wieder zu sehen. Viele Leute habe ich nämlich noch nicht kennengelernt, deshalb ist es auch manchmal ein bisschen öde. Wie war das eigentlich damals bei Dir, als Du Dein Studium angefangen hast und plötzlich ganz allein warst? Wie hast Du Leute kennengelernt? Wäre dankbar für ein paar Tipps!
Also, mach's gut und bis ganz bald,
Luisa

etwas wird ernst _____ langweilig _____

nichts _____ Fehler machen _____

Geld _____ Glück haben _____

etw. bewältigen _____

keine Lust haben _____

wirklich _____ lässig, locker _____

verrückt _____ sprechen, reden _____

klären, herausfinden _____ sich anstrengen _____

außergewöhnlich, fantastisch _____ sehr _____

versuchen, sich beliebt zu machen _____

b Schreiben Sie eine Antwort auf die E-Mail. Gehen Sie dabei auf die Inhaltspunkte in Luisas Mail ein. Tauschen Sie Ihr Schreiben anschließend mit Ihrem Nachbarn / Ihrer Nachbarin und korrigieren Sie sich gegenseitig.

▶ Ü 3

Porträt

Wolfgang Niedecken (* 1951 in Köln)

Sänger der Band BAP

BAP, eine sehr erfolgreiche Kölner Rockband, singt ausschließlich in ihrem Dialekt Kölsch. Seit ihren ersten Plattenveröffentlichungen schrieb die Kölner Kultband Musikgeschichte. Bis heute kommt jedes BAP Album auf die vordersten Chartplätze. Die ausgedehnten Deutschlandtourneen und die mehrstündigen Konzert-Events sind längst legendär geworden. BAP ist sich seit 1976 – trotz aller Wandlungen – immer treu geblieben und hat nicht nur die deutsche Musikszene geprägt, sondern ist selber zu einem Stück deutscher Zeitgeschichte geworden. Mit BAP (abgeleitet von Bapp = Vater) wurde Kölsch aus seiner Provinzialität gerissen und galt fortan als Sprache eines aufgeklärten und menschenfreundlichen Denkens. In den 80er- und 90er-Jahren durchbrach BAP mit seinen Songs nicht nur Landesgrenzen, sondern wurde weltweit als ein „wahres Stück Köln" gefeiert. In Verbindung mit der gefühlvollen Stimme des Sängers und ihrem typischen Sound hat sich BAP in all den Jahren als eine der eigenständigsten Rock-'n'-Roll-Bands an der Spitze der deutschen Musikszene fest etabliert. Das Geheimnis ihres Erfolges liegt wohl in der Intensität ihrer Musik, die trotz ihrer Wucht immer wieder mit einer verblüffenden Leichtigkeit und Frische daherkommt. So hat BAP in Text und Musik immer wieder unverwechselbare Kompositionen geschaffen, die ein Lebensgefühl ausdrücken und den Strömungen der Zeit widerstanden haben. Welche Band kann das auch nach über dreißig Jahren von sich behaupten? Hier ein Ausschnitt aus einem Interview des Spiegels.

Wolfgang Niedecken, Sänger der Band BAP

SPIEGEL: Herr Niedecken, Ihre neue CD „Radio Pandora" hat es in Deutschland wieder auf Platz eins geschafft – wie 10 Ihrer bisher 20 Alben. Glauben Sie eigentlich, dass die Leute immer verstehen, was Sie singen?

Niedecken: Nicht immer. Früher hat meine Mutter schon mal zu mir gesagt: Is en schöne Plaat, Jung, ävver isch verstonn se nit.

SPIEGEL: Und warum singen Sie dann Kölsch?

Niedecken: Wir haben uns als Band Kölsch nicht bewusst ausgesucht. Wir waren damals eine Rock-'n'-Roll-Band, die zufällig einen Sänger hatte, dessen Muttersprache Kölsch ist. Und da Rock 'n' Roll immer von Gefühlen handelt, wäre es ja Unsinn, einen Umweg zu beschreiten und nicht in seiner Muttersprache zu singen. Ich kann nicht in der Muttersprache anderer Leute mein Innerstes nach außen stülpen. Ich habe doch meine eigene. Außerdem glaube ich, dass Kölsch eine Sprache ist, die sich für Musik besonders eignet.

SPIEGEL: Warum?

Niedecken: Weil es eine weiche Sprache ist. Ein Lied auf Kölsch zu singen ist ungefähr so, als würde ich ein Bild mit einem breiten, weichen Pinsel malen. Zudem hilft uns, dass die Kölner ja auch bundesweit beliebt sind. Irgendwie mag man uns. Vielleicht, weil man uns nicht unbedingt für voll nimmt.

SPIEGEL: Sie singen ja auch über die Missstände der Welt. Sind die leichter konsumierbar, wenn man sie in Mundart vorträgt?

Niedecken: Wahrscheinlich spüren die Leute aber instinktiv, dass unsere Lieder organisch sind, ungekünstelt. Und das hilft, beim Publikum eine Bereitschaft zu erzeugen, sich das wirklich anzuhören. Ich glaube, dass es nur ganz wenige Menschen gibt, die von einem Lied belehrt werden wollen.

Mehr Informationen zu Wolfgang Niedecken und BAP

Sammeln Sie Informationen über Persönlichkeiten aus dem In- und Ausland, die für das Thema „Kommunikation" interessant sind, und stellen Sie sie im Kurs vor. Sie können dazu die Vorlage „Porträt" im Anhang verwenden.

Beispiele aus dem deutschsprachigen Bereich: Ina Müller – Wolfgang Ambros – Yared Dibaba – DENK – Gölä

Grammatik-Rückschau 3

1 Redewiedergabe

Präpostionen mit Dativ zur Einleitung einer Redewiedergabe

vorangestellt	nachgestellt	
laut *		Laut der Autorin des linken/rechten Textes …
gemäß	gemäß	Gemäß ihrer Einstellung … Ihrer Aussage gemäß …
nach	nach	Nach Angabe von … Ihrer Meinung nach …
	zufolge	Professorin Miriam Meckel zufolge …

* auch mit Genitiv möglich

Nebensatz mit *wie* zur Einleitung einer Redewiedergabe
Wie Kerstin Cuhls berichtet, helfen ihr die neuen Möglichkeiten sehr.
Wie im rechten Text beschrieben wird, braucht man Auszeiten, um Informationen zu verarbeiten.

Konjunktiv I – Bildung: Infinitivstamm + Endung

ich	sei	habe > hätte	könne	sehe > würde sehen
du*	sei(e)st	habest	könnest	sehest
er/es/sie	sei	habe	könne	sehe
wir	seien	haben > hätten	können > könnten	sehen > würden sehen
ihr*	sei(e)t	habet	könnet	sehet
sie/Sie	seien	haben > hätten	können > könnten	sehen > würden sehen

* Formen in der 2. Person sind sehr ungebräuchlich – hier wird meist der Konjunktiv II verwendet.
Wenn Konjunktiv I den Formen des Indikativs entspricht → Verwendung des Konjunktiv II
Vergangenheitsform: Konjunktiv I von *haben* oder *sein* + Partizip II

2 Nominalisierung

Verbalstil (gesprochene Sprache, erzählende Texte)	**Nominalstil** (Fachtexte, wissenschaftliche Texte)
Akkusativ- oder Dativ-Ergänzung …	… wird Präpositionalattribut
Die Forschung unterscheidet dabei den Spracherwerb und das Sprachenlernen.	In der Forschung gibt es eine Unterscheidung zwischen Spracherwerb und Sprachenlernen.
Intransitive/reflexive Verben: Das Subjekt …	… wird Genitivattribut
Daher nimmt man an, dass sich das Sprachvermögen verbessert, wenn …	Es besteht die Annahme, dass eine Verbesserung des Sprachvermögens mit …
Präpositional-Ergänzung …	… wird Präpositionalattribut
Es ist …, wenn sie dabei von den Normen der Muttersprache abweichen.	Abweichungen von den Normen der Muttersprache sind dabei …
Personalpronomen …	… wird Possessivpronomen
Sie erwerben auch Sprachregeln, die in ihrer Alltagssprache nur selten vorkommen.	Ihr Erwerb umfasst auch Sprachregeln, deren Vorkommen in ihrer Alltagssprache selten ist.
Transitive Verben: Akkusativ-Ergänzung im Aktivsatz / Subjekt im Passivsatz …	… wird Genitivattribut. Die handelnde „Person" wird oft mit *durch* verbunden.
Selbst, wenn Eltern die Fehler nicht korrigieren, erwerben die Kinder …	Selbst ohne Korrekturen der Fehler durch die Eltern ist der Erwerb …
Adverbien …	… werden Adjektive
Bei Erwachsenen kann man allgemein beobachten, dass …	Bei Erwachsenen gibt es die allgemeine Beobachtung, dass …

Mit den Händen sprechen

1 Die folgende Aussage beschreibt eine spezielle Sprache.
Welche Sprache könnte gemeint sein? Für welche Gruppe von Menschen ist diese Sprache wichtig?

... mit den Augen hören
und mit den Händen sprechen ...

2 Sehen Sie den Film und nennen Sie kurz die Schwerpunkte zu a und b. Die Wörter im Kasten sind wichtig für das Verstehen des Films.
  a In welchen Situationen ist Uwe Schönfeld bei der Arbeit zu sehen?
  b Was erfährt man über ihn privat?

> die Gebärde
> gebärden (Verb)
> gehörlos
> der/die Gehörlose
> schwerhörig
> der/die Schwerhörige

3 Im Berliner Bodemuseum prüfen Behindertengruppen, ob das Museum behindertengerecht ist. Welche Bedingungen müssten Ihrer Meinung nach für Gehörlose in einem Museum erfüllt sein? Sammeln Sie Ideen.

4a Sehen Sie die erste Filmsequenz. Notieren Sie die Aspekte, die Herr Schönfeld für seine Arbeit als Gebärdensprachdolmetscher für wichtig hält. Vergleichen Sie dann Ihre Notizen im Kurs.
  b Was denken Sie, warum muss besonders bei der Gebärdensprache die Chemie zwischen Gehörlosem und Dolmetscher stimmen? Diskutieren Sie.

sehen | nachdenken | diskutieren **3**

2 🎬 **5a** Sehen Sie die zweite Filmsequenz. Wann und wo hat Herr Schönfeld die Gebärdensprache gelernt? Was war das Besondere an seiner Rolle den Eltern gegenüber?

b Was ist das Besondere an der Beziehung zwischen Herrn Schönfeld und seiner Partnerin? Welche Probleme haben beide befürchtet?

6 Sie haben nun einiges über Besonderheiten im Leben von Gehörlosen erfahren. Welche Bereiche des öffentlichen Lebens können Gehörlose nicht oder nur eingeschränkt nutzen? Machen Sie Vorschläge, wie man den Alltag der Gehörlosen erleichtern könnte.

> *Die wichtigsten Fernsehsendungen sollten in die Gebärdensprache übersetzt werden.*

> *Gehörlose brauchen in der Berufsausbildung und am Arbeitsplatz vielleicht ...*

7 Wie wäre es mit einem kleinen Gebärdensprachkurs?

Besorgen Sie sich Material (Lehrbücher, Internet, z. B. www.gebaerdenlexikon.ch) und wählen Sie daraus einige einfache Gebärden für die Alltagskommunikation aus (z. B. *Ja/Nein* sagen, sich begrüßen/verabschieden, sich nach dem Befinden erkundigen, um etwas bitten, sich bedanken, ...). Versuchen Sie dann im Kurs, mit diesen Gebärden zu kommunizieren.

Wirtschaftsgipfel

1 Erklimmen Sie den Wirtschaftsgipfel. Spielen Sie in Paaren. Zwei bis vier Paare spielen jeweils zusammen.

Sie brauchen einen Würfel und für jedes Spielerpaar eine Münze als Spielfigur. Wer die höchste Zahl würfelt, beginnt.
Einer in der Klasse ist „Experte" – er hat bei Streitigkeiten die Lösungen aus den Lehrerhandreichungen zur Hand. Es gibt zwei verschiedene Typen von Spielfeldern.
Orange Felder: Wenn Sie auf ein oranges Feld kommen, werden Sie in der Wirtschaft aktiv. Je nachdem, ob Sie erfolgreich sind oder nicht, dürfen Sie einige Felder vorgehen oder Sie müssen zurückgehen.
Blaue Felder: Wenn Sie die Aufgabe richtig lösen, dürfen Sie noch einmal würfeln, wenn nicht, bleiben Sie stehen, bis Sie wieder dran sind.
Gewonnen hat, wer zuerst im Ziel ist.

Sie lernen

Notizen zu einem Vortrag über die Geschichte des Ruhrgebiets machen	Modul 1
Die Antworten eines Experten zu „Gewissensfragen" besprechen und die eigene Meinung dazu vertreten	Modul 2
Einen Begriff definieren und zu argumentativen Texten zu Wirtschaftsthemen Stellung nehmen	Modul 3
Einem Text über eine Firmengründung wichtige Informationen entnehmen, Kriterien für Firmengründer erarbeiten und eine Geschäftsidee entwickeln	Modul 4
Einen Vortrag über Bankgespräche zusammenfassen, ein Bankgespräch beurteilen und das Gespräch üben	Modul 4

Grammatik

Nominalisierung und Verbalisierung: Temporalsätze	Modul 1
Nominalisierung und Verbalisierung: Modal- und Konditionalsätze	Modul 3

Was sind „Produktionskosten"?
A Alle Kosten, die für Rohmaterial ausgegeben werden, um ein Produkt herzustellen.
B Alle Personalkosten, die zur Herstellung eines Produkts benötigt werden.
C Alle Kosten, die für die Herstellung eines Produkts anfallen (Materialkosten, Personalkosten, Betriebskosten usw.).

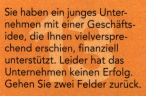

Sie haben ein junges Unternehmen mit einer Geschäftsidee, die Ihnen vielversprechend erschien, finanziell unterstützt. Leider hat das Unternehmen keinen Erfolg. Gehen Sie zwei Felder zurück.

Was ist eine „harte Währung"?
A Geld eines Landes, das sich durch geringen Wertverlust auszeichnet.
B Münzgeld im Gegensatz zu Papiergeld.
C Eine feste Garantie auf den Wert des Geldes.

Was ist eine „Fusion"?
A Der Zusammenschluss von Firmen.
B Die Aufnahme einer Person in eine Firma.
C Der Ausschluss einer Person aus einer Firma.

Was sind „Aktien"?
A Dokumente, die den Wert der Spareinlagen bei der Bank belegen.
B Dokumente, die bestätigen, dass man Anteile an einer Firma besitzt.
C Dokumente, die den aktuellen Wert des Goldes angeben.

Was ist eine „Inflation"?
A Eine Zeitspanne, in der das Geld an Wert gewinnt.
B Eine Zeitspanne, in der das Geld an Wert verliert.
C Eine Zeitspanne, in der der Wert des Geldes stabil ist.

Was versteht man in der Wirtschaftssprache unter „Aufschwung"?
A Eine Phase, in der die Währung eines Landes an Wert zunimmt.
B Eine Phase, in der sich die wirtschaftliche Lage verbessert (weniger Arbeitslose, mehr Umsätze, …).
C Eine wirtschaftliche Phase, in der die Umsätze überraschend zurückgehen.

Vom Kohlenpott ...

1a Sehen Sie sich das Satellitenbild an. Welche Städte bzw. Regionen könnten Ihrer Meinung nach die drei hellsten Punkte auf der Karte darstellen?

▶ Ü 1   **b** Welche großen Ballungs- bzw. Industriegebiete gibt es in Ihrem Land?

2.2 **2a** Hören Sie aus der Vortragsreihe „Regionen in Deutschland" den Anfang eines Vortrags über das Ruhrgebiet. Hier wird eine Geschichte über die
▶ Ü 2   Entdeckung der Steinkohle erzählt. Erzählen Sie die Geschichte nach.

2.3 **b** Hören Sie den weiteren Vortrag. Bringen Sie die Teilthemen in die richtige Reihenfolge.

_____ der Aufbau neuer Universitäten   _____ Ausbau des Dienstleistungssektors

_____ Kohle und das Wirtschaftswunder   _____ der wirtschaftliche Abschwung

__1__ Zahlen und geografische Fakten   _____ kulturelle Veränderungen

2.3 **c** Hören Sie Abschnitt 2 noch einmal und ergänzen Sie geografische Fakten zum Ruhrgebiet.

1. Fläche: _____

2. Ausdehnung:

a Ost – West: _____

b Nord – Süd: _____

3. Einwohnerzahl: _____

4. bekannteste Städte: _____
_____
_____

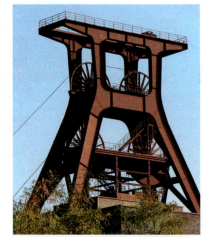
Weltkulturerbe Zeche Zollverein in Essen

2.4 **d** Hören Sie Abschnitt 3. Machen Sie zu den beiden Entwicklungsphasen Notizen.

Phase 1	Phase 2

▶ Ü 3a

58

hören
sprechen | Grammatik

4 Modul 1

2.5

e Im vierten Abschnitt spricht Professor Böttger über die Folgen der Kohlekrise. Notieren Sie die beiden Folgen.

▶ Ü 3b

f Vergleichen Sie Ihre Notizen zu den Aufgaben 2c–e mit denen Ihres Partners / Ihrer Partnerin und ergänzen Sie gegebenenfalls Fehlendes.

2.6

3a Nominalisierung und Verbalisierung: Temporalsätze. Lesen Sie die Sätze aus dem Vortrag von Professor Böttger. Hören Sie dann die Sätze und ergänzen Sie sie.

1. _____ hat das Ruhrgebiet eine rasante Entwicklung genommen. 2. _____ stieg die Bevölkerungszahl bis 1950 rasch an. 3. Die Kohle spielte _____ _____ eine entscheidende Rolle. 4. _____ _____ vergingen nur wenige Jahre. 5. _____ _____ arbeiteten die meisten Menschen in der Rohstoffverarbeitung. 6. _____ wurde in diesen Anlagen schwer gearbeitet.

b Formen Sie die ergänzten Nominalformen aus den Sätzen der Aufgabe 3a in Nebensätze um. Überlegen Sie zuerst, welcher temporale Konnektor am besten passt.

Nominalform	Verbalform
Seit der Entdeckung der Steinkohle…	*Seitdem die Steinkohle entdeckt wurde, …*
Nach dem Ende des Krieges …	…

c Ergänzen Sie anhand Ihrer Umformungen die Regel.

Nominalform	Verbalform	Nominalform	Verbalform
bei + Dat. →	wenn/als	seit + Dat. →	_____
bis zu + Dat. →	_____	vor + Dat. →	_____
nach + Dat. →	_____	während + Gen. →	_____

▶ Ü 4–6

4 Präsentieren Sie im Kurs eine (Industrie-)Region aus Ihrem Land, die sich stark verändert hat. Machen Sie Notizen in Nominalform und verwenden Sie sie bei Ihrer Präsentation. Recherchieren Sie hierfür zu den folgenden Themen im Internet.

Lage   Vor- und Nachteile des Standortes   Größe/Fläche   Entwicklung des Standorts
Wirtschaftszweige   Verkehrsanbindung   Anzahl der Beschäftigten   Kultur- und Erholungsmöglichkeiten

Mit gutem Gewissen?

1 Was bedeutet es, wenn man sagt, jemand hat ein *gutes* bzw. *schlechtes Gewissen*? Kennen Sie aus Ihrem Alltag Beispiele dafür? Erzählen Sie.

2a Eine Zeitschrift bietet den Lesern die Möglichkeit, sich mit „Gewissensfragen" an einen Experten zu wenden. Lesen Sie die beiden Zuschriften. Welche Probleme haben die Leser und welche Gewissensfrage stellen sie am Ende?

1 Seit drei Monaten warten wir auf eine Handwerkerrechnung von ca. 1.000 Euro. Der Betrieb wird seit dem plötzlichen Tod des Chefs von dessen Frau weitergeführt, die aber sehr überfordert wirkt. Soll ich sie nun auf die ausstehende Rechnung aufmerksam machen, auch weil bei einer Zahlungsunfähigkeit der Firma zwei Arbeitsplätze auf dem Spiel stehen, oder soll ich dieses Geld zur finanziellen Unterstützung unserer Kinder verwenden?

2 Ein Arbeitskollege fehlt häufig wegen Krankheit. Allerdings ist es ein offenes Geheimnis, dass dieser Kollege eine Firma nebenher betreibt, für die er während seiner Krankheitstage arbeitet. Der Arbeitgeber möchte nun diesen Kollegen überführen, indem ein fiktiver Auftrag an die Firma des Kollegen gesandt wird, den dieser dann bearbeitet und dabei ertappt wird. Ich bin mit diesem Kollegen befreundet; er kennt meine Einstellung und weiß, dass ich sein Verhalten nicht gut finde. Muss ich ihn aber vor dieser konkreten Maßnahme warnen?

b Was würden Sie in diesen Situationen tun? Schreiben Sie kurz auf einen Zettel, wie Sie reagieren würden, und sammeln Sie die Zettel ein. Machen Sie anschließend eine Kursstatistik.

Zu 1: Ich würde die Firma informieren und nach der Rechnung fragen.

c Lesen Sie die Antworten des Mediziners und Juristen Dr. Dr. Rainer Erlinger. Welche Ratschläge formuliert er und wie begründet er sie?

Zu 1: Oft lässt sich eine Frage erst sinnvoll beantworten, wenn man sie von verwirrendem Beirat befreit hat. Auch hier wird der Blick gleich von zwei Seiten verstellt. Das erste Hindernis haben Sie selbst aufgestellt: Sie schildern die Probleme des Handwerksbetriebes bis hin zur drohenden Insolvenz und setzen dem als moralisches Gewicht entgegen, das Geld nicht für sich, sondern für Ihre Kinder einzusetzen. Damit drängen Sie die Frage auf die Ebene: „Wo wäre das Geld besser aufgehoben?" Dabei lautet sie doch: „Soll man eine fehlende Rechnung anmahnen?" Die Verwendung des Geldes kann in Zweifelsfällen als Entscheidungshilfe dienen, sie trifft jedoch nicht den Kern. Das zweite Hindernis ist ein allgemeines: Wie man mit Zahlungen, Rechnungen, Fälligkeiten umzugehen hat, ist juristisch geregelt. Rechnungen muss man danach nicht anfordern; es gibt sogar die Verjährung: Hat der Handwerker eine bestimmte Zeit nichts unternommen, kann er seine Ansprüche nicht mehr durchsetzen. Nur – und da muss man eben aufpassen: Recht und Moral stehen zwar nicht völlig unabhängig nebeneinander, aber das Gesetz verdrängt die Moral auch nicht. Keine Rechtspflicht bedeutet noch lange nicht: keine moralische Pflicht; die kann auch dort bestehen, wo ein Gesetz den Rechtsverkehr regelt.

Deshalb scheint mir sinnvoll, sich vorzustellen, es gebe in diesem Fall keine rechtlichen Bestimmungen, alles bliebe rein zwischenmenschlich. Dann wird es einfach: Der Handwerker hat etwas geleistet, dafür steht ihm sein Geld zu. Er kann es nun verlangen, meist wird man aber, vor einer vollbrachten Arbeit stehend, sogar eher fragen: „Was bekommen Sie dafür?" Umso mehr, wenn man erkennt, dass der andere schlicht vergessen hat zu fordern. Warum soll dieser Grundsatz entfallen, nur weil es für ihn keine gesetzliche Verpflichtung gibt?

Zu 2: Damit es nicht ganz so altväterlich klingt wie „Unrecht Gut gedeihet nicht", will ich es etwas weniger biblisch formulieren: Sobald der Wurm drinsteckt, wird es schwierig, sich richtig zu verhalten.

Um es klar zu sagen: Ihr Kollege ist ein Betrüger. Wenn er für seine eigene Firma arbeiten kann, ist er nicht arbeitsunfähig und kassiert zu Unrecht seine Lohnfortzahlung. Gegen diesen Betrug will sich der Arbeitgeber wehren, indem er Ihren Kollegen mit einem fiktiven Auftrag überführt. Keine Sternstunde zwischenmenschlichen Umgangs, aber nachvollziehbar. Sie jedoch bringt es in eine schwierige Situation.

Denn ich komme um ein Wort in Ihrer Frage nicht herum: „befreundet". So tiefst zuwider mir das Verhalten Ihres Kollegen ist und so wenig es mir gefällt: Sie können einen Freund nicht schweigend ins offene Messer laufen lassen.

Diesen Interessenskonflikt hatte womöglich der römische Politiker und Philosoph Cicero vor Augen, als er schrieb: „Nur zwischen rechtschaffenen Männern kann es Freundschaft geben." Zuvor hatte schon Aristoteles festgestellt, dass es unter schlechten Menschen keine echte Freundschaft gebe, sondern nur eine Nutzfreundschaft, „denn schlechte Menschen freuen sich nicht aneinander, wenn nicht ein Vorteil daraus entsteht".

Bei Aristoteles findet sich auch eine Lösung für Ihr Problem. Der griechische Philosoph überlegte, wie man sich verhalten soll, wenn ein Freund sich zum Schlechten wende: Da „Gleiches mit Gleichem befreundet" sei, müsse man, nachdem man versucht hat, auf den Freund einzuwirken, die Freundschaft beenden. „Denn man darf nicht ein Liebhaber des Schlechten sein noch dem Schlechten ähnlich werden." Also verbinden Sie die Warnung an Ihren Freund mit dem Hinweis, dass Sie das nicht noch einmal tun werden.

▶ Ü 2

3a Lesen Sie die Redemittel und sammeln Sie im Kurs weitere Beispiele.

Verhalten positiv bewerten	Verhalten negativ bewerten
Ich finde es anständig/lobenswert/ anerkennenswert, dass …	Ich finde es falsch/unmöglich / nicht in Ordnung, dass …
Ich erkenne an, wenn jemand …	… wäre für mich undenkbar.
Ich schätze es, wenn …	Ich lehne es ab, wenn …
Ich heiße das / ein solches Verhalten / diese Einstellung/Haltung gut, denn …	Ich missbillige so etwas.
	Es ist für mich moralisch fragwürdig, wenn …
	Ich halte nichts davon, wenn …
	Solches Verhalten findet vielleicht bei vielen Anerkennung, aber …

b Wählen Sie eine der Gewissensfragen aus Aufgabe 2. Überlegen Sie, wie Sie argumentieren würden, und machen Sie Notizen.

Firma ist insolvent. / Arbeitsplätze stehen auf dem Spiel. / …

 c Schreiben Sie an die Zeitschrift, die die Gewissenfragen veröffentlichte, eine E-Mail. Nehmen Sie in dieser E-Mail Stellung zum dargestellten Problem. Beschreiben Sie, wie Sie sich entscheiden würden und warum.

Die Welt ist ein Dorf

2.7

1a Hören Sie, wie der Nachrichten-Moderator Tom Buhrow dem 12-jährigen Tim einen schwierigen Begriff aus den Nachrichten erklärt. Um welchen Begriff handelt es sich und mit welchen Beispielen wird der Begriff erklärt?

b Hören Sie das Gespräch noch einmal. Was meint Tim, wenn er sagt: „Superbillig ist nicht immer fair."?

c Formulieren Sie selbst eine Definition für den in Aufgabe 1a beschriebenen Begriff. Verwenden Sie dazu die Redemittel.

einen Begriff definieren	Konsequenzen nennen
„…" ist …	Als Konsequenz ergibt sich daraus, dass …
„…" wird definiert als …	… ist eine logische Folge.
Unter „…" versteht man …	Daraus lässt sich ableiten/folgern, dass …
Mit dem Begriff „…" bezeichnet man …	Daraus kann man schließen, dass …
Von „…" spricht man, wenn …	Daraus ergibt sich, dass …
	… führt zu …

▶ Ü 1

2a Lesen Sie die beiden Kommentare zum Thema „Globalisierung". Welcher Text spricht sich für, welcher Text gegen Globalisierung aus? Markieren Sie die entsprechenden Stellen in den Texten.

▶ Ü 2

b Welchem Text stimmen Sie zu? Welche Argumente sind für Sie wichtig, welche würden Sie noch ergänzen?

A Selbst wenn man mit Sicherheit Kritik an einzelnen Unternehmen üben kann, wissen doch multinationale Unternehmen in der Regel, welche Verantwortung sie in den Ländern haben, in denen sie ihre Waren produzieren – das liegt schon in ihrem eigenen Interesse. Denn große Investitionen, z.B. der Aufbau einer
5 Fabrik, rechnen sich erst bei einer Ausnutzung über einen Zeitraum von mindestens 50 Jahren.
Ohne zufriedene, gesunde Mitarbeiter und eine intakte Umwelt können Unternehmen deshalb ihre Ziele kaum realisieren. In unserer Firma arbeiten zurzeit 300.000 Mitarbeiter in über 150 Ländern. In jedem dieser Länder sind wir darum
10 bemüht, unserer sozialen Verantwortung nachzukommen. Im Mai 2001 haben wir uns dem Globalen Pakt der Vereinten Nationen angeschlossen, einem Pakt zwischen Unternehmen und der UN. Damit gehören wir zu den ersten Firmen, die den Vertrag unterzeichnet haben, worauf wir sehr stolz sind. Über 400 Unternehmen haben sich inzwischen in diesem Abkommen freiwillig verpflichtet, überall für Menschrechte einzutreten, Arbeitsnormen einzuhalten,
15 Kinderarbeit nicht zu erlauben und sorgsam mit der Umwelt umzugehen. Wenn große Unternehmen in den sogenannten Billiglohnländern investieren, geben sie der Wirtschaft vor Ort wichtige Impulse, indem sie die lokale Wirtschaft, z.B. in Zulieferverträgen, fest einbinden. Gleichzeitig steigt die Wettbewerbsfähigkeit des Landes durch den Import neuer Technologien. Die Menschen werden besser ausgebildet und ihre Verdienstmöglichkeiten steigen. Doch leider werden allzu oft bürokratische Barrieren
20 aufgebaut, es besteht die Tendenz, alles zu regulieren. Ein Vertrag zwischen Geschäftsleuten kann in Europa innerhalb von vier Wochen zustande kommen, in anderen Ländern kann es gut und gerne mal bis zu vier Jahren dauern. Deshalb ist eher mehr Globalisierung nötig und nicht weniger!

4 Modul 3 — sprechen / lesen | Grammatik

1 B Die wirtschaftliche und politische Macht von global operierenden Konzernen wird immer größer. Dies beweist die Tatsache, dass unter den 100 größten Wirtschaftsmächten sich bereits 51 Konzerne befinden.
Obwohl sich Konzerne in vielerlei Hinsicht unterscheiden, haben sie alle das
5 gleiche Ziel: Sie müssen immer größere Gewinne erwirtschaften. Ohne die Beachtung dieses Ziels müssten sie mit Kursverlusten an den Aktienbörsen rechnen. Im Extremfall könnte es sogar zu feindlichen Übernahmen kommen. Der Zwang, ihre Profite zu steigern, verleitet Weltkonzerne dazu, dies auf Kosten von Menschenrechten, Umwelt und Demokratie zu erreichen. In den westlichen
10 Industrieländern wirkt die Entwicklung des modernen Sozialstaates regulierend. Durch die Einflussnahme von Gewerkschaften sind den Arbeitern ein angemessener Lohn und die Einhaltung ihrer Menschenrechte sicher. Zum Schutz der Umwelt gibt es gesetzliche Regelungen, die von Konzernen beachtet werden müssen. Demokratische Grundlagen reduzieren die Möglichkeit der Konzerne, Regierungen zu kaufen. Doch in vielen Billiglohnländern fehlt ein solcher
15 Schutz. Und das nutzen die Konzerne aus. So nähen z.B. junge Frauen für Hungerlöhne T-Shirts, mit deren Verkauf Milliarden verdient werden. Durch Boykott dieser Waren können die Konsumenten in den reichen Ländern den Menschen dort helfen, solange die Konzerne Menschenrechte, Umweltschutz und Demokratie missachten.

3 Nominalisierung von Konditional- und Modalsätzen. Suchen Sie in den Texten zu den Verbalformen die entsprechende Nominalform und schreiben Sie sie in die Tabelle.

Verbalform (Nebensätze)	Nominalform
…, indem man neue Technologien importiert.	durch Import neuer Technologien
…, wenn man die Investitionen über einen Zeitraum von 50 Jahren und mehr ausnutzt.	
Wenn man dieses Ziel nicht beachten würde, …	
Dadurch, dass Gewerkschaften Einfluss nehmen können, ist den Arbeitern …	

b Suchen Sie in den Texten ein weiteres Beispiel für eine modale und eine konditionale Nominalform und bilden Sie die entsprechenden Nebensätze.

c Ergänzen Sie die Regel.

bei + Dat. – *dadurch, dass* – *wenn nicht* – *indem* – *durch* + Akk.

Konditionaler Nebensatz	→ Nominalform	Modaler Nebensatz	→ Nominalform
wenn	→ _____	_____	} _____
_____	→ ohne + Akk.	_____	

▶ Ü 3–5

4 Überlegen Sie mit einem Partner / einer Partnerin positive und negative Beispiele für Globalisierung. Denken Sie dabei an alle Bereiche des Lebens. Wählen Sie sich einen Aspekt und stellen Sie Ihre Ergebnisse im Kurs vor.

Globalisierung und Umwelt – Globalisierung und Ernährung – Globalisierung und Bekleidung – …

Gründerfieber

1a Stellen Sie sich vor, Sie brauchen einen Handwerker – z.B. um die Waschmaschine zu reparieren oder ein Fenster einzubauen. Wie finden Sie den richtigen Handwerker?

b Lesen Sie den Text. Welche Idee hatte Thomas Schlüter und wie entstand sie?

Vom Rasenmähen, dem Internet und wie dabei Firmen entstehen

Dienstleister finden kann sehr umständlich sein. Wer kennt das Problem nicht? Ein Maler muss her, denn die Wohnung hat dringend eine Renovierung nötig. Nun nimmt das Spektakel der Handwerkersuche seinen Lauf. Als Erstes sucht man wahrscheinlich in den Gelben Seiten oder im Internet bei Google nach dem passenden Anbieter. Dann endlich, mit E-Mail-Adressen und Telefonnummern bewaffnet, geht es weiter. Angebote einholen, vergleichen und sich schließlich für einen völlig unbekannten Auftragnehmer entscheiden, ohne zu wissen, ob er auch die an ihn gestellten Ansprüche erfüllen wird. Das Ergebnis der Odyssee ist leicht zu erraten: Entweder man ist mit dem Preis oder mit der Leistung nicht zufrieden. Schlimmstenfalls mit beidem.

Dass es auch besser – und vor allem einfacher und komfortabler – geht, zeigt „die-auftragsboerse.de". Die Idee zur Online-Auftragsbörse hatte Thomas Schlüter, als er vor dem Problem stand, wie er trotz Studium und akutem Lernstress während der Klausurenphase dem verständlichen elterlichen Wunsch nachkommen könnte, mal wieder den Rasen in einen – auch ohne Machete – begehbaren Zustand zu bringen.

Die Optionen waren schnell erkannt: Selbst mähen und durch die Prüfung fallen – oder aber einen Dienstleister beschäftigen, die Prüfung schaffen und zugleich die Eltern mit einem nicht nur herrlich grünen, sondern auch angenehm kurzen Rasen beglücken!

Damit stand für ihn fest: „Ich trage den Auftrag in einer Auftragsbörse im Internet ein! Dann zahle ich einen fairen Preis für die Dienstleistung und ich kann mich meiner Klausurvorbereitung widmen. [...]" Einziger Haken an dem so einleuchtenden wie einfachen Plan war, dass sich keine Auftragsbörse im Internet fand. So musste er diesmal den Rasen noch alleine mähen (die Klausuren schaffte er trotzdem).

Doch um für das nächste Mal gewappnet zu sein, rief er seinen Schulfreund Sebastian Koch an, erläuterte ihm seine Idee und das Ergebnis der Beratung war: Das Angebot einer Online-Auftragsbörse muss her! Da beide schon häufiger nach einer Geschäftsidee gesucht hatten, wurde diese Gelegenheit ergriffen und mit der Umsetzung sofort begonnen.

Dabei ergänzten und ergänzen sich die beiden hervorragend. Denn Sebastian Koch hat durch langjährige, selbstständige Tätigkeit reichlich Projekterfahrung im Bereich Softwareentwicklung und Thomas Schlüter brachte die nötigen BWL-Kenntnisse aus Studium und verschiedenen Praktika mit. Als erfolgreicher Wirtschaftsinformatikstudent übernahm Sebastian Koch die Leitung bei der Planung des Projekts. Anschließend wurde das Programm für „die-auftragsboerse.de" gemeinsam geschrieben. Nachdem eine umfangreiche Testphase die Stabilität der Eigenentwicklung gezeigt hatte und die Gründungsformalitäten der GmbH abgeschlossen waren, ging www.die-auftragsboerse.de online.

Doch was nun? Eine tolle Idee, eine funktionierende Software, aber zunächst keine Kunden. Also, auf die faule Haut legen war nicht drin. Und getreu dem Motto „der Unternehmer unternimmt und der Arbeiter arbeitet", ging es weiter mit Unternehmen und Arbeiten. „Das ist in der Gründungsphase einfach so, da muss man Chef und Angestellter zugleich sein", sagt Sebastian Koch. Es wurden Mailings gestaltet, Texte verfasst und Briefe verschickt. Zusätzlich fanden sich bald Kooperationspartner und erste Verträge mit PR- und Designagenturen wurden geschlossen. Der Einsatz der sympathischen Gründer wurde schon bald belohnt und die ersten Kunden fanden den Weg zur Internetseite die-auftragsboerse.de. „Dass es so schnell geht, hätten wir nicht gedacht", zeigt sich Thomas Schlüter begeistert vom Erfolg. „Doch wir haben noch lange nicht genug!", ergänzt Sebastian Koch. Vom Unternehmerfieber gepackt haben die beiden dynamischen Gründer noch vieles vor.

Fertigkeitstraining
hören | lesen | sprechen | schreiben

Modul 4

c Was ist alles von der Idee bis zur Firmengründung passiert? Notieren Sie. Glauben Sie, dass das beschriebene Geschäftsmodell weiterhin Erfolg haben wird?

2a Die Idee. Lesen Sie folgende Geschäftsidee und diskutieren Sie: Wie würden Sie die offenen Fragen entscheiden?

Geschäfts-Idee	
Firma	Literaturcafé
Geschäftsmodell	Bücher, Kuchen und guter Kaffee – zu günstigen Preisen
Firmengründer	Zwei befreundete Frauen, eine mit Berufserfahrung als Sekretärin, eine BWL-Studentin (kurz vor dem Abschluss), die oft in Kneipen und Cafés als Bedienung gearbeitet hat. Beide mit großem Interesse an Literatur aus aller Welt.
Besonderheiten	Im Café gibt es nicht nur Bistro-Tische, sondern auch gemütliche Leseecken. Die Wände sind voll mit Regalen, in denen für jeden greifbar Bücher stehen, die im Café gelesen werden können.
Marktsituation/ Vermarktung	Im Ort gibt es bisher kein Café, das Jugendliche und junge Erwachsene anspricht, sondern nur Cafés, die überwiegend von Senioren besucht werden. Durch Anzeigen in einem Veranstaltungsmagazin soll auf das Literaturcafé aufmerksam gemacht werden und durch Aushänge im Buchladen (bereits mit der Besitzerin des Buchladens besprochen, möchte auch Bücher zur Verfügung stellen).
Offene Fragen	Sollen auch Veranstaltungen angeboten werden (z.B. Lesungen)? Soll es mehr als 20 Plätze bieten? Finanzierung?

b Ergänzen Sie das Raster mit den Kriterien zur Firmengründung. Fallen Ihnen weitere Kriterien ein, die wichtig sein könnten?

Firmengründer	berufliche Erfahrung	persönliche Eignung / Motivation
	Sekretärin und …	
Angebot	Alleinstellungsmerkmal	Angebotspalette/Preise
Marktsituation	Konkurrenz	mögliche Kunden
Vermarktung	Werbemaßnahmen	Partner
…		

c Wie gefällt Ihnen die Idee? Würden Sie in das Café gehen? Hätten Sie weitere Ideen, wie man das Café noch attraktiver machen könnte?

– *einmal pro Woche Livemusik im Café*

d Entwickeln Sie in Gruppen eigene Geschäftsideen (Hundepension, Computerservice, Tagesmutter, Internet-Shop, …). Erstellen Sie ein Kriterienraster dafür und präsentieren Sie Ihre Idee. Die anderen kommentieren die Vorschläge Ihrer Gruppe.

▶ Ü 2

Gründerfieber

3 Die Finanzierung. Sie hören jetzt einen Vortrag. Ein Freund hat Sie gebeten, sich Notizen zu machen, weil er den Vortrag nicht hören kann. Sie hören den Vortrag nur einmal. Machen Sie beim Hören Notizen zu den Stichworten.

a Thema des Vortrags
– Vortragsreihe für Firmengründer, Thema: „Bankgespräche erfolgreich führen"

b Fragen bei der Terminvereinbarung
– _____
– _____
– _____

c Erklärungen zum „Fahrstuhlgespräch"
– _____
– _____

d das Bankgespräch – Themenpunkte
– _____
– _____
– _____

e Verhalten im Beratungsgespräch
– _____
– _____
– _____

f der erste Eindruck
– _____

g Gesprächsabschluss
– _____

▶ Ü 3

4a Hören Sie nun Ausschnitte aus einem Bankgespräch. Machen Sie Notizen zu den Antworten des Unternehmensgründers auf die Fragen des Bankangestellten. Beurteilen Sie, was der Kreditsuchende gut und was er nicht so gut gemacht hat.

1. Warum möchte er sich selbstständig machen? ...
2. Wie möchte er Auftraggeber finden? ...
3. Alleinstellungsmerkmal der Geschäftsidee? ...
4. Risiko bewusst? ...
5. Fähigkeit, Kredit zurückzuzahlen? ...
6. Gesprächsabschluss ...

▶ Ü 4

b Überlegen Sie zu zweit, was Herr Burger besser machen könnte. Notieren Sie Ihre Vorschläge und vergleichen Sie im Kurs.

c Bereiten Sie das Bankgespräch für Ihre Geschäftsidee aus Aufgabe 2d vor und üben Sie es.

Fertigkeitstraining
hören | lesen | sprechen | schreiben

4 Modul 4

5 Frau Monika Frühauf aus Mühlheim hat ihre eigene Firma eröffnet. Aus diesem Grund schreibt Frau Frühauf heute zwei Briefe: einen an eine Freundin in Hamburg und einen an den Trainer des Firmengründerseminars, das sie vor vier Monaten besucht hat.

Für die Aufgaben 1–10 füllen Sie die Lücken. Verwenden Sie dazu eventuell die Informationen aus dem ersten Brief. In jede Lücke passen ein oder zwei Wörter.

Betreff: Geschafft!!!

Liebe Bärbel,
wie läuft's bei Dir? Bei mir ist alles bestens: Stell Dir vor, ich habe vor Kurzem meinen eigenen Laden eröffnet! Ja, Du hast richtig gelesen, ich habe es wirklich getan. Du weißt ja, dass ich schon immer davon geträumt habe, ein Buchcafé zu eröffnen.
Das war gar nicht so einfach, aber vor gut vier Monaten habe ich ein Seminar mit dem Thema „Firmengründung" besucht, und das war klasse. Unser Trainer hat uns Schritt für Schritt erklärt, auf was wir alles achten müssen. Aber nicht nur das, er hat uns auch klipp und klar gesagt, dass es kein Zuckerschlecken werden wird, und uns viele Tipps gegeben, wie wir das Risiko abschätzen können.
Nach dem Seminar habe ich dann erst mal genau die Marktsituation hier in der Umgebung untersucht und bin zu dem Schluss gekommen, dass meine Idee wirklich Erfolg versprechend ist. Und dann ging es los: Einen geeigneten (und bezahlbaren) Raum finden – war gar nicht so einfach, ging dann aber doch recht schnell –, Verlagsprogramme studieren, die Einrichtung planen und die Kosten für alles kalkulieren … Und dann der Weg zur Bank. Das war ganz schön aufregend! Aber auch auf das Bankgespräch wurden wir im Seminar super vorbereitet. Und so habe ich schnell einen guten Kredit bekommen. Ja – und gestern war die Eröffnung. Stell Dir vor, es waren über sechzig Leute da! Für die Eröffnung konnte ich Theo überreden, aus seinem neuen Buch vorzulesen – Du weißt schon, der Krimiautor, den ich mal im Zug kennengelernt habe.
Drück mir die Daumen …
Liebe Grüße
Monika

Sehr **(0)** Herr Weidenreich,

ich **(1)** Ihnen heute, da ich Ihnen nochmals herzlich danken möchte. Vor gut vier Monaten hatte ich Ihr Seminar zum Thema Firmengründung besucht und gestern habe ich mein eigenes **(2)** eröffnet. Die Informationen und Tipps, die Sie in dem Seminar **(3)** hatten, waren so motivierend, dass ich gleich danach mit der **(4)** des Marktes begonnen habe. Und die **(5)** haben mich davon überzeugt, dass es möglich ist, meinen Traum zu **(6)**. Nach einem sehr erfolgreichen Gespräch bei der Bank – was ohne Ihr hervorragendes Training sicherlich anders verlaufen **(7)** – wurde es sehr schnell konkret. **(8)** die Suche nach geeigneten Räumlichkeiten nicht so einfach war, bin ich doch bald fündig geworden. Und gestern habe ich dann – bei großem Andrang – mein Buchcafé eröffnet.
Ohne Sie und das Seminar hätte ich das nie geschafft und ich wünschte, alle Fortbildungen, die ich in meinen Leben besucht habe, wären so gut gewesen **(9)** Ihr Seminar.
Ich danke Ihnen nochmals recht herzlich und verbleibe mit den besten **(10)**

Ihre
Monika Frühauf

Beispiel (0): *geehrter*

6 Würden Sie gerne eine Firma gründen? Was würde Sie daran reizen, was eher abschrecken? Berichten Sie.

Porträt

Margarete Steiff
(1847–1909)

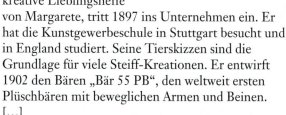
Margarete Steiff

Am 24. Juli 1847 wird Margarete in Giengen an der Brenz geboren, als drittes von vier Kindern. Als sie 18 Monate alt ist, erkrankt sie an hohem Fieber, danach sind ihre Beine gelähmt, ihren rechten Arm kann sie nur unter Schmerzen belasten. Drei Jahre später wird ein Ulmer Arzt Kinderlähmung feststellen. Die vielen Arztbesuche und Kuren helfen nicht, die Eltern sind verzweifelt. Was kann die kleine Margarete noch vom Leben erwarten? Zeitlebens wird sie wohl auf die Fürsorge anderer angewiesen sein. Aber die lebenslustige Margarete erkämpft sich ihren Platz. Im Leiterwagen wird sie von den Geschwistern und von den Nachbarkindern zur Schule gebracht und von einer Frau, die in Schulnähe wohnt, nach oben in die Klasse getragen. Trotz der Schmerzen in der rechten Hand geht Margarete danach in die Nähschule und schließt mit 17 Jahren die Schneiderlehre ab.

Elefäntle

Ihre älteren Schwestern Marie und Pauline eröffnen 1862 eine Damenschneiderei, in der sie zeitweise mitarbeitet. Als Marie und Pauline etwa acht Jahre später den Heimatort verlassen, macht Margarete alleine weiter.

[…] Vom ersten selbst verdienten Geld kauft sie sich eine eigene Nähmaschine. Das Schwungrad kann sie auf der rechten Seite nur mühsam bewegen, deshalb wird die Maschine kurzerhand umgedreht.

[…] 1877 gründet Margarete ein Filzkonfektionsgeschäft und verkauft erfolgreich selbst angefertigte Kleidungsstücke und Haushaltsartikel. […] Ihr erster Verkaufsschlager ist das „Elefäntle", ein kleiner Stoffelefant als Nadelkissen, der schon bald als Kinderspielzeug sehr beliebt ist.

Das offizielle Gründungsdatum der Manufaktur Steiff ist das Jahr 1880. […] Schon sechs Jahre später verkauft Margarete über 5.000 Elefanten und entwirft nun auch andere Stofftiere. […]

[…] Am 3. März 1893 wird die Spielwaren-Fabrik als „Margarete Steiff, Filzspielwarenfabrik Giengen/Brenz" ins Handelsregister eingetragen. Erstmals werden die Spielwaren auf der Leipziger Spielwarenmesse präsentiert. Margarete beschäftigt nun vier Näherinnen und zehn Heimarbeiterinnen.

Richard Steiff, der kreative Lieblingsneffe von Margarete, tritt 1897 ins Unternehmen ein. Er hat die Kunstgewerbeschule in Stuttgart besucht und in England studiert. Seine Tierskizzen sind die Grundlage für viele Steiff-Kreationen. Er entwirft 1902 den Bären „Bär 55 PB", den weltweit ersten Plüschbären mit beweglichen Armen und Beinen. […]

Margarete selbst bleibt skeptisch, Richard darf seinen Bären aber auf der Leipziger Spielwarenmesse präsentieren. Der Durchbruch gelingt, als ein amerikanischer Händler den Bären entdeckt und davon 3.000 Exemplare bestellt. Der Bär beginnt einen beispiellosen Verkaufserfolg in den USA, ab 1906 unter dem Namen Teddybär – benannt nach dem amerikanischen Präsidenten Theodore „Teddy" Roosevelt.

[…] Im Jahr 1907 stellen 400 Mitarbeiter und 1.800 Heimarbeiter 973.999 Teddybären und insgesamt etwa 1.700.000 Spielartikel her. […]

Margarete Steiff stirbt am 9. Mai 1909 im Alter von 61 Jahren an den Folgen einer Lungenentzündung. […]

Mehr Informationen zu Margarete Steiff

Sammeln Sie Informationen über Persönlichkeiten oder Firmen aus dem In- und Ausland, die für das Thema „Wirtschaft" interessant sind, und stellen Sie sie im Kurs vor. Sie können dazu die Vorlage „Porträt" im Anhang verwenden.
Beispiele aus dem deutschsprachigen Bereich: Victorinox – Anna Sacher – VW – Elisabeth Noelle-Neumann – Konrad Zuse

Grammatik-Rückschau 4

1 Nominalisierung und Verbalisierung: Temporalsätze

Nominalform	Verbalform
Seit der Entdeckung der Steinkohle hat das Ruhrgebiet eine rasante Entwicklung genommen.	**Seitdem** die Steinkohle entdeckt wurde, hat das Ruhrgebiet eine rasante Entwicklung genommen.
Nach dem Ende des Krieges stieg die Bevölkerungszahl bis 1950 rasch an.	**Nachdem** der Krieg beendet worden war, stieg die Bevölkerungszahl bis 1950 rasch an.
Die Kohle spielte **beim** wirtschaftlichen Wiederaufbau der Bundesrepublik eine entscheidende Rolle.	Die Kohle spielte eine entscheidende Rolle, **als** die Wirtschaft der Bundesrepublik wiederaufgebaut wurde.
Bis zum Beginn des wirtschaftlichen Abschwungs vergingen nur wenige Jahre.	**Bis** der wirtschaftliche Abschwung begann, vergingen nur wenige Jahre.
Vor dem Beginn der Kohlekrise arbeiteten die meisten Menschen in der Rohstoffverarbeitung.	**Bevor** die Kohlekrise begann, arbeiteten die meisten Menschen in der Rohstoffverarbeitung.
Während der Kohleförderung wurde in diesen Anlagen schwer gearbeitet.	**Während** man Kohle förderte, wurde in diesen Anlagen schwer gearbeitet.

2 Nominalisierung und Verbalisierung: Modalsätze

Nominalform	Verbalform
Durch den Import neuer Technologien steigt die Wettbewerbsfähigkeit des Landes.	Die Wettbewerbsfähigkeit des Landes steigt, **indem** neue Technologien importiert werden.
Durch die Einflussnahme von Gewerkschaften ist den Arbeitern ein angemessener Lohn sicher.	Den Arbeitern ist ein angemessener Lohn **dadurch** sicher, **dass** Gewerkschaften Einfluss nehmen.

3 Nominalisierung und Verbalisierung: Konditionalsätze

Nominalform	Verbalform
Große Investitionen, z.B. der Aufbau einer Fabrik, rechnen sich erst **bei** einer Ausnutzung über einen Zeitraum von 50 Jahren.	Große Investitionen, z.B. der Aufbau einer Fabrik, rechnen sich erst, **wenn** sie über einen Zeitraum von 50 Jahren genutzt werden.
Ohne die Beachtung dieses Ziels müssten die Konzerne mit Kursverlusten an den Aktienbörsen rechnen.	**Wenn** die Konzerne das Ziel **nicht** beachten/**miss**achten, müssten sie mit Kursverlusten an den Aktienbörsen rechnen.

Vertrauen erwerben

1a Lesen Sie die Sätze aus einem Werbefilm der Firma Henkel und sehen Sie die Bilder an. Sehen Sie dann den Film. Wofür wird darin geworben? Notieren Sie links die Produktgruppen (einige mehrfach) und rechts die Buchstaben der Bilder.

1. _____ Seine erste Marke wurde zum Prototyp einer der genialsten Erfindungen für den Haushalt. Bild ____

2. _____ Und an dem, was übermorgen die Welt zusammenhalten wird, arbeitet unsere Forschung schon heute. Bild ____

3. _____ Wäre es nicht wundervoll, [...] den Traum ewiger Jugend wirklich werden zu lassen? Bild ____

4. _____ Vielleicht kommt (sie) ja eines Tages sogar trocken und gebügelt aus der Maschine – und wir pünktlich ins Büro. Bild ____

5. _____ Die Idee von einem Klebstoff, der Schrauben und Dübel ersetzt, haben wir schon verwirklicht. Bild ____

6. _____ Wie gut, dass *leichter*, *besser* und *schöner* auch für die Industrie funktioniert. Bild ____

A

B

C

D

E

F

b Welche Bilder oder Szenen aus den Werbeclips haben sich bei Ihnen nach dem ersten Sehen eingeprägt? Nennen Sie sie und versuchen Sie zu begründen, warum.

Ich fand die Szene mit dem Jungen im Schwimmbad besonders stark, das hat mich an meinen ersten Sprung vom Zehn-Meter-Brett erinnert.

sehen | nachdenken | diskutieren 4

2 Sehen Sie den Film noch einmal. Welche „Werbebotschaften" vermitteln die Clips? Notieren Sie wie im Beispiel einzelne Bilder oder Szenen aus dem Film und deren Aussage. Sammeln Sie die Ergebnisse im Kurs.

Hochzeitspaar nach der Trauung → Glück

Sorglosigkeit
Natürlichkeit
Zuverlässigkeit
…

3 Bilden Sie drei Gruppen. Jede Gruppe konzentriert sich auf einen Clip.

Gruppe A: Spiegel aufhängen **Gruppe B:** Autos/Motorrad **Gruppe C:** Welt/Kinder

Sehen Sie die drei Clips zuerst ohne Ton und hören Sie sie dann ohne Bild. Notieren Sie dabei die Gestaltungsmittel in den Clips und die beabsichtigte Wirkung auf die Zuschauer. Sie können dazu die folgenden Stichwörter benutzen:

| Darsteller (Alter, Mimik, Gestik) | Kleidung | Requisiten | Umgebung | Wetter | Licht |
| Farben | Kameraperspektive | Schnitte | Sprecherstimme | Musik | Toneffekte | … |

Gestaltung

- *junger Mann, der zeigt, wo der Spiegel hängen soll, ist unrasiert*
- *…*

Wirkung

spricht junge, unkonventionelle Leute an

…

Ordnen Sie Ihre Beobachtungen in den Gruppen und stellen Sie Ihre Ergebnisse vor.

4 In der Werbung wird stets eine ideale Welt ohne Probleme gezeigt. Das ist in Nachrichten- oder Magazinsendungen nicht so. Welche Themen stehen in diesen TV-Formaten oft im Mittelpunkt, wenn über einen Chemiebetrieb oder dessen Produkte berichtet wird?

ein neuartiges Produkt, Umweltverschmutzung, …

Ziele

1a Lesen Sie die unterschiedlichen Texte zum Thema „Ziele". Notieren Sie kurz, was darin über Ziele ausgesagt wird.

b Vergleichen Sie, welche positiven und welche kritischen Aussagen es über Ziele bzw. das Erreichen von Zielen gibt.

A Es geht im Leben nur um zwei Dinge. Hoffnung und Entscheidungen. Manche nennen es Träume. Oder Ziele. Für mich sind es Hoffnungen, die einen antreiben. Die Hoffnung, einen besseren Job als der Vater zu bekommen, sich mal ein Cabrio leisten zu können, vielleicht etwas Ruhm zu ergattern. Aber auf jeden Fall die Hoffnung auf die Liebe seines Lebens. Doch hoffen allein genügt nicht. Um sich zu verwirklichen, muss man Entscheidungen treffen. Das steht auf der anderen Seite der Gleichung. Aber das tun die wenigsten im Leben. Die meisten auf diesem Planeten lehnen sich entspannt in ihrem Kinosessel zurück und sehen zu, wie die Helden auf der Leinwand die Entscheidungen treffen, die sie sich selbst nicht zu fällen trauen. Kaum einer bricht zu einer Reise ins Ungewisse auf. Wir brüllen dem Hauptdarsteller des Films zu, er solle endlich seinen gut bezahlten Job kündigen, um den verborgenen Schatz in der Wüste zu suchen. Im wahren Leben würden wir selbst das nie tun, es sei denn, unser Arbeitgeber gäbe uns ein Jahr bezahlten Urlaub. Es gibt nur einen hauchdünnen Unterschied zwischen der Masse und einigen wenigen an der Spitze. Die einen hoffen nur, die anderen treffen zusätzlich noch eine Entscheidung. Sie setzen alles auf eine Karte. Und sie sind bereit, alles zu verlieren, wenn das in letzter Konsequenz die Folge wäre.

Sebastian Fitzek, „Amokspiel"

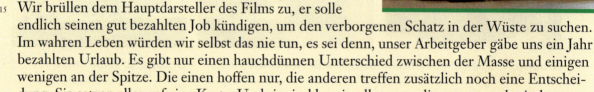

Sie lernen

Einen Text über gute Vorsätze verstehen und einen Text über die eigenen guten Vorsätze schreiben	Modul 1
Ein Gespräch über berufliche Ziele hören und Notizen machen	Modul 2
Ein Interview über ein Netzwerk lesen und die Fragen rekonstruieren	Modul 3
Kurze Radiofeatures über engagierte Menschen verstehen	Modul 4
Einen Beitrag über „Engagement heute" schreiben	Modul 4

Grammatik

Nominalisierung und Verbalisierung: Kausal-, Konzessiv-, Final- und Konsekutivsätze	Modul 1
Nominalisierung und Verbalisierung: Präpositional-Ergänzungen	Modul 3

B Kein Ziel ist so hoch, dass es unwürdige Methoden rechtfertigte.

Albert Einstein

C Wer vom Ziel nicht weiß …

Wer vom Ziel nicht weiß,
kann den Weg nicht haben,
wird im selben Kreis
all sein Leben traben,
kommt am Ende hin,
wo er hergerückt,
hat der Menge Sinn
nur noch mehr zerstückt.
Christian Morgenstern

D Der ans Ziel getragen wurde,
darf nicht glauben,
es erreicht zu haben.
Marie von Ebner-Eschenbach

E Der Langsamste, der sein
Ziel nur nicht aus den Augen
verliert, geht immer noch
geschwinder als der,
der ohne Ziel herumirrt.
Gotthold Ephraim Lessing

F Die Fabel vom Frosch

Es war einmal ein Wettlauf der Frösche. Das Ziel war es, auf den höchsten Punkt eines großen Turmes zu gelangen.
Es versammelten sich viele andere Frösche, um zuzusehen und ihre Artgenossen anzufeuern.
Der Wettlauf begann. In Wirklichkeit glaubte keiner von den Zuschauern daran, dass auch nur ein Frosch auf die Spitze des Turmes gelangen könnte, und alles was man hörte, waren Sätze wie: „Die Armen, sie werden es nie schaffen!"
Die Frösche begannen einer nach dem anderen aufzugeben, außer einem, der weiterhin versuchte, auf die Spitze des Turmes zu klettern.
Die Zuschauer fuhren fort zu sagen: „Die Armen! Sie werden es nie schaffen!" Die Frösche gaben sich geschlagen, außer dem einen Dickschädel, der nicht aufgab.
Endlich hatten alle Frösche ihr Vorhaben abgebrochen – nur jener Frosch hatte alleine und unter großer Anstrengung die Spitze des Turmes erreicht. Die anderen wollten von ihm wissen, wie er das geschafft hatte.
Ein Frosch näherte sich ihm, um zu fragen, wie er es geschafft hätte, den Wettlauf zu gewinnen. Da merkten sie, dass er taub war.
Autor unbekannt

2 Welchen Text finden Sie besonders gut? Warum?

Ab morgen!

1 Was sind typische „gute Vorsätze"? Wann fasst man sie?

2 Lesen Sie den Text und beantworten Sie die Fragen.
  a Welche guten Vorsätze fassen die Deutschen laut einer Studie?
  b Wie bilden sich Gewohnheiten?
  c Wann verändert man seine Gewohnheiten?
  d Was versteht man unter dem „Falsche-Hoffnung-Syndrom"?
  e Welche Phasen durchläuft man, wenn man sein Verhalten verändern will?
  f Welche Strategien helfen bei der Umsetzung guter Vorsätze?

Gute Vorsätze

Kaum haben sich zum Jahreswechsel die Rauchschwaden der Raketen und Böller am Himmel in Luft aufgelöst, erscheinen am Horizont unzählige Lichtblicke: Die guten Vorsätze für das neue Jahr gehen an den Start. Beim Jahreswechsel wollen sich laut einer Umfrage 57 Prozent der Deutschen mehr bewegen, 48 Prozent nehmen sich vor, gesünder zu essen, 36 Prozent wollen an Gewicht verlieren und 19 Prozent planen, das Rauchen aufzugeben. Obwohl sie sehr motiviert sind, verpufft nach zwei bis drei Monaten bei mehr als der Hälfte der Befragten die Anfangsbegeisterung. Schlimmer noch: Sie geben auf. Mangelnde Lust, zu wenig Zeit und zu viel Stress, vor allem aber zu hohe Ziele geben die Gestrauchelten als Gründe für die schnelle Kapitulation an.

Aber wie bilden sich eigentlich Gewohnheiten? Sie entwickeln sich aus ehemals bewusst getroffenen Entscheidungen, die zum Zeitpunkt ihres Entstehens vom menschlichen Gehirn emotional als positiv, nützlich, gut oder spannungsmindernd bewertet wurden. Hat sich eine Gewohnheit gebildet, wird sie „automatisiert". Half also einst das üppige Essen dabei, Spannungen abzubauen, wenn sich Unlust und Frust einstellten, wird das Bewältigungsverhalten im Gehirn als positives Gefühl wahrgenommen und nach mehrfachen Wiederholungen gespeichert und „eingebaut".

Wenn das Leiden sehr stark ist, kann es dazu kommen, dass sich der Betroffene eine Veränderung wünscht. Auf der einen Seite stehen also alltägliche Verlockungen wie der Genuss. Auf der anderen Seite winkt das schlechte Gewissen, weil der Verstand beispielsweise um die Nachteile von andauernder Bewegungsarmut und Übergewicht weiß: Herz- und Kreislaufprobleme, Diabetes-Risiko und vieles mehr. Kanadische Psychologen erforschten das Gesundheitshandeln von Menschen, die abnehmen wollten. Sie versuchten herauszubekommen, warum so viele Menschen mit guten Vorsätzen mehrmals scheitern, sich aber immer wieder zu guten Vorsätzen aufraffen, und stießen auf das Falsche-Hoffnung-Syndrom. Weil sie unrealistische Erwartungen hatten, scheiterten viele hoch motivierte, aber schlecht informierte Menschen. Viele stellten sich vor, sie nähmen innerhalb kürzester Zeit viele Kilos ab, fänden auf diese Weise einen Traumpartner oder würden anschließend im Berufsleben zurechtkommen. Nachdem sie scheiterten, führten viele den Misserfolg auf mangelnde Anstrengung und auf die falsche Diätmethode zurück. Statt ihre Erwartungen zu korrigieren, wechselte das Gros einfach die Diät.

Wer sein Gesundheitsverhalten ändern will, durchläuft in der Regel sechs Phasen. Das entdeckten US-amerikanische Psychologen. Die Forscher stellten klar, dass die Umsetzung guter Vorsätze lange Zeit in Anspruch nimmt und Rückschläge zum Alltag bei Gewohnheitsänderungen zählen. Einer Phase der Sorglosigkeit folgt die Phase der Bewusstwerdung eines ungesunden Verhaltens. Danach tritt die Vorbereitungsphase ein, in welcher Informationen zum Risikoverhalten gesammelt und negative Folgen der Gewohnheit offenkundig werden. Jetzt wird der gute Vorsatz gefasst und möglicherweise verkündet, dass eine Verhaltensänderung innerhalb von 30 Tagen angestrebt wird. Danach folgt die Aktivitätsphase: Es finden erste Versuche statt, die Gewohnheit abzubauen, indem Strate-

75 gien gegen die das schädigende Verhalten auslösenden Stimuli aufgebaut werden. Hier ist die Gefahr des Rückfalls auf frühere Stufen am größten. Erst wenn das Ziel erreicht wurde und sich der Erfolg mehr als sechs Monate hält, ist
80 die Phase der Aufrechterhaltung erreicht. Die Stabilisierung des Verhaltens kann aber wie im Falle der Gewichtsreduktion oder des Rauchens ein Leben lang dauern. Menschen, die ein starkes Veränderungsbedürfnis haben, hilft es, wenn
85 sie genau wissen, was sie für sich ändern wollen und sich darüber gut informieren. Wichtig ist dabei, so der Chemnitzer Psychologe Udo Rudolph, sich auf eine Sache zu konzentrieren und sich realistische Ziele zu setzen. Viele Men-
90 schen setzen sich zu hohe Ziele, sodass sie schnell Fehlschläge hinnehmen müssen. Also, nicht gleich alles ändern wollen: abnehmen, mehr bewegen und Rauchen aufgeben. Lieber eins nach dem anderen tun. Es ist hilfreich, kleine Schritte
95 zu gehen. Wer sich überfordert, verliert schnell die anfängliche Freude an der Herausforderung. Aus Stubenhockern werden nur mit der Zeit Spitzenläufer. Sinnvoll ist es auch, mit konkreten Formulierungen zu arbeiten. Anstatt zu sa-
100 gen, man wolle gesünder essen, sagt man besser: „Ich esse fünfmal am Tag Obst oder Gemüse." Gut ist es, ein Tagebuch zu führen und sich für das Erreichen von Etappenzielen angemessen zu belohnen. Da sich der Mensch aber auch an Be-
105 lohnungen gewöhnen kann, sollten sie in Maßen erfolgen. Um das Vorhaben besser bewältigen zu können, hilft womöglich auch die Gesellschaft anderer in entsprechenden Kursen.

Wer sich feste Termine und Teilziele setzt, sie
110 aber dann und wann nicht einhalten kann, sollte nicht gleich verzweifeln. Aufgeschoben ist nicht aufgehoben. Nur darf das Aufschieben nicht zur Gewohnheit werden. Dann nämlich wird es stressig, weil das Selbstvertrauen schwindet.

▶ Ü 1

3a Nominalform – Verbalform. Wie können Sie die folgenden Sätze umformulieren? Welcher Konnektor passt wo? Ordnen Sie zu.

um ... zu / damit – weil/da – obwohl

Kausalsatz: **Wegen** unrealistischer Erwartungen scheiterten viele hoch motivierte, aber schlecht informierte Menschen. → Umformung mit _____

Konzessivsatz: **Trotz** großer Motivation verpufft nach zwei bis drei Monaten bei mehr als der Hälfte der Befragten die Anfangsbegeisterung. → Umformung mit _____

Finalsatz: **Zur** besseren Bewältigung des Vorhabens hilft womöglich auch die Gesellschaft anderer in entsprechenden Kursen. → Umformung mit _____

b Kontrollieren Sie die Konnektoren mithilfe des Textes.

c Lesen Sie das erste Beispiel und formen Sie den zweiten Beispielsatz entsprechend um.

Konsekutivsatz:

Ursache	Folge
Viele Menschen setzen sich zu hohe Ziele,	sodass sie schnell Fehlschläge hinnehmen müssen.

Infolge zu hoher Ziele müssen viele Menschen ziemlich schnell Fehlschläge hinnehmen.

_____

Infolge großer Gesundheitsprobleme wollen viele Menschen mit dem Rauchen aufhören.

▶ Ü 2–5

4 Schreiben Sie einen kurzen Text über Ihre guten Vorsätze für die Zukunft.

Der Weg ist das Ziel

1a Welche beruflichen Ziele haben Sie? Beschreiben Sie sie kurz.

▶ Ü 1–2   **b** Wie wollen Sie diese Ziele erreichen?

2 Sie hören jetzt eine Radiosendung zum Thema „Berufliche Ziele". Sie hören den Text nur einmal. Ergänzen Sie beim Hören die Sätze 1–10 mit der passenden Information. Schreiben Sie nicht mehr als vier Wörter pro Satz.

1. Kommunikationswirte sind in Werbe- und Marketingabteilungen fast aller _____ _____ tätig.

2. Haupttätigkeit eines Kommunikationswirtes ist _____.

3. Frau Wendt hat zuerst eine Ausbildung bei _____ gemacht.

4. Herr Lehmann arbeitet als _____.

5. Die Zeit, in der wir arbeiten, ist ein Großteil _____.

6. Wenn der Anteil der angenehmen Arbeiten _____ liegt, sollte man sich beruflich verändern.

7. Frau Wendt hat das Stärken- und Schwächenprofil geholfen, leichter _____ _____ zu treffen.

8. Das formulierte Ziel muss _____ haben.

9. Man kann sein Ziel umsetzen, indem man bis _____ plant.

10. Oft verschieben Menschen ihr Ziel, weil sie auf _____ warten.

hören sprechen — 5 Modul 2

 2.19

3 Hören Sie den zweiten Teil der Radiosendung noch einmal. Notieren Sie während des Hörens die Tipps, die Herr Lehmann für die Berufsplanung gibt.

- 1. Tipp: Bestandsaufnahme
  - Was macht mir Spaß?
  - Was mache ich nicht gerne?
  - Stärken- und Schwächenprofil anlegen
- 2. Tipp:
- 3. Tipp:
- 4. Tipp:
- 5. Tipp:

▶ Ü 3–4

4 Ein Ziel zu haben und es zu erreichen sind zwei verschiedene Dinge. Um Ziele zu realisieren, braucht man eine systematische Planung. Überlegen Sie sich zuerst ein für Sie wichtiges Ziel und planen Sie es mithilfe der Fragen. Präsentieren Sie Ihr Ziel anschließend Ihrem Partner / Ihrer Partnerin. Er/Sie stellt Ihnen zu Ihrem Ziel Fragen und schätzt Ihre Planung kurz ein.

- Wie viel Zeit brauchen Sie, um Ihr Ziel zu erreichen?
- Was ist alles nötig, damit Sie Ihr Ziel erreichen können (Wissen, Können, …)?
- Wie und wo bekommen oder erlernen Sie das, was Ihnen noch fehlt?
- Haben Sie einen Notfallplan, falls Sie nicht vorankommen?

Mein großes Ziel in den nächsten Jahren ist, … zu studieren. Deshalb will ich mich zuerst bei der Studienberatung erkundigen.

Was passiert, wenn dein Schulabschluss nicht anerkannt wird?

▶ Ü 5

Jeder kennt jeden

1   Lesen Sie den Lexikonauszug. Was bedeutet *Networking*?

> Networking ist der neudeutsche Begriff für das bewusste Knüpfen von Kontakten innerhalb einer Interessengemeinschaft. In Zeiten des Konkurrenzdrucks auf dem Arbeitsmarkt hat man damit die Möglichkeit, durch Beziehungen die Erfolgsaussichten bei der Arbeitsplatzsuche zu vergrößern.

2a Lesen Sie ein Interview über „Netzwerke", bei dem die Fragen ausgespart sind. Unterstreichen Sie in jedem Absatz die Hauptinformationen.

1   Beziehungen schaden nur dem, der keine hat. Diese Redensart gilt auf dem angespannten Arbeitsmarkt heute mehr denn je. Die Hälfte aller offenen Stellen wird nach Schätzung von Experten mittlerweile über Kontakte vergeben. Berufstätige sollten deshalb frühzeitig ein Netzwerk knüpfen. Das allerdings will gelernt sein. Aus diesem Grunde haben wir mit Thomas Heyne, Networking-Experte und Leiter eines Karriereberatungsunternehmens in Berlin, gesprochen.

10   **1** _____
Ein gut funktionierendes Netzwerk ist entscheidend für die berufliche und geschäftliche Karriere. Die Arbeitswelt hat sich im Zuge der Globalisierung stark verändert: Die Situation, dass Menschen ein Leben lang bei ein und derselben Firma angestellt sind, gibt es nicht mehr. Flexibilität und Mobilität sind gefragt. Wer über ein gutes Netzwerk an Kontakten verfügt, dem öffnen sich so manche Türen wie von selbst. Deshalb sollte sich in der heutigen Zeit jeder Mensch um den Ausbau von persönlichen Beziehungen bemühen.

2 _____
Wer früher seine Beziehungen für die berufliche Weiterentwicklung einsetzte, wurde schief angeschaut. Die Menschen nutzten ihre Kontakte weniger, weil das als anrüchig galt und man sich deshalb wenig davon versprach. Heute ist das anders. Vielleicht kegelt gerade die eigene Mutter mit einer Bekannten, deren Schwager an einer entscheidenden Position sitzt. Durch den richtigen Kontakt zu einem Job zu kommen hat nichts Anrüchiges mehr. Zudem profitiert man heute von der Mitgliedschaft in Netzwerken. Netzwerke zu nutzen gehört längst zur Normalität.

3 _____
Die Funktionen, die in einem Online-Netzwerk zur Verfügung stehen, unterstützen die Mitglieder beim Aufbau und bei der Pflege ihres Kontaktnetzwerkes. Als Mitglied findet man relevante Kontakte einfacher und schneller, egal ob es dabei um einen neuen Job, einen Geschäftspartner oder um ehemalige Kommilitonen geht. Man kann online Geschäfte anbahnen und abschließen. Außerdem kann jedes Mitglied seine Kontakte leichter und effizienter managen, weil viele Netzwerke automatisch ein aktuelles Adressbuch anbieten. Darüber hinaus kann man durch andere Menschen aus dem Netzwerk Ratschläge, Tipps und Lösungen für die vielfältigsten Probleme bekommen.

4 _____
Während Männer von Anfang an auf Kontakte aus Studienzeiten, von Arbeitskollegen oder Freunden zurückgegriffen haben, taten sich Frauen anfangs damit recht schwer. Doch in den letzten Jahren haben sich in Deutschland zahlreiche berufsbezogene Netzwerke für Frauen gebildet, die zum Austausch mit anderen Mitgliedern zu Themen rund um den beruflichen wie privaten Alltag einladen. Diese Netzwerke können sich über einen deutlichen Anstieg ihrer Mitgliederzahl freuen. Zu den Mitgliedern von Frauen-Netzwerken zählen Berufsanfängerinnen, Wiedereinsteigerinnen, Frauen in leitenden Positionen. Angestellte ebenso wie Frauen, die einen freien Beruf ausüben oder ihr eigenes Unternehmen leiten.

40 **5** _____
In Netzwerken registrieren sich Geschäftsleute, Unternehmer, Fach- und Führungskräfte und Berufstätige im Allgemeinen und das branchenübergreifend. Sobald das Berufs- und Geschäftsleben für Studenten und Absolventen interessant wird, registrieren sie sich, weil sie wissen, dass sie hier oft Anschluss an potenzielle Arbeitgeber weltweit erhalten. Deshalb bemühen sich berufliche Netzwerke besonders um
45 Mitglieder, die bereits erfolgreich im Berufsleben stehen.

b Rekonstruieren Sie nun die Interview-Fragen und schreiben Sie sie auf die Linien.   ▶ Ü 1

c Sind Sie in einem Netzwerk? Wenn ja, welche Erfahrungen haben Sie gemacht? Wenn nein, warum haben Sie sich keinem Netzwerk angeschlossen?   ▶ Ü 2

3 Nominalisierung und Verbalisierung: Präpositional-Ergänzungen.

a Notieren Sie zu den Verben die entsprechende Präposition und den Kasus.

sich bemühen *um + Akk.*   profitieren _____   einladen _____

einsetzen _____   unterstützen _____   sich freuen _____

b Finden Sie zu den Verben aus Aufgabe 3a im Text einen Beispielsatz und bilden Sie die Verbalform.

Nominalform	Verbalform
Heute profitiert man **von** der Mitgliedschaft in mehreren Netzwerken.	Heute profitiert man **davon**, Mitglied in mehreren Netzwerken zu sein.
Diese Netzwerke können sich **über** einen deutlichen Anstieg ihrer Mitgliederzahl freuen.	Diese Netzwerke können sich **darüber** freuen, dass ihre Mitgliederzahl deutlich ansteigt.

c Sehen Sie sich die beiden Beispiele in Aufgabe 3b noch einmal an und ergänzen Sie die Regel.

Ⓖ

Hauptsatz – *dass*-Satz – identisch – Infinitivsatz

Präpositional-Ergänzungen können in einen _____ oder Infinitivsatz umgeformt werden. Einen _____ kann man nur bilden, wenn das Subjekt des Nebensatzes mit dem Subjekt des Hauptsatzes _____ ist. Bei der Umformung wird die Präposition zu einem Pronominaladverb im _____. Bei vielen Verben kann das Pronominaladverb weggelassen werden.

Die Betreiber von Netzwerken freuen sich (darüber), dass die Mitgliederzahlen steigen.

▶ Ü 3–4

4 Recherchieren Sie im Internet nach Netzwerken in Ihrem Heimatland und stellen Sie ein Netzwerk im Kurs vor.

Freiwillig

1a Was bedeutet der Begriff „Ehrenamt"? In welchen Bereichen kann man sich engagieren? Kennen Sie jemanden, der sich schon einmal ehrenamtlich eingesetzt hat?

▶ Ü 1 b Beschreiben Sie die Karikatur. Was wird hier dargestellt?

P TELC 2 Lesen Sie den folgenden Text. Welche der Sätze a–h gehören in die Lücken 1–6? Es gibt jeweils nur eine richtige Lösung. Zwei Sätze können Sie nicht zuordnen.

Beispiel: _X_ Noch immer könnten motivierte Menschen an eine Einrichtung geraten, die gar nicht auf Freiwillige eingestellt sei.

a Erklären lässt sich das mit gesellschaftlichen Veränderungen, die sich allmählich gerade in Großstädten wie Stuttgart bemerkbar machen.

b Die Selbstlosigkeit als grundlegendes Merkmal der freiwilligen Hilfe ist für sie in Gefahr.

c Geänderte Rahmenbedingungen schaffen ein besseres Klima für das freiwillige Engagement.

d Fast immer sind engagierte Menschen vielschichtig, mehrdimensional, tiefsinnig in ihrem Charakter und in ihrem Denken.

e Schließlich müssen viele Einrichtungen kräftig sparen.

f Dennoch könnten finanzielle Anreize den Freiwilligenprojekten einen Schub vermitteln.

g Eine Studie der EU kommt jedoch zu dem gegenteiligen Ergebnis.

h Wenn nur die Rahmenbedingungen stimmen würden.

Helfen ist auch gut für das Ego

1 Ein Drittel aller Deutschen leistet in der Freizeit ehrenamtliche Hilfe. Die Engagierten sind der Kitt der Zivilgesellschaft – und bleiben doch weitgehend un-
5 beachtet.

Richtig geärgert hat sich Martin Theurer damals, vor einigen Jahren. Der Student hatte einen Sozialdienst angerufen, um sich ehrenamtlich zu engagieren. Doch erst wurde er
10 mehrfach weiterverbunden, bis er überhaupt sein Anliegen vorbringen konnte. Dann fuhr man ihn schließlich zu einem älteren kranken Ehepaar. Martin Theurer half aus. Doch niemand wies ihn in die Aufgabe ein und nach
15 drei Nachmittagen schlief die Sache ein.

Yvonne Schütz, die Chefin der Stuttgarter Freiwilligenagentur, zuckt bei solchen Geschichten mit den Schultern: (0) __X__
Doch vielerorts werden die Ehrenamtlichen
20 mittlerweile professionell betreut – zum Beispiel in Stuttgart. Heute hätte Martin Theurer andere Möglichkeiten. In der Online-Datenbank der Freiwilligenagentur könnte er aus 600 Angeboten wählen. Wenn
25 ihm die Wahl schwerfiele, könnte er ein Beratungsgespräch mit Yvonne Schütz vereinbaren. Im Pflegeheim der Caritas, für das er

80

sich entscheiden könnte, fände er einen eigens abgestellten Mitarbeiter, der Freiwillige begleitet. Und in der städtischen Freiwilligenakademie „Free" könnte er sich fortbilden.

Vor allem größere Sozial-, Sport- und Umweltverbände können es sich heute gar nicht mehr leisten, engagierte Freiwillige zu verlieren. (1) _____ Die meisten Vereine und Verbände haben deshalb kräftig in die Anwerbung und Ausbildung von Ehrenamtlichen investiert. Die Freiwilligen sind der Kitt der Zivilgesellschaft – ohne sie wären viele wichtige Angebote nicht möglich. Letztlich kann ein demokratisches und solidarisches Gemeinwesen nur gedeihen, wenn möglichst viele Bürger in ihrem Lebenskreis Verantwortung für sich und andere übernehmen. Anpacken statt immer nur jammern, das ist das Lebensmotto dieser Menschen. Diese in finanzieller, vor allem aber in ideeller Hinsicht unschätzbare Bedeutung der Freiwilligen haben natürlich auch die Kommunen längst erkannt und sind endlich bereit, Zeit und Geld in die Förderung des bürgerschaftlichen Engagements zu pumpen. Die jüngste Bürgerumfrage zum Ehrenamt in Stuttgart hat ergeben, dass die Zahl der Engagierten sogar leicht von 24 auf 21 Prozent zurückgegangen ist.

(2) _____ So wissen die Ehrenamtsforscher längst, dass Engagement ein Luxusgut ist, sprich: Wer in gesicherten finanziellen und familiären Verhältnissen lebt, ist eher bereit, etwas für andere zu tun. Die hohe Arbeitslosigkeit drückt deshalb die Zahl der Freiwilligen.

Und auch die Trends der Vereinzelung, des beruflichen Nomadentums und das Aufkommen der geburtenschwachen Jahrgänge sind Bedrohungen für die solidarische Gesellschaft.

Doch wo Gefahr ist, wächst das Rettende auch. Die Stuttgarter Umfrage beweist nämlich auch, dass immer mehr Menschen bereit wären, sich zu engagieren. (3) _____. Nicht nur die Vereine und Einrichtungen müssen sich also noch stärker anstrengen, um Freiwillige besser einzubinden, auch die Politik ist gefordert. Dabei geht es natürlich wieder einmal ums liebe Geld.

Zwar spielt die finanzielle Entschädigung für die meisten Freiwilligen keine wichtige Rolle. (4) _____ So könnten deutlich mehr Vereine interessierte Menschen an sich binden, wenn sie sich einen Ehrenamtsbeauftragten leisten könnten.

Manche Vordenker, wie der Wirtschaftscoach Helmuth Beutel, gehen noch einen Schritt weiter: Wenn man allen Menschen ein Bürgergeld zahlte, würden unglaubliche Kapazitäten an Hilfe frei, glaubt er. Bisher sind arbeitslose Menschen zur beständigen, aber oft sinnlosen Jobsuche verdammt und geraten deshalb in eine Abwärtsspirale. Mit dem Bürgergeld könnten sie sich lösen von der Fixierung auf einen bezahlten Job und sich emotional und zeitlich einer freiwilligen Tätigkeit zuwenden.

Zukunftsmusik? Die SPD-Politikerin Ute Kumpf hält gar nichts von einem Bürgergeld, weil „sonst das bürgerschaftliche Engagement einer Ökonomisierung unterworfen" würde. (5) _____

Daneben werden der Spaßfaktor und die Möglichkeit zur Selbstverwirklichung immer wichtiger. Den Begriff „Ehrenamt" können die meisten Engagierten deshalb nicht mehr hören: „Ich empfinde meine Arbeit weder als Ehre noch als Amt", sagt beispielsweise Barbara Metelmann, die seit 27 Jahren eine Theatergruppe leitet. Vielmehr zieht sie selbst großen Gewinn aus ihrer Aufgabe: Es macht ihr Spaß, ungelebte Seiten ihrer Persönlichkeit als Schauspielerin und Regisseurin auszuprobieren. (6) _____ Wer für die Patienten des Krankenhauses Radio macht oder wer als Jobpate arbeitslosen Menschen wieder Mut zu machen versucht, der lernt andere Lebenswelten kennen und versteht fremde Perspektiven. Das Engagement bereichert so auch die eigene Persönlichkeit.

3a „Die Engagierten sind der Kitt der Zivilgesellschaft." – Erklären Sie, was mit diesem Satz gemeint ist.

Freiwillig

b Beantworten Sie folgende Fragen zum Text aus Aufgabe 2.

1. Was ist heute im Bereich „Ehrenamt und Engagement" anders als noch vor wenigen Jahren?
2. Engagement ist ein Luxusgut: Was bedeutet das?
3. Wie unterscheiden sich die Positionen des Wirtschaftscoaches Helmuth Beutel und der Politikerin Ute Kumpf?
4. Welchen Nutzen ziehen Engagierte aus ihrer Tätigkeit?

2.20

4a Hören Sie drei kurze Reportagen und ergänzen Sie das Raster.

	Beitrag 1	Beitrag 2	Beitrag 3
Projekt			
Art der Tätigkeit			
Gründe für Engagement			

b Arbeiten Sie zu dritt. Jeder fasst einen Beitrag zusammen.

Fertigkeitstraining
hören | lesen | sprechen | schreiben

Modul 4

TELC

5 Die Stadtverwaltung veranstaltet einen Schreibwettbewerb zum Thema „Freiwilliges Engagement heute".
Schreiben Sie einen Beitrag, der sich mit der Situation in Deutschland und/oder in Ihrem Heimatland beschäftigt (ca. 200 Wörter).

Vor dem Schreiben:

– Thema erfassen – Worum genau geht es?

– Argumente und Ideen sammeln

– Beispiele/Zahlen / persönliche Erfahrungen sammeln, die die Argumente belegen

– Argumente nach Wichtigkeit ordnen

Aufbau des Textes:

1. Einleitung
→ Bezugspunkte zur Aktualität
→ Hervorhebung der Wichtigkeit des Themas
→ Gedanken, die zum Hauptteil überleiten

2. Hauptteil
→ Formulierung der eigenen Grundhaltung
→ Argumentation: Man beginnt mit dem schwächsten Argument und steigert sich zum stärksten.

3. Schlussteil
→ abschließendes Gesamturteil
→ Ausblick

1. Einleitung	2. Argumente/Gedanken hervorheben	3. mit Beispielen verdeutlichen
Dieses Thema ist von besonderer Aktualität, weil … Mit diesem Thema muss man sich befassen, denn … Die Auseinandersetzung mit diesem Thema ist wichtig, … Eine heute viel diskutierte Frage ist …	Hierbei muss man besonders betonen, dass … Hier ist hervorzuheben, dass … Besonders wichtig aber erscheint … Ausschlaggebend/Auffallend ist … Man darf auch nicht übersehen, dass … Außerdem spielt noch … eine wichtige Rolle. Weitaus wichtiger jedoch ist … Von besonderer Bedeutung ist …	… ist dafür beispielhaft. Das lässt sich mit folgendem Beispiel verdeutlichen: … Als Beispiel kann … dienen. Ein treffendes Beispiel dafür ist … Ein Beispiel, das man hier unbedingt anführen sollte: … Ergänzend möchte ich hinzufügen, dass …
4. etwas ergänzen	**5. etwas wiederholen**	**6. Schluss**
Darüber hinaus ist zu erwähnen … Nicht zuletzt wegen … Hinzuzufügen wäre noch …	Wie bereits erwähnt, … Wie schon beschrieben, … Wie oben bereits dargelegt/ dargestellt, …	Zusammenfassend/Abschließend lässt sich sagen … Mich überzeugen am stärksten die Gründe … Meiner Einschätzung nach … In Anbetracht der aktuellen Situation …

▶ Ü 2

Porträt

Hermann Gmeiner (1919–1986)

Es war das Jahr 1949: Der Österreicher Hermann Gmeiner war gerade 30 Jahre alt, studierte Medizin und wollte Arzt werden. Doch jeden Tag erlebte er das Elend der Kriegswaisen. Das Mitgefühl für die Kinder war so stark, dass er alle seine bisherigen Lebenspläne aufgab und fast aus dem Nichts heraus im gleichen Jahr sein erstes SOS-Kinderdorf in Imst in Tirol eröffnete. Das war der Beginn seines Lebenswerkes.

Die Mutter, die Geschwister, das Haus und das Dorf – so einfach beschreibt Hermann Gmeiner die Grundbedürfnisse und die Grundrechte eines jeden Kindes. Und diese vier Säulen sind bis heute die Grundlage der SOS-Kinderdorf-Arbeit. Hermann Gmeiner entwickelte diese Überzeugung aus eigener Erfahrung: Er wurde 1919 als Sohn einer einfachen Bergbauernfamilie in Alberschwende im österreichischen Vorarlberg geboren. Als er fünf Jahre alt war, starb seine Mutter. Die älteste Schwester Elsa übernahm die Mutterrolle für die acht jüngeren Geschwister. Hermann Gmeiner sagte später oft, dass die Idee der SOS-Kinderdörfer seiner Mutter und seiner Schwester Elsa zu verdanken sei. Denn dank dieser beiden Frauen konnte er in Geborgenheit aufwachsen und seine Persönlichkeit entwickeln. Schon als Kind fiel Hermann Gmeiner als begabter Junge auf. Ein Stipendium ermöglichte ihm nach dem Krieg ein Studium der Medizin. Zusätzlich engagierte er sich in der Jugendfürsorge. Als er die bittere Not der Kriegswaisenkinder hautnah erlebte, entwickelte sich sein Wunsch zu helfen.

Hermann Gmeiner war tief überzeugt von seiner Idee und er verstand zu begeistern. Er begann im Freundeskreis mit einer einfachen Bitte: Mit nur einem österreichischen Schilling im Monat könne für viele Kinder das Schicksal zum Guten gewendet werden. Je mehr Menschen bereit seien, diesen einen Schilling im Monat zu spenden, desto mehr Kindern könne geholfen werden. Und Hermann Gmeiner gewann viele Unterstützer für seine Idee. Ein Dorf war ihm bald nicht genug, denn Not gab es überall. In jedem Land der Welt wollte er Kindern mit einem SOS-Kinderdorf helfen. 1956 wurde das erste SOS-Kinderdorf in Deutschland in Dießen am Ammersee eröffnet, 1963 das erste nicht europäische SOS-Kinderdorf in Korea, in den 70er-Jahren folgten Kinderdörfer in Lateinamerika und Afrika.

Hermann Gmeiner – Gründer der SOS-Kinderdörfer

Hermann Gmeiner stellte in den folgenden Jahren sein Leben in den Dienst seiner Idee. Er reiste um die Welt und traf sich mit den Mächtigen, den Einflussreichen, den Meinungsmachern und versuchte, sie alle für seine Idee zu gewinnen. Dabei war er sehr erfolgreich und schaffte es, eines der größten Sozialwerke der Welt für Kinder aufzubauen. 1986 starb Hermann Gmeiner in Innsbruck. Doch seine weltumspannende Idee lebt bis heute weiter. Noch hat nicht jedes Land der Welt ein Kinderdorf, aber immerhin gibt es sie inzwischen auf allen fünf Kontinenten.

Hermann Gmeiner glaubte an den Frieden, so wie er auch an das Gute im Menschen glaubte. Er suchte und er fand überall auf der Welt Menschen, die wie er Frieden schaffen und in Frieden leben wollten. Der Dalai Lama, Friedensnobelpreisträger Anwar as-Sadat und Kofi Annan sind nur drei Beispiele für Menschen, die er traf, um sie von seiner Idee zu überzeugen.

Mehr Informationen zu Hermann Gmeiner

Sammeln Sie Informationen über Persönlichkeiten aus dem In- und Ausland, die für das Thema „Ziele" interessant sind, und stellen Sie sie im Kurs vor. Sie können dazu die Vorlage „Porträt" im Anhang verwenden.
Beispiele aus dem deutschsprachigen Bereich: Karlheinz Böhm – Reinhold Messner – Magdalena Neuner

Grammatik-Rückschau 5

1 Nominalisierung und Verbalisierung: Kausal-, Konzessiv-, Final- und Konsekutivsätze

Kausalsätze	
Nominalform	**Verbalform**
Aufgrund/Wegen unrealistischer Erwartungen scheiterten viele hoch motivierte, aber schlecht informierte Menschen.	**Weil/Da** viele hoch motivierte, aber schlecht informierte Menschen unrealistische Erwartungen hatten, scheiterten sie.

Konzessivsätze	
Nominalform	**Verbalform**
Trotz großer Motivation verpufft nach zwei bis drei Monaten bei mehr als der Hälfte der Befragten die Anfangsbegeisterung.	**Obwohl** viele motiviert sind, verpufft nach zwei bis drei Monaten bei mehr als der Hälfte der Befragten die Anfangsbegeisterung.

Finalsätze	
Nominalform	**Verbalform**
Zur besseren Bewältigung seines Vorhabens hilft womöglich auch die Gesellschaft anderer in entsprechenden Kursen.	Die Gesellschaft anderer hilft einem womöglich auch in entsprechenden Kursen, **um** sein Vorhaben besser **zu** bewältigen / **damit** man sein Vorhaben besser bewältigen kann.
Für das erfolgreiche Umsetzen eines Vorsatzes sollten unterschiedliche Lösungswege angedacht werden.	**Um** einen Vorsatz erfolgreich um**zu**setzen, sollten unterschiedliche Lösungswege angedacht werden.

Konsekutivsätze	
Nominalform	**Verbalform**
Infolge zu hoher Ziele (= Grund) müssen viele Menschen ziemlich schnell Fehlschläge hinnehmen (= Folge).	Viele Menschen setzen sich zu hohe Ziele (= Grund), **sodass** sie ziemlich schnell Fehlschläge hinnehmen müssen (= Folge).

2 Nominalisierung und Verbalisierung: Präpositional-Ergänzungen

Nominalform	Verbalform
Heute profitiert man **von** der Mitgliedschaft in mehreren Netzwerken.	Heute profitiert man **davon**, Mitglied in mehreren Netzwerken **zu** sein.
Diese Netzwerke können sich **über** einen deutlichen Anstieg ihrer Mitgliederzahl freuen.	Diese Netzwerke können sich **darüber** freuen, **dass** ihre Mitgliederzahl deutlich ansteigt.

Präpositional-Ergänzungen können in einen *dass*-Satz oder Infinitivsatz umgeformt werden. Einen Infinitivsatz kann man nur bilden, wenn das Subjekt des Nebensatzes mit dem Subjekt des Hauptsatzes identisch ist. Bei der Umformung wird die Präposition zu einem Pronominaladverb im Hauptsatz. Bei vielen Verben kann das Pronominaladverb weggelassen werden.

Die Betreiber von Netzwerken freuen sich (darüber), dass die Mitgliederzahlen steigen.

Spielend Geld verdienen

1a Sehen Sie die Bilder aus dem Film an. Worum könnte es gehen?

  b Sehen Sie nun den Film. Hatten Sie mit Ihren Vermutungen recht? Nennen Sie die beiden Ausbildungseinrichtungen und deren Standorte, die im Film genannt werden.

2 Sehen Sie den Anfang des Films noch einmal. Welche Gründe nennen die Leute für eine Ausbildung in der Spielebranche?

3a Bilden Sie zwei Gruppen und sehen Sie die zweite Filmsequenz. Machen Sie Notizen zu den Punkten und berichten Sie.

Gruppe A: Games Academy Berlin (Tradition, Studiengänge, Studenten, Chancen für Absolventen, …)

Gruppe B: Jürgen Kayser (Berufsweg, Ziele, Projekt, …)

  b Was stellen Sie sich unter den genannten Studiengängen vor: 3-D-Programmierung, Game-Art, Design, Producing?

  c Wenn Sie Student/Studentin an der Games Academy wären, welchen Studiengang würden Sie wählen? Begründen Sie.

sehen | nachdenken | diskutieren 5

4a Sehen Sie die dritte Filmsequenz. Was sagt der Absolvent der Games Academy zu seiner Arbeit?

b Das Hobby zum Beruf machen – was denken Sie darüber? Welche Vor- und Nachteile kann das haben? Diskutieren Sie.

5a Sehen Sie die vierte Filmsequenz, in der es um die Ausbildung an der Universität Magdeburg geht. Wer unterrichtet die Studenten in Magdeburg? Warum sind die Seminare zurzeit dort so organisiert?

b Was ist der grundlegende Unterschied zwischen der Ausbildung an der Games Academy und der an der Magdeburger Universität?

6a Berichten Sie im Kurs über Ihre eigenen Spieleerfahrungen. Welche Computerspiele haben Sie besonders gern gespielt oder spielen Sie jetzt gern? Was reizt Sie daran?

b Was kann man durch Computerspiele für das wirkliche Leben lernen? Welche Gefahren liegen in Spielen? Äußern Sie Ihre Gedanken und diskutieren Sie.

87

Redemittel

Hier finden Sie die Redemittel aus Aspekte 1 (Niveau B1+), Aspekte 2 (Niveau B2) und Aspekte 3 (Niveau C1) in einer Übersicht. Die Verweise geben an, in welchen Kapiteln die Redemittel behandelt werden: B1+K1M2 = Aspekte 1 (Niveau B1+), Kapitel 1, Modul 2; B2K4M2 = Aspekte 2 (Niveau B2), Kapitel 4, Modul 3; C1K4M2 = Aspekte 3 (Niveau C1), Kapitel 4, Modul 2.

1. Meinungen ausdrücken / argumentieren / diskutieren

etwas beurteilen — B1+K1M2 / B1+K5M2 / B2K10M4

Ich halte … für gut/schlecht/…
Für … spricht … / Dafür spricht …
Gegen … spricht … / Dagegen spricht …
Eine gute/schlechte Idee ist …
Ein wichtiger/entscheidender Vorteil/Nachteil ist …

… ist sicherlich sinnvoll / … macht gar keinen Sinn.
Man muss auch bedenken, dass …
Man darf nicht vergessen, dass …
Ein Argument für/gegen … ist …
Besonders hervorzuheben ist auch …

eine Geschichte positiv/negativ bewerten — B1+K7M4 / B2K6M4

etwas positiv bewerten
Die Geschichte gefällt mir sehr.
Ich finde die Geschichte sehr spannend.
Eine sehr lesenswerte Geschichte.
Die Geschichte ist gut durchdacht und überraschend.
Ich finde die Geschichte kurzweilig und sehr unterhaltsam.
Die Geschichte macht mich neugierig.
Ich bin gespannt auf …
Die Geschichte ist gut erzählt.

etwas negativ bewerten
Ich finde die Geschichte unmöglich.
Die Geschichte ist voller Widersprüche.
Für mich ist die Geschichte Unsinn.
Die Geschichte ist nicht mein Geschmack.
Ich finde die Geschichte verwirrend.
Ich finde die Geschichte komisch/seltsam.
Die Geschichte ist schlecht erzählt.
Ich finde die Geschichte langweilig.
Ich kann die Geschichte schlecht verstehen.

Verhalten positiv/negativ bewerten — C1K4M2

Verhalten positiv bewerten
Ich finde es anständig/lobenswert/anerkennenswert, dass …
Ich erkenne an, wenn jemand …
Ich schätze es, wenn …
Ich heiße das / ein solches Verhalten / diese Einstellung/Haltung gut, denn …

Verhalten negativ bewerten
Ich finde es falsch/unmöglich / nicht in Ordnung, dass …
… wäre für mich undenkbar.
Ich lehne es ab, wenn …
Ich missbillige so etwas.
Es ist für mich moralisch fragwürdig, wenn …
Ich halte nichts davon, wenn …
Solches Verhalten findet vielleicht bei vielen Anerkennung, aber …

Meinungen ausdrücken   B1+K1M2 / B1+K1M4 / B1+K2M4 / B2K1M2 / B2K1M4 / C1K3M4

Meiner Meinung/Auffassung nach …
Meiner Meinung nach ist das Unsinn, denn …
Ich bin der Meinung/Ansicht/Auffassung, dass …
Ich bin der festen Überzeugung, dass …
Ich bin da geteilter Meinung. Auf der einen Seite …, auf der anderen Seite …
Ich stehe auf dem Standpunkt, dass …
Ich denke/meine/glaube/finde, dass …

Ich bin davon überzeugt, dass …
Ich finde, dass man zwar einerseits …, andererseits ist es aber auch wichtig zu sehen, dass …
Ich denke, man kann das (nicht) so sehen, denn …
Meines Erachtens ist das …
Ich vertrete die Ansicht, dass …
Für mich steht fest, dass …

Zustimmung ausdrücken   B1+K1M4 / B1+K8M2 / B1+K9M2 / B2K1M4 / C1K3M4

Der Meinung bin ich auch.
Ich bin ganz deiner/Ihrer Meinung.
Das stimmt. / Das ist richtig. / Ja, genau.
Da hast du / haben Sie völlig recht.
Ja, das kann ich mir gut vorstellen.
Das kann ich mir vorstellen.
Ja, das ist richtig.
Ja sicher!
Selbstverständlich ist das so, weil …
Ja, das sehe ich auch so.

Ich stimme dir/Ihnen zu.
Der ersten Aussage kann ich völlig zustimmen, da/weil …
Ich denke, diese Einstellung ist falsch, denn …
Ich finde, … hat recht, wenn er/sie sagt, dass …
Ich bin der gleichen Ansicht.
Dem kann ich zustimmen.
Dem kann ich mich nur anschließen.
Das klingt einleuchtend/überzeugend.
Dieses Argument leuchtet mir ein.

Widerspruch ausdrücken   B1+K1M2 / B1+K1M4 / B2K1M4 / C1K3M4

Das stimmt meiner Meinung nach nicht.
Der Meinung bin ich auch, aber …
Das ist nicht richtig.
Das ist sicher richtig, allerdings …
Ich sehe das (etwas/völlig/ganz) anders, denn …
Da muss ich dir/Ihnen aber widersprechen.
Dem kann ich nur bedingt/teilweise zustimmen.
Das klingt überzeugend, aber …

Da kann ich dir/Ihnen nur völlig recht geben, aber …
Das kann ich nicht nachvollziehen.
Dieser Aussage muss ich widersprechen.
Da kann man einwenden, dass …
Dagegen spricht, dass …
Dem kann ich nicht zustimmen.
Die Aussage überzeugt mich nicht.
Dazu habe ich eine andere Meinung.

Zweifel ausdrücken   B1+K1M4 / B1+K9M2 / B2K1M4

Also, ich weiß nicht …
Ob das wirklich so ist?
Stimmt das wirklich?
Es ist unwahrscheinlich, dass …
Ich glaube/denke kaum, dass …

Wohl kaum, denn …
Ich bezweifle, dass …
Ich habe da so meine Zweifel.
Ich sehe das (schon) anders, da …

Redemittel

Vermutungen ausdrücken   B1+K6M4 / B1+K7M4 / B1+K8M3

Etwas ist möglich.
Es ist möglich/denkbar/vorstellbar / nicht ausgeschlossen, dass …
Ich kann mir gut vorstellen, dass …
Es kann/könnte (gut) sein, dass …
Vielleicht/Möglicherweise/Eventuell …
Es besteht die Möglichkeit, dass …
… lässt vermuten / darauf schließen, dass …

Etwas ist sehr wahrscheinlich.
Wahrscheinlich/Vermutlich/Vielleicht …

Ich vermute, dass …
Ich nehme an, dass …
Ich glaube, dass …
Ich bin ziemlich sicher, dass …
Es sieht so aus, als ob …

Etwas ist sicher.
Ich bin sicher, dass …
Ich bin überzeugt, dass …
Alles deutet darauf hin, dass …
Bestimmt/Sicher/Gewiss/Zweifellos …

argumentieren   B1+K1M2 / B1+K5M2 / C1K1M2

Für mich ist es wichtig, dass …
Ich finde es …
Es ist (ganz) wichtig, dass …
Dabei wird deutlich, dass …
… haben deutlich gezeigt, dass …
… spielt eine wichtige Rolle bei …
… ist ein wichtiges Argument für …
… hat deutlich gezeigt, dass …

… macht klar, dass …
Außerdem muss man bedenken, dass …
Das Besondere daran ist, dass man …
Beim/Im … kannst du viele interessante/ lustige/ … Dinge lernen/machen.
Im Gegensatz zu anderen Organisationen, kannst du hier …

Gründe/Beispiele anführen   C1K3M4

Das hat folgende Gründe: …
Dafür/Dagegen spricht vor allem, dass …
Dazu möchte ich folgende Beispiele anführen: …

Man kann das mit folgenden Beispielen untermauern: …
Man muss hierbei berücksichtigen, dass …

Konsequenzen nennen   C1K4M3

Als Konsequenz ergibt sich daraus, dass …
… ist eine logische Folge.
Daraus lässt sich ableiten/folgern, dass …

Daraus kann man schließen, dass …
Daraus ergibt sich, dass …
… führt zu …

eine Diskussion führen — B1+K10M2 / B2K10M4 / C1K1M4

um das Wort bitten / das Wort ergreifen
Entschuldigen Sie, wenn ich Sie unterbreche, …
Dürfte ich dazu bitte auch etwas sagen?
Ich möchte dazu etwas sagen/fragen/ergänzen.
Kann ich dazu bitte auch einmal etwas sagen?
Ich verstehe das schon, aber …
Ja, aber …
Glauben/Meinen Sie wirklich, dass …?
Das mag stimmen, aber …

ein Problem ansprechen
Ich finde es nicht gut, wenn …
… gefällt mir nicht.
Ich habe ein Problem mit …
Es ist nicht fair / in Ordnung, wenn …
Über … habe ich mich geärgert.
Ich fühle mich ausgenutzt, wenn …

eine andere Position vertreten
Es ist sicher richtig/verständlich, dass …,
aber …
Einerseits …, andererseits …
Aus meiner Sicht ist es wichtig, dass …
Sie sollten aber bedenken, dass ich in meiner
Situation …
Für mich ist entscheidend/wichtig, dass …,
weil …

auf die Meinung anderer eingehen
Ich kann verstehen, dass Sie …, aber ich …
Das ist Ihre Meinung. Ich bin der Ansicht …
Wir sollten auch die Meinung von Frau/Herrn …
berücksichtigen.
Was Sie sagen, ist aus Ihrer Position sicher richtig.
Trotzdem …
Ja, das sehe ich genau wie Sie, und darum …

sich nicht unterbrechen lassen
Lassen Sie mich bitte ausreden.
Ich möchte nur noch eines sagen …
Einen Moment bitte, ich möchte nur noch …
Darf ich bitte den Satz noch abschließen?
Ich bin noch nicht fertig.
Augenblick noch bitte, ich bin gleich fertig.

ein Gespräch leiten
Was meinen Sie dazu?
Können Sie das näher erläutern?
Würden Sie dem zustimmen?
Gut, dass Sie das ansprechen.
Kommen wir noch einmal zurück zu der Frage/
These, …
Ich nehme an, Sie sehen das genauso.

Redemittel

2. etwas vorschlagen

| **eine Lösung aushandeln** | **B1+K4M2 / B1+K4M4 / B2K3M3 / B2K5M4 / C1K1M2 / C1K2M4** |

einen Vorschlag machen
Wie wäre es, wenn wir …
Wir könnten doch …
Vielleicht machen wir es so: …
Hast du nicht Lust?
Mein Vorschlag wäre …
Ich finde, man sollte …
Was hälst du / halten Sie von folgendem Vorschlag: …?
Wenn es nach mir ginge, würde …
Könnten Sie sich vorstellen, dass …
Meiner Meinung nach sollten wir …
Anstatt …, sollte/könnte man …
Ich würde lieber … als …
Um … zu, muss/müssen meiner Meinung nach vor allem …
Ich würde vorschlagen, dass du mal …
Du könntest ja mal in Betracht ziehen, …
Spring doch einfach mal über deinen Schatten und …
Hättest du nicht mal Lust, …?
Meiner Meinung nach sollten wir …

einen Gegenvorschlag machen
Das ist sicherlich keine schlechte Idee, aber kann man nicht … ?
Gut, aber man sollte überlegen, ob es nicht besser wäre, wenn …
Okay, aber wie wär's, wenn wir es anders machen. Und zwar …
Ich habe einen besseren Vorschlag. Also …
Anstatt … sollte/könnte man …

Ich würde lieber … als …
Wir sollten überlegen, ob es nicht besser wäre …
Ich hätte da eine bessere Idee: …
Ich würde gern einen anderen Vorschlag machen, und zwar …

einem Vorschlag zustimmen
Das hört sich gut an.
Einverstanden, das ist ein guter Vorschlag.
Ja, das könnte man so machen.
Ich finde diese Idee sehr gut.
Ich kann diesem Vorschlag nur zustimmen.
Dieser Vorschlag gefällt mir.

einen Vorschlag ablehnen
Das halte ich für keine gute Idee.
Ich halte diesen Vorschlag für nicht durchführbar.
Das kann man so nicht machen.
Das würde ich so nicht machen.
Das lässt sich nicht realisieren.
So geht das auf keinen Fall!

zu einer Entscheidung kommen
Lass/Lasst uns / Lassen Sie uns Folgendes vereinbaren: …
Einigen wir uns doch auf Folgendes: …
Darauf könnten wir uns vielleicht einigen.
Wie wäre es mit einem Kompromiss: …
Was halten Sie von folgendem Kompromiss: …
Wären alle damit einverstanden, wenn wir … ?
Ja, so machen wir es.

| **Ratschläge und Tipps geben** | **B1+K2M4 / B1+K3M4 / B1+K5M3 / B1+K5M4 / B1+K7M4 / B2K9M4** |

Am besten ist …
Du solltest … / du könntest … /
Du musst …
Man darf nicht …
Da sollte man am besten …

Empfehlenswert ist, wenn …
Überleg dir das gut.
Sag mal, wäre es nicht besser …
Verstehe mich nicht falsch, aber …
Wir schlagen vor …

92

Ich kann dir/euch nur raten ...
Ich würde dir raten/empfehlen ...
Am besten ist/wäre es ...
Auf keinen Fall solltest du ...
An deiner Stelle würde ich ...
Wenn du mich fragst, dann ...
Mir hat sehr geholfen, ...
Es lohnt sich, ...

Wir geben die folgenden Empfehlungen: ...
Sinnvoll/Hilfreich/Nützlich wäre, wenn ...
Dabei sollte man beachten, dass ...
Es ist besser, wenn ...
Wie wäre es, wenn ...?
Hast du schon mal über ... nachgedacht?
An deiner Stelle würde ich ...

3. Gefühle, Wünsche und Ziele ausdrücken

Gefühle und Wünsche ausdrücken   B2K2M4 / B2K4M4

Ich denke, dass ...
Ich würde mir wünschen, dass ...
Ich freue mich, wenn ...
Mir geht es ..., wenn ich ...
Ich glaube, dass ...

Ich fühle mich ..., wenn ...
Für mich ist es schön/gut/leicht ...
Mir ist aufgefallen, dass ...
Ich frage mich, ob ...
Für mich ist es schwierig, wenn ...

Verständnis/Unverständnis ausdrücken   B1+K3M4 / B1+K7M4

Ich kann gut verstehen, dass ...
Es ist ganz normal, dass ...
Ich verstehe ... nicht.

Ich würde anders reagieren.
Es ist verständlich, dass ...

Situationen einschätzen   B2K9M4

Welches Gefühl hast Du, wenn Du an ... denkst?
Was macht dich glücklich/traurig ...?
Was sagt ... zu deinen Gefühlen?

Wie geht es dir bei dem Gedanken, ...?
Wie würde ... reagieren, wenn ...?
Was sagt ... zu ...?

Glückwünsche ausdrücken   B1+K1M4 / B2K7M4

Herzlichen Glückwunsch!
Ich bin sehr froh, dass ...
Ich freue mich sehr/riesig für dich/euch.

Das ist eine tolle Nachricht!
Es freut mich, dass ...

Ziele ausdrücken   B1+K5M1

Ich hätte Spaß daran, ...
Ich hätte Lust, ...
Ich hätte Zeit, ...
Ich wünsche mir, ...

Ich habe vor, ...
Für mich wäre es gut, ...
Es ist notwendig, ...
Für mich ist es wichtig, ...

Redemittel

4. berichten und beschreiben

eigene Erfahrungen ausdrücken — B1+K3M4 / B2K1M1

Ich habe ähnliche Erfahrungen gemacht, als …
Wir haben gute/schlechte Erfahrungen gemacht mit …
Mir ging es ganz ähnlich, als …
Bei mir war das damals so: …
Wir haben oft bemerkt, dass…

Es ist ein gutes Gefühl, … zu …
… erweitert den Horizont.
Man lernt … kennen und dadurch … schätzen.
Man lernt sich selbst besser kennen.
Ich hatte Probleme mit …
Es ist schwer, … zu …
Mir fehlt …

über interkulturelle Missverständnisse berichten — B2K1M3

In … gilt es als sehr unhöflich, …
Ich habe gelesen, dass man in … nicht …
Von einem Freund aus … weiß ich, dass man leicht missverstanden wird, wenn man …

Als ich einmal in … war, ist mir etwas sehr Unangenehmes/Lustiges passiert. …
Wir hatten einmal Besuch von Freunden aus …
Wir konnten nicht verstehen, warum/dass …

einen Gegensatz ausdrücken — B1+K3M4 / B2K1M1

Im Gegensatz zu … mache ich …
Während …, habe ich …

Bei mir ist das ganz anders.
Während … abends …, mache ich …

einen Begriff erklären/definieren — B2K4M2 / C1K4M3

Meiner Meinung nach bedeutet „…", dass …
„…" ist …
„…" wird definiert als ….

Unter „…" versteht man …
Mit dem Begriff „…" bezeichnet man …
Von „…" spricht man, wenn …
Für mich ist ein Mensch …, wenn er …

recherchierte Ereignisse vorstellen — B2K8M2

Ich werde von … berichten.
Ich habe … ausgesucht, weil …
Ich fand … besonders interessant.

Eigentlich finde ich … nicht so interessant, aber …
Das erste/zweite Ereignis passierte …

historische Daten nennen — B2K8M2

Im Jahr …
Am …
Vor 50, 100 … Jahren …

… Jahre davor/danach …
… begann/endete/ereignete sich …

eine Grafik beschreiben

Einleitung
Die Grafik zeigt …
Die Grafik informiert über …
Die Grafik gibt Informationen über …
Die Grafik stellt … dar.
Die Angaben erfolgen in Prozent.

Hauptpunkte beschreiben
Auffällig/Bemerkenswert/Interessant ist, dass …
Die meisten … / Die wenigsten …
An erster Stelle … / An unterster/letzter Stelle steht/stehen/sieht man …
Am wichtigsten …
… Prozent sagen/meinen …
Die Grafik unterscheidet …
Im Vergleich zu …
Verglichen mit …
Im Gegensatz zu …
Während …, zeigt sich …
Ungefähr die Hälfte …
Die Grafik auf der zweiten Folie zeigt, …
Man kann deutlich sehen, dass …
In den Jahren von … bis … ist … stetig gestiegen / hat zugenommen / ist gewachsen.
Seit … nimmt die Zahl der … ab / fällt die Zahl der … / gibt es immer weniger …
Die Zahl der … ist wesentlich erheblich höher als …

Ähnlichkeiten
Ähnliche Ergebnisse werden auch in … deutlich.
Das gleiche Ergebnis ist auch in … zu erkennen.
Hinsichtlich des/der … ähneln sich … und … (sehr).
Genauso verhält es sich auch bei …
Eine vergleichbare Situation erkennt man …
Auf beide … trifft zu, dass …
… ist vergleichbar (mit) …
Vergleicht man … und …, erkennt man große Übereinstimmungen.
In diesem Punkt sind sich beide … ähnlich.

Unterschiede
Anders als in der einen Umfrage, …
Die Ergebnisse unterscheiden sich deutlich / sind sehr verschieden.
Ganz anders stellt sich … dar.
Im Gegensatz zu …
Im Unterschied zu …
… und … unterscheiden sich klar/deutlich voneinander.

Überraschendes
Das Eigenartigste/Merkwürdigste/Seltsamste ist …
Erstaunlich finde ich, dass …
Ich habe nicht gewusst, dass …
Ich hätte nicht gedacht/erwartet, dass …
Überraschend ist die Tatsache, dass …
Völlig neu war/ist für mich, dass …

Redemittel

einen Vortrag / ein Referat halten — B1+K10M4

Einleitung
auf Folien verweisen
Das Thema meines Vortrags/Referats/ meiner Präsentation lautet/ist ...
Ich spreche heute zu dem Thema ... / zu Ihnen über ...

Strukturierung
Mein Vortrag besteht aus drei Teilen: ...
Mein Vortrag ist in drei Teile gegliedert: ...
Zuerst möchte ich über ... sprechen und dann etwas zum Thema ... sagen. Im dritten Teil geht es dann um ..., und zum Schluss möchte ich noch auf ... eingehen.

Übergänge
Soweit der erste Teil. Nun möchte ich mich dem zweiten Teil zuwenden.
Nun spreche ich über ...
Ich komme jetzt zum zweiten/nächsten Teil.

auf Folien verweisen
Ich habe eigene Folien/Power-Point-Folien zum Thema vorbereitet.
Auf dieser Folie sehen Sie ...
Auf dieser Folie habe ich ... für Sie dargestellt/zusammengefasst.
Hier erkennt man deutlich, dass ...
Wie Sie hier sehen können, ist/sind ...

Schluss
Ich komme jetzt zum Schluss.
Zusammenfassend möchte ich sagen, ...
Abschließend möchte ich noch erwähnen,

5. zusammenfassen

einen Sachtext/Vortrag zusammenfassen — B2K9M2

Zusammenfassungen einleiten
In dem Text/Vortrag geht/ging es um ...
In dem Text geht es um das Thema ...
Der Text/Vortrag handelt/handelte von ...
Das Thema des Textes ist ...
Der Text/Vortrag behandelt/behandelte die Frage, ...

Informationen wiedergeben
Im ersten/zweiten/nächsten Abschnitt geht/ging es um ...

Anschließend/Danach/Im Anschluss daran wird / wurde dargestellt / darauf eingegangen, dass ...
Eine wesentliche Aussage ist/war ...
Der Text nannte folgende Beispiele: ...

Zusammenfassungen abschließen
Zusammenfassend kann man sagen, dass ...
Als Hauptaussage lässt sich festhalten, dass ...

Informationen zusammenfassen — B2K8M4

über vergangene Zeiten berichten
Damals war es so, dass ...
Anders als heute, war es damals nicht möglich ...
Wenn man früher ... wollte, musste man ...
Häufig/Meistens war es normal, dass ...
In dieser Zeit ...

von einem historischen Ereignis berichten
Es begann damit, dass ...
Die Ereignisse führten dazu, dass ...
Die Meldung / das Ereignis ... hatte zur Folge, dass ...
Nachdem ... bekannt gegeben worden war, ...
Dank ... kam es (nicht) zu ...
Zunächst meldete ... noch, dass ..., aber ...

ein Ereignis kommentieren

Meines Erachtens war besonders erstaunlich/überraschend, dass …
Die Ereignisse zeigen, dass/wie …
Ich denke, … ist auch für andere Länder interessant/wichtig, weil …
Für mich persönlich hat … keine besondere Bedeutung, denn …

ein Buch / eine Geschichte / einen Film zusammenfassen   B1+K7M4

Inhalt/Handlung
In der Geschichte geht es um …
Die Geschichte handelt von …
Den Inhalt der Geschichte kann man so zusammenfassen: …

positive/negative Bewertung
Die Geschichte ist unterhaltsam/spannend/kurzweilig/tiefsinnig/oberflächlich/gut durchdacht/unrealistisch/nicht schlüssig/…

6. erzählen

Spannung aufbauen   B2K6M2

Ihm/Ihr blieb vor Schreck der Atem stehen.
Ihm/Ihr schlug das Herz bis zum Hals.
Wie aus dem Nichts stand plötzlich …
Was war hier los?
Warum war es auf einmal so …?
Was war das?

Ohne Vorwarnung war … da / stand … vor ihm/ihr …
Eigentlich wollte … gerade …, als aus heiterem Himmel …
Damit hatte er/sie nicht im Traum gerechnet: …
Was soll er/sie jetzt nur machen?

7. formelle Texte verfassen

einen Beschwerdebrief schreiben   B2K10M4

Erwartungen beschreiben
In Ihrer Anzeige beschreiben Sie …
Die Erwartungen, die Sie durch die Anzeige wecken, sind …
Durch Ihre Anzeige wird der Eindruck geweckt, dass …

Problem schildern
Leider musste ich feststellen, dass …

Meines Erachtens ist es nicht in Ordnung, dass …
Ich finde es völlig unangebracht, dass …

Forderung stellen
Ich muss Sie daher bitten, …
Ich erwarte, dass …
Deshalb möchte ich Sie auffordern …

Redemittel

einen Leserbrief verfassen B2K5M4

Einleitung
Mit großem Interesse habe ich Ihren Artikel „ ..." gelesen.
Ihr Artikel „ ..." spricht ein interessantes/wichtiges Thema an.

eigener Standpunkt / eigene Erfahrungen
Ich vertrete die Meinung / die Ansicht / den Standpunkt, dass ...
Aufgrund dieser Argumente bin ich der Meinung, ...
Meine Erfahrung hat mir gezeigt, dass ...
Aus meiner Erfahrung heraus kann ich nur unterstreichen, ...

Beispiele anführen
Lassen Sie mich folgendes Beispiel anführen ...
Man sieht das deutlich an folgendem Beispiel ...
Ein Beispiel dafür/dagegen ist ...
An folgendem Beispiel kann man besonders gut sehen, ...

Pro-/Contra-Argumente anführen
Dafür/Dagegen spricht ...
Einerseits/Andererseits ...
Ein wichtiges Argument für/gegen ... ist, dass ...

zusammenfassen
Insgesamt kann man sehen, ...
Zusammenfassend lässt sich sagen, ...
Abschließend möchte ich sagen, ...

ein Bewerbungsschreiben verfassen B2K3M4

Einleitung
Sie suchen ...
In Ihrer oben genannten Anzeige ...
Da ich mich beruflich verändern möchte ...

Vorstellung der eigenen Person
Nach erfolgreichem Abschluss meines ...
In meiner jetzigen Tätigkeit als ... bin ich ...

bisherige Berufserfahrung / Erfolge
Ein Praktikum bei der Firma... hat mir gezeigt, dass ...

Erwartungen an die Stelle
Mit dem Eintritt in Ihr Unternehmen verbinde ich die Erwartung, ...

Eintrittstermin
Die Tätigkeit als ... könnte ich ab dem ... beginnen.

Schlusssatz und Grußformel
Über eine Einladung zu einem persönlichen Gespräch freue ich mich sehr.
Mit freundlichen Grüßen

einen Beitrag schreiben   C1K5M4

Einleitung
Dieses Thema ist von besonderer Aktualität, weil …
Mit diesem Thema muss man sich befassen, denn …
Die Auseinandersetzung mit diesem Thema ist wichtig, …
Eine heute viel diskutierte Frage ist …

Argumente/Gedanken hervorheben
Hierbei muss man besonders betonen, dass …
Hier ist hervorzuheben, dass …
Besonders wichtig aber erscheint …
Ausschlaggebend/Auffallend ist …
Man darf auch nicht übersehen, dass …
Außerdem spielt noch … eine wichtige Rolle.
Weitaus wichtiger jedoch ist …
Von besonderer/zentraler Bedeutung ist …

mit Beispielen verdeutlichen
… ist dafür beispielhaft.
Das lässt sich mit folgendem Beispiel verdeutlichen: …
Als Beispiel kann … dienen.
Ein treffendes Beispiel dafür ist …
Ein Beispiel, das man hier unbedingt anführen sollte: …
Ergänzend möchte ich hinzufügen, dass …

etwas ergänzen
Darüber hinaus ist zu erwähnen …
Nicht zuletzt wegen …
Hinzuzufügen wäre noch …

etwas wiederholen
Wie bereits erwähnt, …
Wie schon beschrieben, …
Wie oben bereits dargelegt/dargestellt, …

Schluss
Zusammenfassend/Abschließend lässt sich sagen …
Mich überzeugen am stärksten die Gründe …
Meiner Einschätzung nach …
In Anbetracht der aktuellen Situation …

einen Kommentar schreiben   C1K1M4

einen Kommentar einleiten
Mein Kommentar bezieht sich auf das Thema …
Der Artikel … behandelt das Thema …

die eigene Ansicht argumentierend darlegen
Ich bin der Meinung/Ansicht/Auffassung, dass …
Ich halte diese Idee für …, weil …
In meinen Augen ist dieses Konzept …, denn …
Für/Gegen … spricht das Argument, dass …

die eigenen Hauptgründe hervorheben
Für mich persönlich ist … am wichtigsten.
Das entscheidende Argument dafür/dagegen ist für mich …
Ich habe zu … einen klaren Standpunkt. Er lautet: …

auf Argumente/Aussagen eingehen
Sicher ist … für viele … sinnvoll, aber ich …
Jeder von uns hat sich schon über Hilfe von Nachbarn gefreut, darum/trotzdem …
Im Text wird (zwar) gesagt, dass …, aber/darum …
Man sollte dabei aber bedenken, dass …
Dieser Gedanke ist für viele Menschen sicher richtig / eine Hilfe / unangenehm …

Konsequenzen für die Zukunft formulieren / Resümee ziehen
Mein persönlicher Entschluss wäre …
Für mich käme nur … in Frage.
Langfristig gesehen würde ich mich für/gegen … entscheiden, weil …
Mit … Jahren könnte ich mir vorstellen, dass …

Redemittel

8. telefonieren

ein Telefongespräch führen B2K7M2

sich vorstellen und begrüßen
Ja, guten Tag, mein Name ist ...
Guten Tag, hier spricht ...
Guten Tag, ... am Apparat.
..., mein Name.

falsch verbunden
Entschuldigung, mit wem spreche ich?
Oh, da habe ich mich verwählt, Verzeihung.
Ich glaube, ich bin falsch verbunden, entschuldigen Sie.

sich verbinden lassen
Könnten Sie mich bitte mit Herrn/Frau ... verbinden?
Ich würde gern mit ... sprechen.
Könnten Sie mir vielleicht die Durchwahl geben?

eine Nachricht hinterlassen
Könnte ich eine Nachricht für ... hinterlassen?
Könnten Sie Herrn/Frau ... bitte Folgendes ausrichten: ...

das Gespräch einleiten
Ich rufe an wegen ...
Ich rufe aus folgendem Grund an: ...
Ich hätte gern Informationen zu ...

Fragen stellen
Ich würde gern wissen, ...
Mich würde auch interessieren, ...
Wie ist das denn, wenn ...
Ich wollte auch noch fragen, ...

sich vergewissern
Könnten Sie das bitte wiederholen?
Ich bin mir nicht ganz sicher, ob ich Sie richtig verstanden habe
Wie war das noch mal?
Habe ich Sie richtig verstanden: ...
Sie meinen also, ... / Kann man also sagen, dass ...

auf Fragen antworten
Ja, also, das ist so: ...
Dazu kann ich Ihnen Folgendes sagen: ...
Das wird folgendermaßen gehandhabt: ...

kurze Zusammenfassung/Rückversicherung
Gut, können wir folgendes festhalten: ...
Wir verbleiben also so: ...

das Gespräch beenden und sich verabschieden
Das war's auch schon. Vielen Dank.
Gut, vielen Dank für die Auskunft.
Das hat mir sehr geholfen, Vielen Dank.
Ich melde mich dann noch mal.
Auf Wiederhören.

Grammatik

Hier finden Sie wichtige Grammatikthemen aus allen drei Bänden von Aspekte in einer Übersicht. Die Verweise geben an, in welchen Kapiteln die entsprechenden Grammatikphänomene behandelt wurden, z. B. **B1+ K8** = Aspekte 1 (Niveau B1+), Kapitel 8; **B2 K7** = Aspekte 2 (Niveau B2) Kapitel 7; **C1 K3** = Aspekte 3 (Niveau C1), Kapitel 3.

Verb

Konjunktiv II der Gegenwart   B1+ K8

Man verwendet den Konjunktiv II, um:

Bitten höflich auszudrücken	*Könnten Sie mir das bitte genau beschreiben?*
Irreales auszudrücken	*Hätten Sie die Ware doch früher abgeschickt.*
Vermutungen auszudrücken	*Es könnte sein, dass er einen Defekt hat.*

Die meisten Verben bilden den Konjunktiv II mit den Formen von *würde* + Infinitiv.

ich **würde** anrufen	wir **würden** anrufen
du **würdest** anrufen	ihr **würdet** anrufen
er/es/sie **würde** anrufen	sie/Sie **würden** anrufen

Die Modalverben und die Verben *haben*, *sein* und *brauchen* bilden den Konjunktiv II mit den Formen des Präteritums und Umlaut. Die erste und die dritte Person Singular haben im Konjunktiv II immer die Endung **-e**.

ich wär**e**, hätt**e**, müsst**e**, …	wir wären, hätten, müssten, …
du wär(e)st, hättest, müsstest, …	ihr wär(e)t, hättet, müsstet, …
er/es/sie wär**e**, hätt**e**, müsst**e**, …	sie/Sie wären, hätten, müssten, …

Merke: ich s**o**llte, du s**o**lltest, …; ich w**o**llte, du w**o**lltest, …

Viele unregelmäßige Verben können den Konjunktiv II wie die Modalverben bilden, meistens verwendet man jedoch die Umschreibung mit *würde* + Infinitiv.

Ich käme gerne zu euch. / Ich würde gerne zu euch kommen.

Konjunktiv II der Vergangenheit   B2 K7

Eine Handlung in der Vergangenheit wurde **nicht** realisiert.

Bildung   *hätte/wäre* + Partizip II
*Wenn ich das vorher **gewusst hätte, wäre** ich nicht in Urlaub **gefahren**.*

Konjunktiv II der Vergangenheit mit Modalverben

Bildung   *hätte* + Infinitiv + Modalverb im Infinitiv
*Sie **hätten** mal besser auf Ihre Ernährung **achten sollen**.*

Wortstellung im Nebensatz

*Er sagte, dass ich besser auf meine Ernährung **hätte achten sollen**.*

Das Verb *haben* im Konjunktiv steht **vor** den Infinitiven, das Modalverb steht am Ende.

Grammatik

Verb

Bedeutung der Modalverben

B1+ K5

Modalverb	Bedeutung	Alternativen
dürfen	Erlaubnis	*es ist erlaubt zu* + Inf., *es ist gestattet zu* + Inf., *die Erlaubnis haben zu* + Inf., *das Recht haben zu* + Inf.
nicht dürfen	Verbot	*es ist verboten zu* + Inf., *es ist nicht erlaubt zu* + Inf., *keine Erlaubnis haben zu* + Inf.
können	a) Möglichkeit	*die Möglichkeit/Gelegenheit haben zu* + Inf., *es ist möglich zu* + Inf.
	b) Fähigkeit	*imstande sein zu* + Inf., *die Fähigkeit haben/besitzen zu* + Inf., *in der Lage sein zu* + Inf.
mögen	Wunsch, Lust	Adverb: *gern*, *Lust haben zu* + Inf.
müssen	Notwendigkeit	*es ist notwendig zu* + Inf., *gezwungen sein zu* + Inf., *es ist erforderlich zu* + Inf., *haben zu* + Inf., *es bleibt einem nichts anderes übrig, als zu* + Inf.
sollen	Forderung	*den Auftrag / die Aufgabe haben zu* + Inf., *aufgefordert sein zu* + Inf.
wollen	eigener Wille, Absicht	*die Absicht haben zu* + Inf., *beabsichtigen zu* + Inf., *vorhaben zu* + Inf., *planen zu* + Inf.

Modalverbähnliche Verben

B2 K10

Einige Verben können mit *zu* + Infinitiv stehen und haben dann eine ähnliche Bedeutung wie Modalverben.

sein + zu + Infinitiv

Der Umgang mit der Entwicklung **ist zu überlegen**.	Der Umgang mit der Entwicklung **muss** überlegt werden / **sollte** überlegt werden.
Die Probleme **sind** gut zu **bewältigen**.	Die Probleme **können** gut bewältigt werden.

haben + zu + Infinitiv

Die Regierung **hat** Arbeitnehmer besser **zu schützen**.	Die Regierung **muss** Arbeitnehmer besser schützen.

nicht(s) brauchen + zu + Infinitiv

Man **braucht nichts zu machen**.	Man **muss** nichts machen.
Sie **brauchen nicht anzurufen**.	Sie **müssen** nicht anrufen.

Auch in Verbindung mit *nur* oder *erst* steht *brauchen* mit *zu* + Infinitiv:
Du **brauchst nur anzurufen**. Du **brauchst erst anzurufen**, wenn du zu Hause bist.

Verb

lassen + Infinitiv
B2 K10

Auch das Verb *lassen* kann mit einem weiteren Infinitiv stehen.

Bedeutung

Firmen **lassen** Anbieter die Kosten zahlen.	Firmen **veranlassen**, dass Anbieter die Kosten zahlen (müssen).
Man **lässt** die Mitarbeiter **entscheiden**.	Man **erlaubt** den Mitarbeitern zu entscheiden.

Indirekte Rede
B2 K8; C1 K3

Verwendung des Konjunktiv I

In der indirekten Rede verwendet man den Konjunktiv I, um deutlich zu machen, dass man die Worte eines anderen wiedergibt. Die indirekte Rede mit Konjunktiv wird vor allem in der Wissenschaftssprache, in Zeitungen und in Nachrichtensendungen verwendet. In der gesprochenen Sprache wird in der indirekten Rede auch häufig der Indikativ gebraucht.

Konjunktiv I: Infinitivstamm + Endung

	sein	*haben*	Modalverben	andere Verben
ich	sei	habe > hätte	könne	sehe > würde sehen
du*	sei(e)st	habest	könnest	sehest
er/es/sie	sei	habe	könne	sehe
wir	seien	haben > hätten	können > könnten	sehen > würden sehen
ihr*	sei(e)t	habet	könnet	sehet
sie/Sie	seien	haben > hätten	können > könnten	sehen > würden sehen

* Der Konjunktiv I wird meistens in der 3. Person verwendet – die Formen in der 2. Person sind sehr ungebräuchlich – hier wird meist der Konjunktiv II verwendet.
Konjunktiv I entspricht den Formen des Indikativs. ➔ Verwendung des Konjunktiv II / *würde* + Infinitiv

Er sagt, die Leute haben keine Zeit. ➔ *Er sagt, die Leute hätten keine Zeit.*

Konjunktiv I der Vergangenheit

Im Konjunktiv I gibt es nur eine Vergangenheitsform. Sie wird mit dem Konjunktiv I von *haben* oder *sein* und dem Partizip II gebildet.
Man sagt, Gutenberg habe den Buchdruck erfunden und Zeppelin sei der Erfinder der Luftschifffahrt gewesen.

Grammatik

Verb

Redewiedergabe

C1 K3

Präpositionen mit Dativ

vorangestellt	nachgestellt	
laut*		Laut der Autorin des linken/rechten Textes …
gemäß	gemäß	Gemäß ihrer Einstellung … / Ihrer Aussage gemäß …
nach	nach	Nach Angabe von … / Ihrer Meinung nach …
	zufolge	Professorin Miriam Meckel zufolge …

* auch mit Genitiv möglich

Nebensatz mit *wie*

Wie Kerstin Cuhls berichtet, helfen ihr die neuen Möglichkeiten sehr.
Wie im rechten Text beschrieben wird, braucht man Auszeiten, um Informationen zu verarbeiten.

Passiv

B1+ K10; B2 K5

Verwendung

Man verwendet das **Passiv**, wenn ein Vorgang oder eine Aktion im Vordergrund steht (und nicht eine handelnde Person).
Das **Aktiv** verwendet man, wenn wichtig ist, wer oder was etwas macht.

Bildung des Passivs *werden* + Partizip II

Präsens	Die Begeisterung wird geweckt.	*werde/wirst/wird* … + Partizip II
Präteritum	Die Begeisterung wurde geweckt.	*wurde/wurdest/wurde* … + Partizip II
Perfekt	Die Begeisterung ist geweckt worden.	*bin/bist/ist* … + Partizip II + *worden*
Plusquamperfekt	Die Begeisterung war geweckt worden.	*war/warst/war* … + Partizip II + *worden*

Die meisten Verben mit Akkusativ können das Passiv bilden. Der Akkusativ im Aktiv-Satz wird im Passiv-Satz zum Nominativ.

Aktiv-Satz   **Passiv-Satz**

Der Architekt (plant) Wohnungen.	Wohnungen (werden) (vom Architekten) (geplant.)
Nominativ Akkusativ	Nominativ (*von* + Dativ)

Andere Ergänzungen bleiben im Aktiv und im Passiv im gleichen Kasus.

Er schenkt meinem Sohn eine Wohnung.	Meinem Sohn wird eine Wohnung geschenkt.
Nominativ Dativ Akkusativ	Dativ Nominativ

Verb

Handelnde Personen oder Institutionen werden mit *von* + Dativ angegeben, Umstände und Ursachen mit *durch* + Akkusativ.

Passiv mit Modalverben

Modalverb + Partizip II + *werden* im Infinitiv: *Die Wohnungen **müssen geplant werden**.*

Passiversatzformen   B1+ K10; B2 K5

man   Hier baut **man** Häuser.   = Hier werden Häuser gebaut.

Passiversatzformen mit modaler Bedeutung

sein + Adjektiv mit Endung *-bar/-lich*
*Das Projekt ist nicht **finanzierbar**.*   = *Das Projekt **kann** nicht finanziert werden.*

sein + *zu* + Infinitiv
*Die Begeisterung der Kinder für die Wissenschaft **ist** frühzeitig **zu wecken**.*
= *Die Begeisterung der Kinder **muss/kann/soll** frühzeitig geweckt werden.*

sich lassen + Infinitiv
*Das Projekt **lässt sich** nicht **finanzieren**.*   = *Das Projekt **kann** nicht finanziert werden.*

Zeitformen:	jetzt (Präsens)	Das Projekt **lässt** sich nicht **finanzieren**.
	früher (Präteritum)	Das Projekt **ließ** sich nicht **finanzieren**.
	früher (Perfekt)	Das Projekt **hat** sich nicht **finanzieren lassen**.
	in Zukunft (Futur)	Das Projekt **wird** sich nicht **finanzieren lassen**.

Passiv mit *sein*   B2 K7

Passiv mit *werden*	**Passiv mit *sein***
*Der Mantel **wurde** mit EC-Karte bezahlt.* *Die EC-Karte **ist** gesperrt **worden**.*	*Der Mantel **ist** bezahlt.* *Die Karte **ist** gesperrt.*
↓	↓
Vorgang, Prozess	**neuer Zustand, Resultat eines Vorgangs**

Bildung   *sein* + Partizip II

Präsens	*Die Karte ist gesperrt.*	*sein* im Präsens + Partizip II
Präteritum	*Die Karte war gesperrt.*	*sein* im Präteritum + Partizip II

105

Grammatik

Adjektiv

Deklination der Adjektive B1+ K1; C1 K1

Typ 1: bestimmter Artikel + Adjektiv + Substantiv

	maskulin	neutrum	feminin	Plural
Nominativ	der mutige Mann *der*	das mutige Kind *das*	die mutige Frau *die*	die mutigen Helfer *die*
Akkusativ	den mutigen Mann *den*			
Dativ	(mit) dem mutigen Mann *dem*	(mit) dem mutigen Kind *dem*	(mit) der mutigen Frau *der*	(mit) den mutigen Helfern *den*
Genitiv	(trotz) des mutigen Mannes *des*	(trotz) des mutigen Kindes *des*	(trotz) der mutigen Frau *der*	(trotz) der mutigen Helfer *der*

auch nach: – Demonstrativartikel: *dieser, dieses, diese; jener, jenes, jene; derselbe, dasselbe, dieselbe; diejenig-* (Plural); *solch-; folgend-; beid-* (Plural)
– Fragewort: *welcher, welches, welche*
– Indefinitartikel: *jed-* (nur Singular); *all-/alle* (Plural); *manch-; mehrer-* (Plural); *irgendwelch-* (Plural); *kein-* (Plural)

Typ 2: unbestimmter Artikel + Adjektiv + Substantiv

	maskulin	neutrum	feminin	Plural
Nominativ	ein mutiger Mann *der*	ein mutiges Kind *das*	eine mutige Frau *die*	mutigen Helfer *die*
Akkusativ	einen mutigen Mann *den*			
Dativ	(mit) einem mutigen Mann *dem*	(mit) einem mutigen Kind *dem*	(mit) einer mutigen Frau *der*	(mit) mutigen Helfern *den*
Genitiv	(trotz) eines mutigen Mannes *des*	(trotz) eines mutigen Kindes *des*	(trotz) einer mutigen Frau *der*	(trotz) mutiger Helfer *der*

im Singular ebenso nach: – Negationsartikel: *kein, kein, keine*
– Possessivartikel: *mein, mein, meine, …*
– Indefinitartikel: *manch ein-; irgendein-*

Im Plural nach Negationsartikel und Possessivartikel immer **-en**.

Adjektiv

Typ 3: Nullartikel + Adjektiv + Substantiv

	maskulin	neutrum	feminin	Plural
Nominativ	mutig**er** Mann der	mutig**es** Kind das	mutig**e** Frau die	mutig**e** Helfer die
Akkusativ	mutig**en** Mann den			
Dativ	(mit) mutig**em** Mann dem	(mit) mutig**em** Kind dem	(mit) mutig**er** Frau der	(mit) mutig**en** Helfern den
Genitiv	(trotz) mutig**en** Mannes des	(trotz) mutig**en** Kindes des	(trotz) mutig**er** Frau der	(trotz) mutig**er** Helfer der

auch nach: – Zahlen
– Indefinitartikel: *viel, wenig, genug, mehr, etwas*
– Indefinitartikel im Plural: *einig-, viel-, wenig-, etlich-, ander-, ein paar, zahlreich-, verschieden-, weiter-, sämtlich-, sonstig-*
– Relativpronomen im Genitiv: *dessen, deren*

Partizipien als Adjektive   B2 K8

Partizipien als Adjektive geben nähere Informationen zu Substantiven. Sie stehen zwischen Artikelwort und Substantiv. Die Partizipien können zusammen mit anderen Erweiterungen stehen (z.B. Adverbien oder Adjektiven). Partizipien als Adjektive kann man meist alternativ mit einem Relativsatz umschreiben.

Partizip als Adjektiv	Relativsatz
Die Passagiere müssen die **anfallenden** Arbeiten gerecht aufteilen.	Die Passagiere müssen die Arbeiten, **die anfallen**, gerecht aufteilen.

Bildung: Partizip als Adjektiv

Beschreibung von Gleichzeitigem **Partizip I + Adjektivendung** *Die Zuschauer leiden mit bei einem gnadenlos **tobenden** Sturm.*	bei Umformung in einen Relativsatz: **Relativsatz im Aktiv** *Die Zuschauer leiden mit bei einem Sturm, der gnadenlos **tobt**.*
Beschreibung von Vorzeitigem **Partizip II + Adjektivendung** *Alle feiern gemeinsam ein lange geplantes Bordfest.*	bei Umformung in einen Relativsatz: **Relativsatz im Passiv** *Alle feiern gemeinsam ein Bordfest, **das lange geplant worden ist**.*

Grammatik

Pronomen

Relativpronomen
B1+ K7; B2 K4, B2 K6

	Singular			Plural
Nominativ	der	das	die	die
Akkusativ	den	das	die	die
Dativ	dem	dem	der	**denen**
Genitiv	**dessen**	**dessen**	**deren**	**deren**

Genus und Numerus des Relativpronomens richten sich nach dem Bezugswort, der Kasus nach dem Verb im Relativsatz oder der Präposition.

… die Frau, **die** ich getroffen habe.
+ Akk.

… die Kollegin, **mit der** ich gearbeitet habe.
mit + Dat.

Relativpronomen im Genitiv

Wir verstehen die Sprache, **deren** Klang ganz anders ist, nicht.

= Wir verstehen die Sprache nicht. Der Klang  dieser Sprache ist ganz anders.

Nach dem Relativpronomen im Genitiv folgt ein Substantiv ohne Artikel.

Relativpronomen *wo, wohin, woher*

Gibt ein Relativsatz einen Ort, eine Richtung oder einen Ausgangspunkt an, kann man alternativ zum Relativpronomen auch *wo, wohin, woher* verwenden.

Ich habe Anne in der englischen Kleinstadt kennengelernt,
… **wo** wir gearbeitet haben.   … **wohin** ich gezogen bin.   … **woher** mein Kollege kommt.

Bei Städte- und Ländernamen benutzt man immer *wo, wohin, woher*.
Pablo kommt aus Sao Paulo, **wo** *auch seine Familie lebt.*

Relativpronomen *was*

Bezieht sich das Relativpronomen auf einen ganzen Satz oder stehen die Pronomen *etwas, alles* und *nichts* im Hauptsatz, dann verwendet man das Relativpronomen *was*.

Meine Kinder sehen ihre Großeltern höchstens einmal im Jahr, **was** *ich wirklich schade finde.*

Mit Maja kann ich alles *nachholen,* **was** *ich verpasst habe.*

Es gibt eigentlich nichts*,* **was** *mich an ihm stört.*

Pronomen | Präpositionen

Relativpronomen *wer*

Nominativ	wer
Akkusativ	wen
Dativ	wem
Genitiv (selten)	wessen

Relativsätze mit *wer* beschreiben eine unbestimmte Person näher. Der Nebensatz beginnt mit dem Relativpronomen *wer*, der Hauptsatz mit dem Demonstrativpronomen *der*. Wenn beide Pronomen im gleichen Kasus stehen, kann das Demonstrativpronomen entfallen.

Jemand hat solche Eintragungen.
↓
Wer *solche Eintragungen hat,*
(Nominativ)

Er hat sich seine Zukunft verbaut.
↓
[der] *hat sich seine Zukunft verbaut.*
(Nominativ)

Jemand kommt in sein Training.
↓
Wer *in sein Training kommt,*
(Nominativ)

Ihn bringt er nicht zur Polizei.
↓
den *bringt er nicht zur Polizei.*
(Akkusativ)

Präpositionen

Präpositionen   B1+ K8, K9; B2 K6

mit	Zeit	Ort	Grund/Gegengrund	Art und Weise
Dativ	ab, an, aus, bei, in, nach, seit, vor, von … bis, von … an, zu, zwischen	ab, aus, bei, nach, von, zu	aus, vor, zufolge, zuliebe	aus, bei, mit, nach
Akkusativ	bis, für, gegen, um, über	bis, durch, gegen, um	durch	ohne
Genitiv	außerhalb, innerhalb	außerhalb, entlang, inmitten, innerhalb, unweit	angesichts, anlässlich, aufgrund, dank, infolge, trotz, wegen	

mit Dativ oder Akkusativ (Wechselpräpositionen): *an, auf, hinter, in, neben, über, unter, vor, zwischen*

Die Präpositionen *dank, trotz, wegen* werden in der gesprochenen Sprache auch mit dem Dativ verwendet.

Feste Präpositionen bei Adjektiven, Substantiven und Verben → siehe Liste im Arbeitsbuch

Grammatik

Partikeln | Wortbildung

Partikeln

Modalpartikeln B2 K9

doch, aber, ja, eben, ruhig, einfach, mal, schon, denn, eigentlich, also, wohl

Modalpartikeln werden vor allem in der gesprochenen Sprache gebraucht. Sie können in Äußerungen je nach Betonung Emotionen oder Einstellungen verstärken.
In Aussagesätzen stehen die Modalpartikeln meist nach dem Verb.
Denn steht nur in Fragesätzen, *eigentlich* und *also* in Fragen, Aussagen oder Aufforderungen.
Einige Partikeln können kombiniert werden, z.B. *doch wohl, einfach mal,* oder *denn eigentlich*.
Die **Bedeutung** ist vom Kontext und von der Betonung abhängig, z.B.:

    Das ist **doch** nicht wahr! (Ausruf/Verärgerung)
    Du kannst ihn **doch** nicht anrufen. (Mahnung/Warnung)
    Das ist **doch** eine tolle Nachricht. (Freude/Überraschung)
    Nimm es **doch** nicht so schwer! (Mitleid/Rat)

Wortbildung

Vom Verb zum Substantiv C1 K1

Endung / Veränderung	Beispiel	Bedeutung
das + Infinitiv	**das** Arbeiten	Handlungen
Verb ohne Endung auch mit Vokaländerung	der Ruf die Flucht	Handlungen oder Gefühle
Endung -*e*	die Sorg**e**	andauernde Handlungen/Gefühle
Endung -*ung*	die Erfahr**ung**	Abstrakta (feminin)
Endung -*nis*	das Bedürf**nis**	Zustände, Erfahrungen und Einstellungen
Endung -*schaft*	die Wissen**schaft**	(feminin)
Partizip II + -*e*	das **Geschriebene**	vergangene Ereignisse/Handlungen oder Haltungen
Partizip I + -*e*	der/die **Lesende**	Personen, die etwas tun
Endung -*er*	der Fernseh**er**	Gebrauchsgegenstände oder Personen

Wortbildung | Satz

Vom Adjektiv zum Substantiv   C1 K1

Endung / Veränderung	Beispiel	Bedeutung
Artikelwort und Endung *-e*	**der/das/die** Neu**e**	Personen oder Dinge
Endung *-(ig)keit*	die Gerecht**igkeit**	Abstrakta (feminin)
Endung *-heit*	die Krank**heit**	Abstrakta (feminin)
Endung *-schaft*	die Verwandt**schaft**	(feminin)

Satz

Dativ- und Akkusativ-Ergänzungen   B2 K1

Dativ vor Akkusativ   *Ich gebe dem Mann die Schlüssel.*

ABER:

Akkusativ-**Pronomen** vor Dativ   *Ich gebe sie dem Mann / ihm.*

Reihenfolge der Angaben im Mittelfeld   B2 K1

Für die Reihenfolge der Angaben im Mittelfeld gibt es keine festen Regeln, aber meistens gilt die Reihenfolge:

temporal (wann?) – **ka**usal (warum?) – **mo**dal (wie?) – **lo**kal (wo? woher? wohin?): **tekamolo**

		Mittelfeld			
Ich	bin	vor einigen Jahren	aus beruflichen Gründen	spontan	nach Neuseeland	gezogen.
		temporal	**kausal**	**modal**	**lokal**	

Will man eine Angabe betonen, so ändert sich die Reihenfolge. Man kann z.B. das, was man betonen möchte, auf Position 1 stellen.

Aus beruflichen Gründen *bin ich vor einigen Jahren spontan nach Neuseeland gezogen.*

Grammatik

Satz

Reihenfolge von Angaben und Ergänzungen im Mittelfeld   B2 K1

Gibt es im Satz außer den Angaben auch Ergänzungen, steht die Dativ-Ergänzung vor oder nach der temporalen Angabe und die Akkusativ-Ergänzung vor der lokalen Angabe. Präpositional-Ergänzungen stehen normalerweise nach den Angaben, am Ende des Mittelfelds.

		Mittelfeld					
Ich	habe	meiner besten Freundin	jeden Tag	aus Heimweh	mehrere E-Mails	ins Büro	geschickt.
		Dativ	temporal	kausal	Akkusativ	lokal	

oder

Ich	habe	jeden Tag	meiner besten Freundin	aus Heimweh	mehrere E-Mails	ins Büro	geschickt.
		temporal	Dativ	kausal	Akkusativ	lokal	

Attribute   C1 K2

Attribute bestimmen ein Substantiv näher und geben ihm zusätzliche Merkmale.

Das ⌐bewusst absolvierte¬ Grundstudium ⌐meines abgebrochenen Studiengangs¬ brachte mir wichtige Erfahrungen, ⌐die mein späteres Studium ergänzten.¬

Der Bewerber hat eine ⌐falsche¬ Entscheidung getroffen.

Artikelwort	Linksattribut	Substantiv	Rechtsattribut
ein	bunter (Adjektiv)	Lebenslauf	–
ein	abgebrochenes (Partizip II)	Studium	–
ein	schwerwiegendes (Partizip I)	Problem	
eine	–	Frage	des Alters (Substantiv im Genitiv)
die	–	Begründung	von Richtungswechseln (Präposition mit Substantiv)
eine	wichtige	Erfahrung,	die mein späteres Studium ergänzte (Relativsatz)
die	–	Bemühungen,	einen guten Arbeitsplatz zu finden (Infinitiv mit *zu*)
die	–	Tatsache,	dass es zu wenige Arbeitsplätze gibt (*dass*-Satz)

Satz

Nominalisierung und Verbalisierung C1 K3

Verbalstil wird häufig in gesprochener Sprache und erzählenden Texten verwendet. Texte im Verbalstil klingen flüssiger und leichter und sind für Zuhörer verständlicher.
Nominalstil wird oft in wissenschaftlichen Texten und Fachtexten verwendet. Texte in Nominalstil klingen sachlich. Einen Text im Nominalstil zu formulieren ermöglicht es dem Schreiber, viele Informationen kompakt wiederzugeben.

Nominalstil (Fachtexte, wissenschaftliche Texte)	Verbalstil (gesprochene Sprache, erzählende Texte)
Präpositionalattribut … →	Akkusativ- oder Dativ-Ergänzung
In der Forschung gibt es eine Unterscheidung zwischen Spracherwerb und Sprachenlernen.	Die Forschung unterscheidet dabei den Spracherwerb und das Sprachenlernen.
Genitivattribut … →	Subjekt von intransitiven/reflexiven Verben
Es besteht die Annahme, dass eine Verbesserung des Sprachvermögens mit …	Daher nimmt man an, dass sich das Sprachvermögen verbessert, wenn …
Präpositionalattribut … →	Präpositional-Ergänzung
Abweichungen von den Normen der Muttersprache sind dabei …	Es ist …, wenn sie dabei von den Normen der Muttersprache abweichen.
Possessivpronomen … →	Personalpronomen
Ihr Erwerb umfasst auch Sprachregeln, deren Vorkommen in ihrer Alltagssprache selten ist.	Sie erwerben auch Sprachregeln, die in ihrer Alltagssprache nur selten vorkommen, …
Genitivattribut. Die handelnde „Person" wird oft mit *durch* verbunden … →	transitive Verben: Akkusativ-Ergänzung im Aktivsatz / Subjekt im Passivsatz
Selbst ohne Korrekturen der Sprachfehler durch die Eltern ist der Erwerb …	Selbst, wenn Eltern die Sprachfehler nicht korrigieren, erwerben die Kinder …
Adjektive … →	Adverbien
Bei Erwachsenen gibt es die allgemeine Beobachtung, dass …	Bei Erwachsenen kann man allgemein beobachten, dass …

Nominalisierung und Verbalisierung: Modalsätze C1 K4 (B2 K4)

Nominalform	Verbalform
Durch den Import neuer Technologien steigt die Wettbewerbsfähigkeit des Landes.	Die Wettbewerbsfähigkeit des Landes steigt, **indem** neue Technologien importiert werden.
Durch die Einflussnahme von Gewerkschaften ist den Arbeitern ein angemessener Lohn sicher.	Den Arbeitern ist ein angemessener Lohn **dadurch** sicher, **dass** Gewerkschaften Einfluss nehmen.

Grammatik

Satz

Nominalisierung und Verbalisierung: Temporalsätze

C1 K4 (B1+ K9; B2 K2)

Nominalform	Verbalform	Bedeutung
Die Kohle spielte **beim** wirtschaftlichen Wiederaufbau der Bundesrepublik eine entscheidende Rolle.	Die Kohle spielte eine entscheidende Rolle, **als** die Wirtschaft der Bundesrepublik wiederaufgebaut wurde.	Gleichzeitigkeit
Während der Kohleförderung wurde in diesen Anlagen schwer gearbeitet.	**Während/Wenn** man Kohle förderte, wurde in diesen Anlagen schwer gearbeitet.	Gleichzeitigkeit
Seit der Entdeckung der Steinkohle hat das Ruhrgebiet eine rasante Entwicklung genommen.	**Seitdem** die Steinkohle entdeckt wurde, hat das Ruhrgebiet eine rasante Entwicklung genommen.	Zeitraum vom Anfang der Handlung
Bis zum Beginn des wirtschaftlichen Abschwungs vergingen nur wenige Jahre.	**Bis** der wirtschaftliche Abschwung begann, vergingen nur wenige Jahre.	Zeitraum bis zum Ende der Handlung
Nach dem Ende des Krieges stieg die Bevölkerungszahl bis 1950 rasch an.	**Nachdem** der Krieg beendet worden war, stieg die Bevölkerungszahl bis 1950 rasch an.	Vorzeitigkeit **A** vor **B** mit Zeitenwechsel
Vor dem Beginn der Kohlekrise arbeiteten die meisten Menschen in der Rohstoffverarbeitung.	**Bevor** die Kohlekrise begann, arbeiteten die meisten Menschen in der Rohstoffverarbeitung.	Nachzeitigkeit **A** nach **B**

Nominalisierung und Verbalisierung: Konditionalsätze

C1 K4

Nominalform	Verbalform
Große Investitionen, z. B. der Aufbau einer Fabrik, rechnen sich erst **bei** einer Ausnutzung über einen Zeitraum von 50 Jahren.	Große Investitionen, z. B. der Aufbau einer Fabrik, rechnen sich erst, **wenn** sie über einen Zeitraum von 50 Jahren genutzt werden.
Ohne die Beachtung dieses Ziels müssten die Konzerne mit Kursverlusten an den Aktienbörsen rechnen.	**Wenn** die Konzerne das Ziel **nicht** beachten/**miss**achten, müssten sie mit Kursverlusten an den Aktienbörsen rechnen.

Nominalisierung und Verbalisierung: Kausal-, Konzessiv-, Final- und Konsekutivsätze

C1 K5 (B1+ K2; B2 K3)

Kausalsätze	
Nominalform	Verbalform
Aufgrund/Wegen unrealistischer Erwartungen scheiterten viele hoch motivierte, aber schlecht informierte Menschen.	**Weil/Da** viele hoch motivierte, aber schlecht informierte Menschen unrealistische Erwartungen hatten, scheiterten sie.

Satz

Konzessivsätze	
Nominalform	**Verbalform**
Trotz großer Motivation verpufft nach zwei bis drei Monaten bei mehr als der Hälfte der Befragten die Anfangsbegeisterung.	**Obwohl** viele motiviert sind, verpufft nach zwei bis drei Monaten bei mehr als der Hälfte der Befragten die Anfangsbegeisterung.

Finalsätze	
Nominalform	**Verbalform**
Zur besseren Bewältigung seines Vorhabens hilft womöglich auch die Gesellschaft anderer in entsprechenden Kursen.	Die Gesellschaft anderer hilft einem womöglich auch in entsprechenden Kursen, **um** sein Vorhaben besser **zu** bewältigen. / **damit** man sein Vorhaben besser bewältigen kann.
Für das erfolgreiche Umsetzen eines Vorsatzes sollten unterschiedliche Lösungswege angedacht werden.	**Um** einen Vorsatz erfolgreich um**zu**setzen, sollten unterschiedliche Lösungswege angedacht werden.

Konsekutivsätze	
Nominalform	**Verbalform**
Infolge zu hoher Ziele (= Grund) **müssen viele Menschen ziemlich schnell Fehlschläge hinnehmen.** (= Folge)	Viele Menschen haben so hohe Ziele (= Grund), **sodass** sie ziemlich schnell Fehlschläge hinnehmen müssen. (= Folge)

Nominalisierung und Verbalisierung: Präpositional-Ergänzung — C1 K5

Nominalform	Verbalform
Heute profitiert man **von** der Mitgliedschaft in mehreren Netzwerken.	Heute profitiert man **davon**, Mitglied in mehreren Netzwerken zu sein.
Diese Netzwerke können sich **über** einen deutlichen Anstieg ihrer Mitgliederzahl freuen.	Diese Netzwerke können sich **darüber** freuen, **dass** ihre Mitgliederzahl deutlich ansteigt.

Präpositional-Ergänzungen können in einen *dass*-Satz oder Infinitivsatz umgeformt werden. Einen Infinitivsatz kann man nur bilden, wenn das Subjekt des Nebensatzes mit dem Subjekt des Hauptsatzes identisch ist. Bei der Umformung wird die Präposition zu einem Pronominaladverb im Hauptsatz. Bei vielen Verben kann das Pronominaladverb weggelassen werden.

Die Betreiber von Netzwerken freuen sich (darüber), dass die Mitgliederzahlen steigen.

Grammatik

Satz

Weitere Nebensatztypen

B2 K3, B2 K7

alternative oder adversative Bedeutung (Gegensatz)	anstatt ... zu / anstatt dass	**(An)statt** lange zu **telefonieren**, könntest du mir eine Mail schicken.
		(An)statt dass wir **telefonieren**, schreib ich dir lieber eine Mail.
	während	**Während** die anderen für die gleiche Arbeit gutes Geld **verdienen**, geht man als Praktikant meistens ohne einen Cent nach Hause.
Einschränkung	ohne ... zu / ohne dass	Wir haben lange telefoniert, **ohne** über die Änderungen **zu sprechen**.
		Wir haben lange telefoniert, **ohne dass** ich nach den Änderungen **gefragt habe**.
irrealer Vergleichssatz mit Konjunktiv II	als	Unser Chef macht den Eindruck, **als wäre** er der beste Skifahrer der Welt.
	als ob	Mein Chef tut immer so, **als ob** das völlig normal **wäre**.
	als wenn	Es sieht so aus, **als wenn** Judo mir wirklich etwas **gebracht hätte**.

Zweiteilige Konnektoren

B2 K3

Aufzählung	Ich muss mich **sowohl** um Design **als auch** um die Finanzierung kümmern. Hier habe ich **nicht nur** nette Kollegen, **sondern auch** abwechslungsreiche Aufgaben.
„negative" Aufzählung	Aber nichts hat geklappt, **weder** über die Stellenanzeigen in der Zeitung, **noch** über die Agentur für Arbeit.
Vergleich	**Je** mehr Absagen ich bekam, **desto** frustrierter wurde ich.
Alternative	**Entweder** man kämpft sich durch diese Praktikumszeit **oder** man findet wahrscheinlich nie eine Stelle.
Gegensatz/ Einschränkung	Da verdiene ich **zwar** nichts, **aber** ich sammle wichtige Berufserfahrung. **Einerseits** bleiben diese Kontakte oft oberflächlich, **andererseits** kann man auch wirklich wichtige berufliche Kontakte herstellen.

Satz

Weiterführende Nebensätze   C1 K2

Weiterführende Nebensätze beziehen sich auf die Gesamtaussage des Hauptsatzes. Die Aussage des Hauptsatzes wird kommentiert oder weitergeführt. Sie werden mit *was, wo(r)* + Präposition oder mit *weshalb/weswegen* eingeleitet und stehen immer nach dem Hauptsatz.

Der Mensch kann nicht erfolgreich mehrere Dinge auf einmal tun, was Wissenschaftler in neuen Untersuchungen bestätigen.

Während der Arbeit werde ich ständig unterbrochen, worüber ich mich oft ärgere.

Prüfungsvorbereitung

Prüfungsvorbereitung in Aspekte 3 Lehrbuch (LB) und Arbeitsbuch (AB)

Im Lehrbuch sowie im Arbeitsbuch finden Sie Aufgaben, die auf die Prüfungen zum C1-Niveau des Goethe-Instituts und von TELC vorbereiten.

Im Internet finden Sie unter www.langenscheidt.de/aspekte je einen Übungstest.

	Goethe-Zertifikat C1	TELC Deutsch C1-Prüfung
Leseverstehen		
Aufgabe 1	**AB** Kapitel 2, S. 141f., Ü2	**LB** Kapitel 5, S. 80f., A2
Aufgabe 2	**AB** Kapitel 5, S. 176ff., Ü2	–
Aufgabe 3	**AB** Kapitel 1, S. 125, Ü3	**LB** Kapitel 3, S. 48f., A2a
Aufgabe 4a	–	–
Aufgabe 4b	–	**AB** Kapitel 4, S. 162, Ü1
Aufgabe 5	–	**AB** Kapitel 1, S. 128f., Ü3
Hörverstehen		
Aufgabe 1	**LB** Kapitel 2, S. 29, A3	**LB** Kapitel 1, S. 12f., A2
Aufgabe 2	**LB** Kapitel 3, S. 44f., A2	**LB** Kapitel 5, S. 76, A2
Aufgabe 3	–	**LB** Kapitel 4, S. 66, A3
Schriftlicher Ausdruck		
Aufgabe 1	**AB** Kapitel 3, S. 154, Ü3	**LB** Kapitel 5, S. 83, A5
Aufgabe 2	**LB** Kapitel 4, S. 67, A5	**LB** Kapitel 4, S. 61, A3c
Mündlicher Ausdruck		
Aufgabe 1	**LB** Kapitel 1, S. 19, A6	–
Aufgabe 2	**LB** Kapitel 2, S. 35, A6b	–
Aufgabe 3/4	–	**LB** Kapitel 3, S. 50, A4

Österreichisches Sprachdiplom Deutsch (ÖSD): Übungstest auf der Aspekte-Homepage.

Vorlage für eigene Porträts

Bilder

Name	
Vorname(n)	
Nationalität	
geboren am	
Beruf(e)	
bekannt für	
wichtige Lebensstationen	
gestorben am	
Informationsquellen (Internet, …)	

Alltägliches

Wortschatz wiederholen und erarbeiten

1 Alltagsbereiche. Was gehört zu welchem Bereich? Ordnen Sie zu. Manchmal gibt es mehrere Möglichkeiten.

einen Ausflug organisieren   unter Zeitdruck geraten   sich auf eine Prüfung vorbereiten
eine Mitgliedschaft im Fitnessstudio kündigen   den Wocheneinkauf erledigen
ein Referat halten   ein Vorstellungsgespräch absolvieren
die Freizeitgestaltung diskutieren   beruflichen Verpflichtungen nachkommen
im Stau stehen
einen Arzttermin vereinbaren   Freundschaften pflegen
Behördengänge erledigen
an einer Besprechung teilnehmen   einen Aufsatz verfassen   sich die Hausarbeit teilen
zur Ruhe kommen
eine Konferenz leiten   eine Bewerbung verschicken   Konzertkarten besorgen
sich an den Betriebsrat wenden   die Kinder versorgen   eine Verabredung absagen
durch eine Prüfung fallen   an einer Fortbildung teilnehmen   einem Verein beitreten
sich eine Sportverletzung zuziehen   eine Lerngruppe bilden   ein Protokoll schreiben
den Kundendienst anrufen   ein Abo (ab)bestellen

Haushalt/Familie	Schule/Studium

Beruf	Freizeit

2a Begriffe aus dem Alltag – notieren Sie den Artikel und das passende Adjektiv.

1. _____ Routine — *routiniert*
2. _____ Verantwortung — _____
3. _____ Rhythmus — _____
4. _____ Monotonie — _____
5. _____ Stress — _____
6. _____ Eintönigkeit — _____
7. _____ Zerstreuung — _____
8. _____ Langeweile — _____
9. _____ Sicherheit — _____
10. _____ Sorglosigkeit — _____
11. _____ Spaß — _____
12. _____ Gewohnheit — _____
13. _____ Abwechslung — _____

b Schreiben Sie in wenigen Sätzen, was Sie am Alltag mögen, was nicht so sehr. Verwenden Sie auch Wörter aus Übung 2a.

_____
_____
_____
_____
_____

3 Welches Wort passt wo? Ergänzen Sie die Verben.

| abschalten   entfliehen   abgewinnen   meistern |

1. „Als berufstätiger und alleinerziehender Vater von drei Kindern ist es manchmal ganz schön schwierig, den Alltag zu _____."

2. „Manchmal muss ich einfach dem Alltag eine Weile _____. Dann fahre ich für ein Wochenende auf eine Hütte in den Bergen. Da kann ich so richtig _____."

3. „Nach dem Urlaub freue ich mich immer auf zu Hause. Ich finde, man kann dem Alltag durchaus auch positive Seiten _____."

Die Zeit läuft ...

1 Sprichwörter und Redewendungen im Kontext. Was passt wo? Ergänzen Sie die Aussagen.

mit der Zeit gehen	eine Frage der Zeit sein
sich Zeit lassen	Zeit ist Geld.
j-m. läuft die Zeit davon	Kommt Zeit, kommt Rat.

1. In drei Wochen ist die Messe. Ich muss noch so viel vorbereiten.
   Mir _____

2. Gute Ideen für ein Produkt kommen nicht auf die Schnelle. Da ist es besser, wenn man …
   _____

3. Im Moment sehe ich noch keine Lösung für das Problem. Ich warte erstmal ab.
   _____

4. Wie bitte? Sie haben keine Mailadresse? Das geht nicht, in Ihrem Beruf müssen Sie …
   _____

5. Dieses Modell verkaufen wir seit fünf Jahren. Aber dass die Kunden etwas Neues wollen, ist nur … _____

6. Jetzt beeilen Sie sich mal, Herr Müller.
   _____

2a Alltagsstatistik: Notieren Sie in der Tabelle, mit welchen Aktivitäten Sie wie viele Minuten pro Tag verbringen. Ein Tag hat 1440 Minuten.

Aktivität	Minuten
Regeneration (Schlaf, Entspannen, Hygiene, …)	
Qualifikation/Bildung	
Haushaltsführung (Einkauf, Putzen, Finanzen, …)	
Betreuung der Familie (Erziehung, Versorgung, Aktivitäten, …)	
Ehrenamt/Freiwilligenarbeit	
Soziales Leben / Freunde und Bekannte	
Hobbys/Freizeitbeschäftigung/Sport	
Nutzung Massenmedien (Zeitung, Fernsehen, Internet, …)	
Erwerbstätigkeit	
Sonstiges: _____	

b Vergleichen Sie mit Ihrem Nachbarn / Ihrer Nachbarin. Wo gibt es Unterschiede?

Modul 1

3a Welche Artikelwörter haben eine ähnliche/gleiche Bedeutung? Unterstreichen Sie.

1. Etliche/Wenige/Viele berufstätige Eltern klagen über Zeitnot.
2. Laut Versuch langweilen sich manche/einige/sonstige Personen ohne Arbeit.
3. Man fand heraus, dass Ideen entstehen, wenn man etwas/genug/wenig freie Zeit hat.
4. Multitasking kann nicht bei allen/solchen/sämtlichen denkbaren Zeitproblemen helfen.
5. Wir müssen uns laufend weiterbilden, um weiteren/sonstigen/solchen beruflichen Herausforderungen gewachsen zu sein.
6. Heute gibt es sicher auch ein paar / einige / viele glückliche Menschen ohne Zeitnot.

b Lesen Sie die Sätze und setzen Sie die passenden Artikelwörter ein.

| manch ein- | irgendein- | kein- | welch- | dies- | jen- |

1. Multitasking ist _____ echte Lösung bei chronischer Zeitnot.
2. „Wie soll ich Familie und Beruf nur unter einen Hut bekommen?", hat sich schon _____ Arbeitnehmer gefragt.
3. _____ berufstätige Mutter hat noch genug Zeit für sich?
4. _____ modischen Theorie zum Thema Zeitmanagement zu folgen, bringt wenig.
5. _____ zweckfreien Zeit, die man Langeweile nennt, verdanken wir viele geniale Einfälle.
6. _____ besonderen Wert besitzt das Wochenende? Für viele ist _____ wertvolle Zeit unschätzbar für Regeneration und soziale Kontakte.
7. _____ innovativen Arbeitgeber ist es schon gelungen, seine Mitarbeiter z.B. durch Firmenkindergärten zu entlasten.
8. Man kann von _____ kleinen Kind erwarten, nach Terminplan zu funktionieren.

c Lesen Sie den Text und ergänzen Sie die Lücken.

Fast jed___ arbeitend___ Person kennt das folgend___ alltäglich___ Szenario mit viel___ unerledigt___ Aufgaben: die Arbeit, die Familie, der Haushalt, das Hobby usw. Alle geliebt___ Aktivitäten brauchen ihre Zeit; aber auch alle ungeliebt___ Tätigkeiten müssen erledigt werden. Das macht etlich___ gestresst___ Menschen Sorgen. Sie fühlen sich gehetzt und unzufrieden, weil sie glauben, dass sie manch___ wichtig___ Aufgabe nicht so erledigen können, wie sie gerne möchten. Irgendein___ allgemein___ Patentlösung für dies___ bekannt___ Misere gibt es jedoch nicht. Hier muss individuell überlegt werden, wie man sich mehr verfügbar___ Zeit verschafft.

d Erweitern Sie die Aussagen wie im Beispiel. Benutzen Sie Artikelwörter und Adjektive.

Arbeitnehmer klagen über Zeitnot. → _Viele_ Arbeitnehmer klagen über Zeitnot.
→ _Viele gestresste_ Arbeitnehmer klagen über _akute_ Zeitnot, _weil_ ....

Menschen müssen Informationen verarbeiten. / Familien machen Termine. /
Personen ertragen keine Pausen. / Neue Trends versprechen Zeit.

Vereine heute

1 Welche Wörter gehören zusammen? Ordnen Sie zu.

1. _____ einen Verein
2. _____ Mitglieder
3. _____ den Vorstand
4. _____ einem Verein
5. _____ den Mitgliedsbeitrag
6. _____ sich in einem Verein
7. _____ eine Versammlung
8. _____ eine Satzung

a beitreten
b engagieren
c bezahlen
d durchführen
e wählen
f formulieren
g gründen
h werben

2 Ein Verein stellt sich vor.
a Lesen Sie den Auszug aus einem Flyer. Wie finden Sie den Text? Spricht er Sie an?

ConsulGroup e.V. – Eine studentische Unternehmensberatung stellt sich vor

Die Zielsetzung von ConsulGroup e.V. besteht darin, den Austausch zwischen Theorie und Praxis zu fördern. Verwirklicht wird dieses Ziel vor allem durch die Projektarbeit für Unternehmen und Institutionen. Die Studenten erhalten damit die Möglichkeit, ihr an der Hochschule erlangtes Wissen bereits während des Studiums in der Praxis umzusetzen und Einblicke in Unternehmen zu gewinnen. Im Gegenzug profitieren die Projektpartner von dem fundierten Wissen und den kreativen Ideen der Studententeams sowie von der preisgünstigen Beratung. Zudem fördert ConsulGroup e.V. den Praxisbezug bei der akademischen Ausbildung durch die Organisation von Fachseminaren, Workshops und Betriebsbesichtigungen. Mittlerweile zählt der Verein fast 40 Mitglieder. Wenngleich es sich gegenwärtig bei der Mehrheit der Mitglieder noch um Studenten der Betriebswirtschaftslehre handelt, steht die Mitgliedschaft Studenten aller Semester und Fachrichtungen offen. Der Verein ist bestrebt – u.a. durch Informationsveranstaltungen – zukünftig noch mehr Studenten anderer Disziplinen für sich zu begeistern. Die Philosophie des Vereins ist ausdrücklich auf die Förderung der interdisziplinären Zusammenarbeit ausgerichtet. Die Interdisziplinarität ist beispielsweise bei der Erarbeitung von kreativen Lösungsansätzen für die Mandanten sehr förderlich. Mehr Informationen unter www.CgeV.net oder 044321-909094.

b Wählen Sie die wichtigsten Informationen und schreiben Sie den Text so, dass er persönlicher und ansprechender wird. Folgende Formulierungen können Ihnen helfen.

etwas ansprechend präsentieren	
Das Besondere an unserem Verein ist …	Wichtig für uns ist …
Ein besonderes Merkmal unseres Vereins ist …	Unsere Philosphie lässt sich folgendermaßen beschreiben: …
Wir suchen für unseren Verein …	
Wer hat Lust …	Rufen Sie uns doch einfach unter … an.
Als sehr positiv hat sich gezeigt, dass …	Wenn Sie sich näher informieren möchten, …
Unser Verein zeichnet sich dadurch aus, dass …	Wir würden uns freuen, wenn …
	Die Vorteile für eine Mitgliedschaft liegen auf der Hand, weil …

Modul 2

3 Lesen Sie den folgenden Text und wählen Sie bei den Aufgaben 1–10 die Wörter (a, b, c oder d), die in den Satz passen. Es gibt jeweils nur eine richtige Antwort.

Wie gründet man einen Verein?

Ob Fußball, Kaninchen, Tauben oder Briefmarken – für so gut wie jede **(0)** gibt es in Deutschland einen Verein, in dem Menschen aller Altersgruppen zusammenkommen können, um sich über ihr Hobby auszutauschen. Vereine **(1)** ihren Mitgliedern ein ganz besonderes Zugehörigkeitsgefühl, **(2)** den Gemeinschaftssinn und stellen einen Zufluchtsort für die unsinnigsten Fanlieben dar. Wie aber gründet man einen Verein? Was muss man beachten und welche Voraussetzungen muss man erfüllen?
(3) für die Gründung eines Vereins ist in jedem Fall eine Mindestanzahl von sieben Mitgliedern. Der Verein muss für eine gewisse Dauer und zu einem gewissen Zweck gegründet werden. Sein Fortbestehen darf nicht vom Wechsel der Mitglieder abhängig sein. **(4)** muss für die Vertretung des Vereins ein Vorstand gewählt werden. Gründet man einen Verein, so muss dieser in das Vereinsregister eingetragen werden. **(5)** muss ein Name festgelegt werden, der auf jeden Fall den Zusatz „e.V." **(6)** muss. Wichtig ist auch die Formulierung einer Vereinssatzung, **(7)** muss eine protokollierte Gründerversammlung, mit mindestens sieben Teilnehmern, durchgeführt werden. Die Vereinssatzung muss den Vereinsnamen und -sitz, die Regelung zur Eintragung des Vereins und den Zweck des Vereins beinhalten. Der Ein- und Austritt von Mitgliedern, die Mitgliedsbeiträge, die Bildung des Vorstandes sowie Zeit und Ort der Mitgliederversammlung müssen ebenfalls in der Satzung **(8)** werden.
(9) die Eintragung in das Vereinsregister erlangt der Verein die Rechtsfähigkeit, d.h. dass er zu einer eigenen juristischen Person wird und eigene Rechte und Pflichten besitzt und Fördermittel **(10)** kann. Dem Verein ist es auch möglich, ein eigenes Vermögen zu bilden.

Beispiel: (0)
- a Herzenswunsch
- b Hobby
- c Interesse
- ~~d~~ Leidenschaft

Lösung: d

1
- a ausleihen
- b entleihen
- c leihen
- d verleihen

2
- a erbauen
- b halten
- c machen
- d stärken

3
- a Bedürftig
- b Dringend
- c Erforderlich
- d Unbedingt

4
- a Andernfalls
- b Des Weiteren
- c Sogar
- d Sonst

5
- a Hieraus
- b Hierfür
- c Hiermit
- d Hiervon

6
- a betragen
- b einschließen
- c enthalten
- d verbinden

7
- a außerdem
- b besonders
- c darüber
- d sonst

8
- a angeordnet
- b beibehalten
- c durchgesetzt
- d festgehalten

9
- a Durch
- b Für
- c Mittels
- d Um

10
- a auffordern
- b beantragen
- c bezahlen
- d genehmigen

Chaos im Wohnzimmer

1a Lesen Sie die beiden Zusammenfassungen zu dem Text im Lehrbuch, Aufgabe 1b, und entscheiden Sie, welche besser gelungen ist. Begründen Sie Ihre Entscheidung.

> **TIPP Zusammenfassungen**
> – Überschrift und Angaben zum Text nennen
> – mit einem Einleitungssatz beginnen
> – Hauptinformationen strukturieren und zusammenhängend darstellen
> – sachlich und möglichst knapp formulieren
> – keine direkte Rede benutzen
> – Inhalt des Ausgangstextes nicht werten

A Eine Marktforschungsfirma hat auf einer Messe in Berlin Besucher die Bedienbarkeit und Alltagstauglichkeit neuer technischer Geräte testen lassen und ist zu einem erschreckenden Ergebnis gekommen: Acht von zehn Menschen können beispielsweise ihren DVD-Spieler nicht anschließen. Des Weiteren wurden ein Handy und die Fernbedienung eines Fernsehers getestet. Beide Male waren die Testpersonen aufgrund der Komplexität der Funktionen nicht in der Lage, die Geräte zu bedienen. In dem interessanten Interview meint Tim Bosenick, Geschäftsführer der Marktforschungsfirma, dazu: „Die Hersteller hoffen, ihr Produkt besser verkaufen zu können, wenn sie möglichst viele Funktionen haben. Mut zur Reduktion existiert in wenigen Unternehmen." Begründet ist dies in der deutschen Ingenieursmentalität, wo das Produkt häufig wichtiger als der Kunde ist. Die Firmen sollten zukünftig jedoch dem Wunsch der Konsumenten nach mehr Alltagstauglichkeit nachkommen.

B In dem Text „Chaos im Wohnzimmer" geht es um die Bedienbarkeit und Alltagstauglichkeit neuer technischer Geräte. Eine Marktforschungsfirma hat dazu auf einer Messe in Berlin Besucher Geräte testen lassen und ist zu einem erschreckenden Ergebnis gekommen. Demnach können z.B. acht von zehn Menschen ihren DVD-Spieler nicht anschließen. Außerdem wurden ein Handy und die Fernbedienung eines Fernsehers getestet. Beide Male waren die Testpersonen aufgrund der Komplexität der Funktionen nicht in der Lage, die Geräte zu bedienen. Laut Tim Bosenick, Geschäftsführer der Marktforschungsfirma, glauben die Hersteller fälschlicherweise, man könnte durch möglichst viele Funktionen ein Produkt besser verkaufen. Der Grund dafür liegt unter anderem in der deutschen Ingenieursmentalität, bei der das Produkt und nicht der Kunde im Vordergrund steht. In Zukunft sollten die Firmen aber den Wunsch der Konsumenten nach mehr Alltagstauglichkeit beachten.

b Suchen Sie aus einer Zeitschrift/Zeitung einen Text, der Sie interessiert, und fassen Sie ihn schriftlich zusammen. Beachten Sie die Hinweise zu Zusammenfassungen in Übung 1a.

2 Vom Adjektiv zum Substantiv. Bilden Sie Substantive mit den Endungen -(ig)keit, -heit oder -schaft.

1. bereit → _____
2. unabhängig → _____
3. neu → _____
4. gründlich → _____
5. verbraucherfreundlich → _____
6. empfindlich → _____
7. bekannt → _____
8. selten → _____

Modul 3

3 Vom Verb zum Substantiv. Bilden Sie möglichst viele Substantive aus den angegebenen Verben.

gewinnen → _das Gewinnen, der Gewinn, der Gewinner,_
der Gewinnende, die Gewinnung

herstellen → _____

verstehen → _____

bilden → _____

verkaufen → _____
suchen → _____
besuchen → _____
kritisieren → _____

4 Setzen Sie die Verben in substantivierter Form in die Lücken ein.

| interessieren | forschen | besuchen | analysieren | kaufen | meinen |
| streiten | verbinden | erfahren | wünschen | | |

1. _____ der Universität Hamburg haben untersucht, welche Produkteigenschaften bei Käufern am besten ankommen und welche überflüssig sind.

2. Die _____ der Daten hat gezeigt, dass die meisten Konsumenten Probleme haben, die zahlreichen Funktionen eines technischen Gerätes zu verstehen.

3. Die ideale _____ von Design, Funktionalität und Alltagstauglichkeit findet man bei wenigen Produkten.

4. Der Leiter des Marktforschungsinstituts ist der _____, dass der Kunde und seine _____ mehr berücksichtigt werden sollten.

5. Zwischen den Fachleuten ist ein _____ darüber entbrannt, wie das Produkt auf dem Markt präsentiert werden soll.

6. Auch Menschen mit großer _____ in technischen Bereichen sind mit seitenlangen Bedienungsanleitungen oft überfordert.

7. Das _____ an modernen Geräten, die einfach zu bedienen sind, ist hoch.

8. Beim _____ einer Messe steht für die meisten Menschen der _____ eines Produktes nicht im Vordergrund.

Alle zusammen

1 Welche Wörter und Ausdrücke passen zur Jugend, welche zum Alter? Klären Sie die Bedeutung und ordnen Sie zu.

Grünschnabel   Wechseljahre   Weisheit   ergraut   halbstark   Stimmbruch   senil   Tanztee   Dreikäsehoch   Tattergreis   Göre   Dummer-Jungen-Streich   Leichtsinn   im besten Alter   betagt   Kaffeefahrt   Pubertät   Pickel   altklug   erfahren   nicht trocken hinter den Ohren

Jugend

Alter

2 Hören Sie noch einmal die Gespräche zu Aufgabe 2a im Lehrbuch. In welchem Gespräch wird das gesagt? Kreuzen Sie an.

LB 1.10

	1	2	3
1. Ab einem bestimmten Alter bietet das Leben nichts Spannendes mehr.	☐	☐	☐
2. Als junger Mensch begeistert man sich für seine Träume.	☐	☐	☐
3. Auslandsaufenthalte sind ein Ziel für die eigene Zukunft.	☐	☐	☐
4. Der Mensch sollte sich Zeit nehmen, um die schönen Dinge zu genießen.	☐	☐	☐
5. Die Eltern fanden, dass Frauen nicht aufs Gymnasium gehen sollten.	☐	☐	☐
6. Es ist wichtig, Themen von verschiedenen Standpunkten aus zu betrachten.	☐	☐	☐
7. Um große Ziele zu erreichen, reicht Ehrgeiz allein nicht aus.	☐	☐	☐
8. Es ist unvorstellbar, über Jahrzehnte immer nur das Gleiche zu machen.	☐	☐	☐
9. Es ist erstrebenswert, in der Zukunft eine Familie zu haben.	☐	☐	☐
10. Es liegt an einem selbst, ob man etwas Neues suchen und finden will.	☐	☐	☐
11. Wer jung ist, soll vieles hinterfragen, aber auch das Positive sehen.	☐	☐	☐
12. Unzufriedenheit kann entstehen, wenn andere für einen entscheiden.	☐	☐	☐
13. Wenn es einem gut geht, kann das Alter voller Aktivität sein.	☐	☐	☐
14. Ältersein ist schön, wenn man beruflich und privat schon etwas erreicht hat.	☐	☐	☐

3 Lesen Sie den folgenden Text. Der Text enthält einige Fehler in Grammatik, Wortschatz, Rechtschreibung oder Zeichensetzung. Pro Zeile gibt es nur einen Fehler. Manche Zeilen sind korrekt. Wenn Sie einen Fehler gefunden haben, schreiben Sie Ihre Korrektur rechts neben die Zeile. Wenn die Zeile korrekt ist, machen Sie ein Häkchen (✓).

TELC

0	Das neue Zusamenleben von Alt und Jung	_Zusammenleben_
1	**Wien.** Das Europa langsam, aber unaufhaltsam altert, ist mittlerweile	_____
2	auch politisch ein brisantem Thema. Die Fakten sprechen für sich: Im	_____
3	Jahr 2000 hatte ein Drittel der jetzigen EU-Bevölkerung über 49 Jahre	_____

128

Modul 4

4 alt. Bis zum Jahr 2050 wird es der Hälfte sein. _____
5 Die Konsequenzen für den Arbeitsmarkt, das Gesundheitswesen, und die _____
6 Pensionssicherung gehören beim tagespolitischen Gesprächsstoff. Eine _____
7 grundlegende Frage bleibt aber oft unberücksichtigt: Werden Alt und _____
8 Jung noch gemeinsam leben oder werden sich die Jungen aufspalten? _____
9 Aus Sucht des Kölner Bildungswissenschaftlers Hartmut Meyer Wolters _____
10 fehlen uns für eine Bevölkung, in der die Alten die Mehrheit sind, die _____
11 geschichtlichen Erfahrungen. Mit einem Vertrag zum Thema eröffnete _____
12 Wolters den Konferenz „Methoden kulturwissenschaftlicher Altersfor- _____
13 schung" der Wiener Fakultät für Philosophie und Bildungswissenschaft. _____
14 So wie bisher müssen wir nicht mehr leben, wissen aber auch nicht, was _____
15 wir ändern müssen. „Uns fehlen die Konzerte", so Wolter. _____
16 Bisher nur vereinzelte Lebensmodelle zu beobachten. Für die Pensionszeit _____
17 reiht das Spektrum von ausschließlich individuellen Zeitverwendungen bis _____
18 zum ehrenamtlichen Engagement. Je nach Beruf unterscheiden die Chancen _____
19 für Tätigkeiten im Alter. Handwerker hätten weniger Schwierigkeiten, seine _____
20 Tätigkeit weiterhin ausüben, als Büroangestellte. Wolters stellt fest, dass _____
21 man jedem Menschen die Entscheidung überlassen will, wie er seine Zeit _____
22 verbringen möchte. Es muss nicht immer das Ehrenamt für die Alten sein. _____

4 Sie sollen zu einem Thema (Karte A oder B, Lehrbuch, Aufgabe 6) einen Kurzvortrag halten. In der Einleitung sagen Sie zuerst allgemein etwas zum Thema, dann gehen Sie auf die fünf Inhaltspunkte ein. In der Prüfung haben Sie 15 Minuten Zeit für die Vorbereitung.

a Notieren Sie Stichworte, die Ihnen zum Thema allgemein und zu den einzelnen Inhaltspunkten einfallen.

Allgemein zum Thema
Beispiel aus meiner Erfahrung
Bedeutung in meinem Land
Argumente dafür
Argumente dagegen
Meine persönliche Ansicht

Alle zusammen

Modul 4

b Redemittel strukturieren die freie Rede und geben die Inhalte klar wieder, sodass die Zuhörer Ihrem Vortrag gut folgen können. Ergänzen Sie je drei eigene Redemittel.

ein Thema einleiten	
Ich möchte über das Thema … sprechen. In meinem Vortrag geht es um …	Mein Thema lautet …

ein Beispiel / eine Erfahrung nennen	
Ein Beispiel für … wäre … Ich habe Erfahrungen mit …, weil …	Typisch für … ist/sind zum Beispiel …

Bedeutung des Themas im eigenen Land erläutern	
In meinem Land gibt es auch/keine … … sind in meinem Land beliebt/selten/alltäglich/…	

Argumente für/gegen etwas nennen	
Für/Gegen … spricht … Ein Vorteil/Nachteil von … ist/sind …	… ist/sind einerseits …, aber andererseits …

die eigene Ansicht nennen	
Ich persönlich denke, dass …, da …	Ich bin der Ansicht, dass …, weil …

c Sprechen Sie Ihren Vortrag einmal leise und achten Sie auf Überleitungen.

d Proben Sie Ihre Vorträge zu zweit. Eine Person spricht, die andere macht Notizen zu folgenden Fragen:

- Ist der Vortrag verständlich?
- Ist der Vortrag ausführlich genug (Zeit, Inhalt)?
- Sprechen Sie flüssig (Sprechtempo, Übergänge)?
- Ist die Sprache korrekt (Grammatik, Aussprache)?
- Ist das Tempo zu langsam/schnell?
- Sind die Worte gut gewählt (Varianten, Wiederholungen, Phrasen)?

e Korrigieren und wiederholen Sie Ihren Vortrag noch einmal.

 TIPP **Eine Redemittelkartei erstellen**
Schreiben Sie Redemittel für die mündliche und schriftliche Prüfung auf Karteikarten. Erstellen Sie z.B. eine Karteikarte zu „Kurzvortrag", zu „einen Vorschlag aushandeln" oder zu „eine Grafik beschreiben". Die Redemittel im Lehr- und Arbeitsbuch helfen.

Selbsteinschätzung 1

So schätze ich mich nach Kapitel 1 ein: Ich kann …	+	0	−	Modul/ Aufgabe
… Aussagen von Menschen, die sich in Vereinen engagieren, verstehen.				M2, A2a–b
… Gespräche älterer und jüngerer Menschen über ihr Lebensalter und ihre Lebenserfahrungen verstehen, auch wenn nicht unbedingt Standardsprache gesprochen wird.				M4, A2a
… einen komplexen Informationstext über das Thema „Zeit im Alltag" verstehen.				M1, A1b
… ein Interview über die Benutzerfreundlichkeit von technischen Geräten detailliert verstehen und zusammenfassen.				M3, A1b–c
… einen Informationstext zum Thema Mehrgenerationenhaus verstehen und positive Aspekte von Mehrgenerationenhäusern herausarbeiten.				M4, A3a–b
… Gedanken und Meinungen zum Thema „Vereine" präzise und klar ausdrücken.				M2, A1c, 2c
… Argumente für die Mitgliedschaft in einem Verein überzeugend einsetzen/formulieren und auf Argumentationen anderer reagieren, um jemanden von der Mitgliedschaft zu überzeugen.				M2, A3
… über Probleme in der Hausgemeinschaft diskutieren, meine Meinung vertreten und gemeinsam Lösungen finden.				M4, A4a–b
… zu unterschiedlichen Wohnformen einen Vortrag halten, dabei den eigenen Standpunkt ausführlich darstellen und diesen durch Unterpunkte, geeignete Beispiele oder Begründungen untermauern.				M4, A6
… einen Kommentar zum Thema „Wohnen im Mehrgenerationenhaus" schreiben.				M4, A5b–c

Das habe ich zusätzlich zum Buch auf Deutsch gemacht: (Projekte, Internet, Filme, Texte, …)	
Datum:	Aktivität:

An die Arbeit!

Wortschatz wiederholen und erarbeiten

1 Welcher Begriff passt nicht in die Reihe? Markieren Sie.

1. Lehrling – Geselle – Doktor – Meister
2. gründen – vergrößern – erweitern – expandieren
3. Filiale – Zweigstelle – Zentrale – Niederlassung
4. Chef – Kollege – Filialleiter – Vorgesetzter
5. Produkte – Waren – Güter – Patent
6. negativ – unerfreulich – besorgniserregend – ansteigend
7. Werbung – Katalog – Sonderaktion – Reklame
8. Nachlass – Leasing – Preisreduzierung – Rabatt
9. laienhaft – erfahren – kompetent – spezialisiert

2 Vom Stellenangebot zum Arbeitsplatz. Ergänzen Sie die Wörter aus dem Kasten. Bringen Sie die Sätze danach in eine sinnvolle Reihenfolge.

| Angebot | Arbeitsverhältnis | Bescheid | Betriebsrates | Führungsposition |
| Gehaltsvorstellungen | Karriereberater | ~~Unternehmen~~ | Vertrag | |

___ A Morgen fange ich also in dem neuen __Unternehmen__ an. Ich bin aufgeregt und glücklich, aber um meine netten Kollegen von der alten Firma tut es mir ein bisschen leid.

___ B Ich war aber bereits bei meiner alten Firma in einem festen _____. Was tun?

_1_ C Vor einigen Wochen habe ich die Zeitung aufgeschlagen und bin bei den Stellenanzeigen auf ein interessantes _____ gestoßen.

___ D Prompt kam es zu einem Vorstellungsgespräch, das ich dann mit Vertretern der Personalabteilung, des _____ und auch des gehobenen Managements geführt habe. Nun ja, schließlich ging es um eine _____ in der Chefetage.

___ E Nach Gesprächen mit Freunden und einem _____ habe ich mich entschlossen, eine Bewerbung zu schicken.

___ F Daraufhin habe ich meinen neuen _____ natürlich mit Vergnügen unterschrieben und meinen alten gekündigt.

___ G Sie sind sogar auf meine _____ eingegangen und die waren nicht ohne.

___ H Dann kam das bange Warten auf eine Rückmeldung. Aber schon nach einer Woche habe ich einen positiven _____ bekommen. Sie wollten mich wirklich haben!

3 Eine Firma – viele Abteilungen. Was wird wo gemacht? Manchmal gibt es mehrere Lösungen.

Ein bunter Lebenslauf

1 Lesen Sie die Aussagen zum Text im Lehrbuch, Aufgabe 2, und ergänzen Sie die Sätze 1 bis 6.

1. Berufseinsteiger sind häufig verunsichert, wenn _____ .

2. Für ältere Bewerber ist es in der Regel normal, _____ .

3. Bewerber mit bisherigen beruflichen Richtungswechseln sollten _____ .

4. Personalexperten sind in einem Gespräch vor allem daran interessiert, _____ .

5. Fehlentscheidungen im Beruf müssen nicht unbedingt _____ .

6. Berufserfahrungen, die mit dem Stellenangebot in keiner Verbindung stehen, sollten _____ .

2a Lesen Sie die E-Mail von Sophie und ergänzen Sie Adjektive und Partizipien aus dem Kasten wie im Beispiel.

| bekannt | blöd | ~~lieb~~ | interkulturell | konkret | ersehnt | halbjährig |
| nebensächlich | sympathisch | einzigartig | riesig | pur | vorbereitet |

Meine Bea,

ich muss dir gleich schreiben. Ich hatte heute ja mein lang Bewerbungsgespräch bei der international Softwarefirma. Es ist wirklich ein Job und ich wollte ihn unbedingt haben. Also habe ich mich gut vorbereitet und war echt motiviert. Das Gespräch fand in einem Sitzungssaal statt. Wahnsinn! Ich war beeindruckt.
Vor mir saßen ein Abteilungsleiter, der Personalchef mit der Stimme (die kannte ich vom Telefon) und noch zwei Personen, ich glaube, ein Betriebsrat und ein Mitarbeiter aus der Entwicklungsabteilung.
Am Anfang lief es ganz gut. Auf die Fragen zum Job gab ich meine Antworten. Aber dann kam's:
Der Personalchef fragte nach meinem Aufenthalt in Australien. „Urlaub, Sonne, Strand – monatelang faul sein", konnte ich ja schlecht antworten.

Meine liebe Bea,
_____
_____
_____
_____
_____
_____
_____
_____
_____
_____
_____
_____
_____
_____
_____
_____
_____

Modul 1

Also hörte ich mich sagen: „Der Austausch mit Land und Leuten hat mir Erfahrungen ermöglicht, die ich gerne bei meiner Stelle einbringen möchte."
„Aha", sagte der Abteilungsleiter: „Sie haben also kein Praktikum oder irgendeine Tätigkeit gesucht oder absolviert. Sehe ich das richtig?"
Damit hatte ich nicht gerechnet. Ich muss so ein Gesicht gemacht haben. Wie peinlich!!!
Danach sprachen wir noch über Themen, aber mit meiner Konzentration war es vorbei. Ich hörte mich nur noch Unsinn reden. Ich wollte einfach nur noch raus und weg. Ich glaube, von der Firma höre ich nichts mehr. So ein Mist, ich hätte besser …

b Wie hätte Sophie auf die Frage nach ihrem Australienaufenthalt besser antworten können? Schreiben Sie einen Vorschlag für eine Antwort auf die Frage des Personalchefs oder auf die Nachfrage des Abteilungsleiters.

3a Ergänzen Sie die folgenden Sätze.
1. Ob ein Bewerber mit buntem Lebenslauf genommen wird, ist eine Frage der/des …
2. Berufliche Richtungswechsel müssen kein Nachteil sein. Im Gespräch ist die Nennung von … entscheidend.
3. Jeder trifft auch einmal eine Fehlentscheidung, die …
4. Im Bewerbungsgespräch sollte man konkret bleiben und keine Phrasen verwenden, die …
5. Die Antworten eines/einer … sollten immer ehrlich sein.
6. Ein Personaler, der … erfahren ist, merkt sofort, wann ein Bewerber etwas beschönigen möchte.
7. Nur in den seltensten Fällen entsprechen die Stellenausschreibungen der/des … Unternehmen/s den Lebensläufen der …
8. Im Hinblick auf … können bunte Lebensläufe auch von Vorteil sein.

b Schreiben Sie nun fünf eigene Sätze, in denen Attribute ergänzt werden sollen, auf Karten. Notieren Sie auf der Rückseite eine mögliche Lösung.

Auf ein Bewerbungsgespräch, in dem _____, sollte man sich gut vorbereiten.

man sich gut präsentieren will

Reaktionen auf die Fragen eines / einer _____ sollte man zu Hause proben.

Personalexperten/in / Gesprächspartners/partnerin

c Tauschen Sie im Kurs die Karten aus und üben Sie mit den Karten anderer Kursteilnehmer/Kursteilnehmerinnen.

Probieren geht über Studieren?

1 Hören Sie noch einmal das Telefongespräch aus Aufgabe 3 im Lehrbuch und notieren Sie
LB 1.13   wichtigen Wortschatz zum Thema „Studieren in Deutschland".

Fachhochschule, Studienberatung, Wintersemester, …

2a Frau Novotná hat einen Praktikumsplatz bei einem Reisebüro in Regensburg gefunden. Das Unternehmen hat ihr einen Praktikumsvertrag geschickt. Dazu hat sie einige Fragen. Lesen Sie den Vertrag. In welchem Paragraphen werden folgende Fragen beantwortet?

1. Wie viele Stunden muss ich pro Tag in dem Unternehmen arbeiten? __§ 1__
2. Was muss ich tun, wenn ich krank bin und nicht arbeiten kann? ____
3. Welchen Arbeitsschutz habe ich im Unternehmen? ____
4. Kann ich mir auch einmal einen Tag frei nehmen? ____
5. Was darf ich anderen von den Abläufen in dem Unternehmen erzählen? ____
6. An wen kann ich mich während des Praktikums mit Fragen wenden? ____
7. Bekomme ich Geld für das Praktikum? ____
8. Kann ich einfach aufhören, wenn mir das Praktikum nicht gefällt? ____
9. Wo regelt der Vertrag, dass ich auch etwas Sinnvolles für das Studium lerne? ____

Praktikantenvertrag

Zwischen dem Unternehmen *Brand Reisen GmbH*, Alte Höfe 5, Regensburg (im Folgenden: das Unternehmen) und Frau *Anna Novotná*, Fritz-Weber-Str. 18a, Regensburg

Frau Anna Novotná (im Folgenden: die Praktikantin) ist daran interessiert, ihr Vorpraktikum in unserem Unternehmen abzuleisten. Daher schließen die Vertragsparteien den nachfolgenden Vertrag:

§ 1 Vertragsgegenstand/Vertragsdauer: Das Unternehmen wird der Praktikantin ihr Fachgebiet betreffende praktische Kenntnisse und Erfahrungen vermitteln, soweit dies im Rahmen der betrieblichen Möglichkeiten liegt. Dazu stellt das Unternehmen ihr kostenlos die erforderlichen betrieblichen Arbeitsmittel zur Verfügung. Die Praktikantin wird bei dem Unternehmen für die Zeit vom 01. Mai bis zum 31. Juli in der Zentrale von Brand Reisen eingesetzt und, falls nicht betriebliche Gründe anderes ergeben, von Herrn Wölke betreut. Die tägliche Arbeitszeit beträgt 7,5 Std. Die Praktikantin erhält nach erfolgreicher Beendigung des Vertrages eine Praktikumsbescheinigung sowie ein Zeugnis.

§ 2 Vergütung: Die Praktikantin erhält eine monatliche, nachträglich fällig werdende Vergütung von 200 € brutto. Eine Erstattung von Fahrtkosten erfolgt nicht.

§ 3 Urlaub: Die Praktikantin erwirbt monatlich einen Urlaubsanspruch von 2 Arbeitstagen. Diese können schriftlich auf Antrag während des Praktikums in Anspruch genommen werden.

§ 4 Dienstverhinderung/Arbeitsunfähigkeit: Im Falle jeder Verhinderung hat die Praktikantin das Unternehmen unverzüglich zu unterrichten. Bei krankheitsbedingter Verhinderung ist dem Unternehmen innerhalb von drei Tagen ab Beginn der Erkrankung eine ärztliche Arbeitsunfähigkeitsbescheinigung vorzulegen. In beiderseitigem Einvernehmen kann sich die Praktikumsdauer nach § 1 um die Krankheitstage verlängern.

§ 5 Geheimhaltung: Die Praktikantin ist verpflichtet, gegenüber Dritten über sämtliche betrieblichen Vorgänge, die der Geheimhaltung unterliegen, Stillschweigen zu bewahren. Die Praktikantin hat darüber hinaus Akten, Aufzeichnungen oder sonstige Dokumente des Unternehmens, die nicht öffentlich zugänglich sind, sorgsam zu verwahren und Dritten gegenüber zu schützen.

§ 6 Sonstige Bestimmungen: Ergänzend zu diesem Vertrag gelten die Arbeitsordnung unseres Unternehmens und die gesetzlichen Arbeitsschutzbestimmungen. Über beides wird die Praktikantin zu Beginn des Vertragsverhältnisses entsprechend informiert.

§ 7 Beendigung des Praktikumsverhältnisses: Dieser Vertrag endet nach Ablauf der in § 1 oder nach § 4 veränderten Frist. Während der ersten vier Wochen können beide Parteien ohne Angabe von Gründen den Vertrag mit sofortiger Wirkung kündigen. Ab dem Beginn der fünften Woche kann der Vertrag von beiden Parteien mit einer Frist von einem Monat beendet werden. Die Möglichkeit, den Vertrag aus einem besonderen Grund ohne Einhaltung einer Frist zu beenden, bleibt davon unberührt. Die Kündigung bedarf der Schriftform.

§ 8 Schlussvorschriften: Änderungen und Ergänzungen dieses Vertrages bedürfen grundsätzlich der Schriftform.

§ 9 Besondere Vereinbarungen: Das Zustandekommen dieses Vertrages ist abhängig von einer ärztlichen Unbedenklichkeitsbescheinigung.

TIPP **Fragengeleitetes Lesen**
Sammeln Sie vor dem Lesen von komplexen Texten (Verträge, Anleitungen, Fachartikel, …) zuerst Fragen, auf die Sie eine Antwort aus dem Text erhalten möchten. Lesen Sie dann den Text vor allem in Hinsicht auf Ihre Fragen und notieren Sie die Antworten.

---

 b Verträge haben eine eigene Sprache. Was bedeuten die Begriffe? Kreuzen Sie an.

1. „gesetzliche Arbeitsschutzbestimmungen" (§ 6)
   - ☐ a) Die juristischen Regelungen, um bei der Arbeit keinen Gefahren ausgesetzt zu sein.
   - ☐ b) Die Gesetze, die den Erhalt des Arbeitsplatzes sichern.

2. „im Rahmen der betrieblichen Möglichkeiten" (§ 1)
   - ☐ a) Praktische Kenntnisse werden vermittelt, soweit dies der Firma mit ihren Mitteln möglich ist.
   - ☐ b) Der Betrieb schafft Rahmenbedingungen, die die Vermittlung praktischer Kenntnisse ermöglichen.

3. „krankheitsbedingte Verhinderung" (§ 4)
   - ☐ a) Menschen mit chronischen Einschränkungen können das Praktikum nicht durchführen.
   - ☐ b) Die Praktikantin kann wegen Krankheit nicht zur Arbeit erscheinen.

4. „beiderseitiges Einvernehmen" (§ 4)
   - ☐ a) Beide Parteien sind mit der Praktikumsverlängerung einverstanden.
   - ☐ b) Beide Parteien müssen das Praktikum verlängern.

c Fassen Sie die wesentlichen Inhalte des Vertrags mithilfe der Fragen von Frau Novotná schriftlich zusammen und ergänzen Sie zwei weitere Informationen.

3 Lesen Sie noch einmal § 1 des Vertrages. Welche Attribute finden Sie im Text? Wie kann man § 1 einfacher formulieren? Machen Sie einen schriftlichen Vorschlag.

Multitasking

1a Die Wörter links finden Sie in dem Text im Lehrbuch, Aufgabe 1b. Welche Wörter in der rechten Spalte haben eine sehr ähnliche Bedeutung? Ordnen Sie zu.

1. _c_ erledigen (Z. 18)
2. ____ verplempern (Z. 26)
3. ____ gelingen (Z. 42)
4. ____ scheitern (Z. 54)
5. ____ verursachen (Z. 72)
6. ____ verwechseln (Z. 85)

a auslösen
b durcheinanderbringen
c bewältigen
d verschwenden
e misslingen
f schaffen

b Welches Verb passt nicht? Streichen Sie durch.

1. eine Aufgabe	erledigen	stellen	leisten
2. Stress	verursachen	durchführen	bewältigen
3. einen Fehler	ausüben	ausbügeln	begehen
4. eine Veränderung	feststellen	herbeiführen	leiten
5. auf Reize	funktionieren	reagieren	antworten

2 Ergänzen Sie die Zusammenfassung des Textes aus dem Lehrbuch (Aufgabe 1b).

In dem Text „Schön der Reihe nach statt Multitasking" geht es darum, wie das menschliche (1) _____ mit der gleichzeitigen (2) _____ mehrerer Aufgaben klar kommt. Multitasking gilt als Rezept gegen (3) _____, bewirkt jedoch laut Fachleuten das Gegenteil. Viele Fehler, die später wieder korrigiert werden müssen, entstehen durch die (4) _____. Das Gehirn kann zwar vieles gleichzeitig wahrnehmen, ist aber mit einer sofortigen (5) _____ überfordert. Um sich für eine Handlung entscheiden zu können, benötigt das Gehirn (6) _____, sonst entsteht ein (7) _____. Dem Hirnforscher Ernst Pöppel zufolge bedeutet Multitasking vor allem die (8) _____ wertvoller Ressourcen.

Modul 3

3 Weiterführende Nebensätze. Was passt zusammen? Ordnen Sie zu.

1. ____ Für mein Privatleben bleibt mir wenig Zeit,
2. ____ Wir haben im Büro viele neue Aufträge bekommen,
3. ____ Gestern musste ich noch um 17 Uhr zu einer Präsentation,
4. ____ Es waren ziemlich viele Mitarbeiter gekommen,
5. ____ Im Konferenzraum war es ziemlich laut,
6. ____ Danach habe ich noch mit Kollegen über ein Projekt diskutiert,

a was ich fast vergessen hätte.
b weshalb ich keinen Platz fand und stehen musste.
c weshalb man kaum etwas von der Präsentation verstehen konnte.
d was ich auf Dauer nicht so gut finde.
e was bis zum späten Abend gedauert hat.
f weshalb ich ständig Überstunden machen muss.

4 Ergänzen Sie *was, wo(r) + Präposition* oder *weshalb/weswegen*.

Meine Kollegen sind wirklich nett und sympathisch, (1) _____ ich mich ja eigentlich freuen müsste, das ist ja auch keine Selbstverständlichkeit. Allerdings ist es oft unmöglich, ohne Unterbrechungen zu arbeiten, (2) _____ ich oft ziemlich gestresst bin. Kaum habe ich angefangen, mir in Ruhe ein Angebot durchzulesen, klopft es an meiner Bürotür und meine Kollegin Gabi will mir von ihrem neuen Freund erzählen, (3) _____ ich natürlich gleich wieder von dem Angebot abgelenkt bin. Also fange ich wieder von vorne an. Kurz darauf klingelt dann mein Telefon und der Praktikant will wissen, wo er die Lieferscheine ablegen soll, (4) _____ ich ihm auch schon mehr als einmal gesagt habe. Wenn ich Glück habe, schaffe ich es dann, mal eine halbe Stunde am Stück zu arbeiten. Dann trifft sich die Abteilung zur täglichen Besprechung, (5) _____ ich ja auch eher überflüssig finde. Zweimal pro Woche würde meiner Ansicht nach völlig reichen. Zurück am Schreibtisch versuche ich, mich wieder in meine Arbeit zu vertiefen, (6) _____ ich aber wieder scheitere. Denn spätestens jetzt kommt mein Kollege Klaus und will mit mir seine Urlaubspläne besprechen, (7) _____ er doch eigentlich auch bis zur Mittagspause warten könnte. Nun, am frühen Nachmittag habe ich dann meistens wieder verschiedene Meetings und danach bespreche ich alles Mögliche mit meiner Assistentin, (8) _____ mich auch wieder viel Zeit kostet. Sitze ich dann wieder am Schreibtisch, führt mein Büronachbar meistens sehr laute Telefongespräche, (9) _____ ich mich wieder nicht konzentrieren kann. Oft komme ich am Samstag ins Büro. Das passt wiederum meiner Familie nicht. Aber dann kann ich endlich in Ruhe arbeiten ...

Multitasking

Modul 3

5 Formulieren Sie die Nebensätze.

1. Gestern wurde in der Mitarbeiterversammlung über Multitasking und Stress diskutiert, _was ich sehr interessant fand._
(sehr interessant finden)

2. Viele Leute denken, dass man durch Multitasking Zeit spart, _____
_____
(Trugschluss sein)

3. Durch zu viele Aufgaben arbeitet man unkonzentriert, _____ (viele Fehler verursachen)

4. Das Gehirn kann nicht gleichzeitig wahrnehmen und reagieren, _____ (viele Studien informieren über)

5. Ohne Unterbrechungen könnte man viel effektiver arbeiten, _____ (den meisten nicht bewusst sein)

6. Jetzt soll in der Firma einiges umstrukturiert werden, _____ (sehr gespannt sein auf)

6 Ergänzen Sie die Nebensätze.

1. Durch ein Praktikum kann man eine feste Stelle bekommen, weshalb _Praktikumsstellen bei großen Firmen oft sehr begehrt sind_.

2. Die Mitarbeiter vieler Firmen können regelmäßig Fortbildungen besuchen, was _____.

3. In einer Wirtschaftskrise müssen Unternehmen Kosten sparen, weswegen _____.

4. Manager bekommen oft hohe Abfindungen, was _____.

7 Ergänzen Sie den Satzanfang.

1. _Der Chef hat gekündigt_, was alle in der Firma sehr überrascht hat.

2. _____, weshalb ich ganz schön enttäuscht war.

3. _____, worüber ich mich immer wieder wundere.

4. _____, was allen schon lange bekannt war.

Soft Skills

Modul 4

2

1 Welcher Begriff aus Aufgabe 2 im Lehrbuch passt?

Welche Fähigkeit/Eigenschaft besitzt ein Mensch, der ...

1. fantasievoll ist, neue Ideen entwickelt? _Kreativität_
2. fähig ist, andere Personen zu leiten? _____
3. gut in einer Gruppe von Mitarbeitern arbeiten kann? _____
4. auch unter Stress noch gut und effizient arbeitet? _____
5. erreicht, dass etwas gemacht wird, obwohl andere dagegen sind? _____
6. sich schnell auf neue Situationen einstellen kann? _____
7. von sich aus aktiv wird? _____
8. den Kunden bei der Arbeit in den Vordergrund stellt? _____

2 Ergänzen Sie im folgenden Text die fehlenden Informationen. Lesen Sie dazu den Artikel auf der nächsten Seite.

Nach der Uni beginnt für Studenten die Zeit der __(0)__ , wozu oft die Teilnahme an Assessment Centern gehört. Der Workshop „Der Alptraum hat einen Namen: Assessment Center" trainiert Studenten unterschiedlicher Fachrichtungen, die sich auf den __(1)__ vorbereiten wollen. Die Studenten bekommen unterschiedliche Aufgaben gestellt, so müssen sie beispielsweise in der Gruppe ein Problem diskutieren und eine passende __(2)__ finden. Leider gibt es keine eindeutige Regel, wie man sich in einem Assessment Center am besten __(3)__ , denn dabei kommt es immer auf die __(4)__ an, die man anstrebt. Als nächste Aufgabe sollen die Studenten einen Kurzvortrag im Workshop halten. Zeit zur __(5)__ bleibt nicht viel, dann geht es auch schon an die Präsentation. Doch kurz vorher __(6)__ der Seminarleiter plötzlich das Thema und die Teilnehmer müssen über etwas völlig anderes referieren. Durch den bei den Aufgaben erzeugten Stress wollen die Firmen erfahren, welche __(7)__ die Bewerber besitzen. Unternehmen veranstalten Assessment Center, weil sie kein __(8)__ mehr an dem reinen Notendurchschnitt haben, sondern mehr über den zukünftigen Mitarbeiter erfahren wollen. Und auch die __(9)__ sollten das Assessment Center eher positiv sehen, bietet es doch die __(10)__ , das Unternehmen und seine Erwartungen besser kennen zu lernen.

0 _Bewerbungen_
1 _____
2 _____
3 _____
4 _____
5 _____
6 _____
7 _____
8 _____
9 _____
10 _____

Soft Skills

Der Albtraum hat einen Namen

Raus aus der Uni, rein in die Bewerbungsmühle: Unternehmen rösten interessante Kandidaten gern im Assessment Center.

Wer nervenstark und erfahren genug ist, umkurvt auch Stolpersteine. Darum absolvierten Freiburger Studenten ein Training für den Ernstfall Berufsstart.

Jan Berner bietet an diesem Abend gemeinsam mit seinem Kollegen Thomas Woskowiak den Workshop „Der Alptraum hat einen Namen: Assessment Center" an. Es ist eine Art Coaching für den Ernstfall – für den Berufseinstieg.

„Die Nachfrage", so Volkswirt Berner, „ist enorm gestiegen. Vom Romanisten über den Informatiker hin zum Forstwirtschaftler schaut mittlerweile jeder bei uns vorbei."

Im Freiburger Seminarraum sitzen angehende Biologen, Psychologen, Volkswirte – und ein Physikstudent. Er heißt Tycho Stange und ist gerade 21 Jahre alt geworden. Im Nebenfach studiert er BWL und steht bald vor der Entscheidung: „Arbeite ich in der Wirtschaft oder bleibe ich in der Wissenschaft?"

Im Seminar wird die Wirtschaft erst mal von der Wissenschaft überrumpelt: Jan Berner kündigt den „Brain Teaser" an, ein beliebtes Mittel im Assessment Center. Die Teilnehmer bekommen ein Problem – natürlich mit mathematischen Stolpersteinen – und sollen es vor den Augen der Chefs in fünf Minuten gemeinsam lösen. Die Aufgabe für die Studenten: Wie viel Zeit hat der Weihnachtsmann an Heiligabend pro Kind?

Das Team rauft sich schnell zusammen und schleudert Fragen in die Runde: Kommt der Weihnachtsmann nur zu den Kindern, die an ihn glauben? Gehen wir überhaupt vom echten Weihnachtsmann aus? Was ist mit Kindern anderer Ethnien? „Ich glaube", flüstert einer in die Runde, „wir verzetteln uns gerade."

„Die Tücken bei einem Assessment Center sind breit gestreut", erklärt Berner. Es gebe keinen einfachen Weg, kein richtiges Verhalten – „wie man sich präsentiert, hängt stark von der Stelle ab, auf die man sich bewirbt". So solle man zum Beispiel bei Gruppenarbeiten zwischen dem Moderator, dem Ideengeber oder dem Koordinator wechseln können. Oder anders: „Sich mal ins Spiel bringen und auch mal zurücknehmen."

Zeit zum Durchatmen bleibt nicht. Physikstudent Tycho wird von den Trainern gleich nach der Gruppenarbeit erneut ins kalte Wasser geschubst. Er soll einen Kurzvortrag halten. Zehn Minuten hatte jeder Teilnehmer, um sich auf sein Thema vorzubereiten. Tycho schrieb ein Konzept zu „Globalisierung – Segen oder Fluch?"

Dann der Schock: Als der Vortrag losgeht, tauscht Dozent Jan Berner augenblicklich das geplante Thema aus und verlangt eine Präsentation zum Thema „Sollte der Liter Benzin bald fünf Euro kosten?" Und Tycho stammelt los, zuerst mit gequältem Lächeln, dann schnell gefasster.

Aber der Druck hat Methode: Unternehmen überlegen sich sorgfältig, wen sie warum einstellen. Sie wollen bei jedem einzelnen Bewerber zuerst „die Soft Skills rauskitzeln", sagt Jan Berner. Für den Einserschüler interessiere sich schon lange keine Firma mehr. Spannend sei dagegen ein Bewerber, der „neben der Uni jobbt, ehrenamtlich arbeitet und über den Tellerrand schaut." Aber das will kein Personaler im Bewerbungsschreiben lesen. Er will es erleben.

Gerade wegen solch harscher Auswahlkriterien, wegen Einzel- und Gruppentests mit der Garantie zum Straucheln, haftet dem Assessment Center ein negativer Beigeschmack an.

Dabei hat diese Form der Bewerbung nach Auffassung von Berner auch für Job-Einsteiger einen entscheidenden Vorteil: Das Unternehmen definiert seine Erwartungen, und der Bewerber erfährt seine Grenzen. So können sich beide Seiten beschnuppern, bevor sie den Arbeitsvertrag unterschreiben.

Selbsteinschätzung

So schätze ich mich nach Kapitel 2 ein: Ich kann …	+	0	–	Modul/ Aufgabe
… Informationen, Anweisungen und Richtlinien bei einem Studienberatungsgespräch verstehen und Stichworte dazu notieren.				M2, A3
… viele komplexe Informationen eines Radiointerviews zum Thema „Soft Skills" verstehen und Notizen dazu machen.				M4, A3
… einem Text über Bewerbungen mit „buntem" Lebenslauf Ratschläge entnehmen.				M1, A2
… einen Text zum Thema „Multitasking" verstehen und zusammenfassen.				M3, A1b–c
… die wichtigsten Informationen eines Textes über „Soft Skills bei der Bewerbung" bzw. „Assessment Center" herausarbeiten und mir dazu Notizen machen.				M4, A4a
… zum Thema „Lebenslauf" Gedanken und Meinungen präzise und klar ausdrücken.				M1, A1, A3
… über Vor- und Nachteile von Studium und Berufsausbildung sprechen und meine Meinung begründen.				M2, A2
… komplexe Informationen und Ratschläge verstehen und austauschen.				M4, A4b
… Bewerbungstrainings vergleichen, meine Meinung präzise und klar ausdrücken, Argumente überzeugend einsetzen und auf Argumentationen anderer reagieren und eine Entscheidung aushandeln.				M4, A6
… Argumente aus verschiedenen Quellen in einem Text aufgreifen und gegeneinander abwägen und einen Beitrag zum Thema „Soft Skills" schreiben.				M4, A5

Das habe ich zusätzlich zum Buch auf Deutsch gemacht: (Projekte, Internet, Filme, Texte, …)	
Datum:	Aktivität:

Hast du Worte?

Wortschatz wiederholen und erarbeiten

1 Was passt wo? Ergänzen Sie.

| wortwörtlich   kein Wort über etwas verlieren   Worte   wortlos   sich zu Wort melden |
| j-n. beim Wort nehmen   Wörter   wortkarg   zu Wort kommen   wortgewandt |

1. Der Text, den wir schreiben sollen, umfasst ca. 250 _____.
2. Die Chefin sprach gestern bei der Versammlung deutliche _____.
3. Susanne spricht so viel, da _____ ich nie _____.
4. „Was hat denn Peter zu dem Problem gesagt?" – „Nichts, der hat sich bei der Diskussion kein einziges Mal _____."
5. „Wenn du Hilfe bei deiner Seminararbeit brauchst, sag Bescheid." – „Gut, danke, ich werde dich _____."
6. „Du, sag mal, hast du eigentlich mit Sarah noch mal über euren Streit gesprochen?" – „Nee, ich habe sie gestern zufällig getroffen, aber sie hat darüber _____."
7. „Ich finde, der neue Kollege ist ein brillanter Redner." – „Stimmt, er ist wirklich sehr _____."
8. „Jetzt sag doch auch mal was! Sei nicht immer so _____."
9. Nach der unerfreulichen Bekanntmachung verließen viele Teilnehmer _____ den Raum.
10. „Was hat er denn genau gesagt?" – „Habe ich dir doch schon erzählt." – „Ja, aber du sollst es mir ganz genau sagen." – „Also gut, _____ hat er gesagt, dass ..."

2 Welches Wort passt nicht? Streichen Sie es durch.

1. grinsen – schluchzen – schmunzeln – kichern
2. sich streiten – sich auseinandersetzen – sich beschimpfen – sich vertragen
3. kooperieren – referieren – vortragen – präsentieren
4. versprechen – beweisen – versichern – beteuern
5. flüstern – nörgeln – wispern – raunen
6. schreien – brüllen – kreischen – jammern

3 Erstellen Sie eine Sammlung von Wörtern zum Thema „Sprechen" in einer Mindmap.

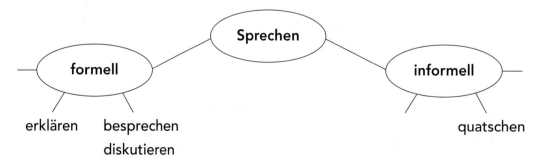

144

4a Lesen Sie den Dialog zwischen Mutter (M) und Tochter (T). Unterstreichen Sie Ausdrücke aus der Umgangssprache.

M: Hallo, Pia, wie war dein Tag?
T: Na ja, so lala. Heute Nachmittag hab ich Irina getroffen und wir haben stundenlang über ihre Beziehung gequatscht.
M: Und was hat sie an Neuigkeiten berichtet?
T: Sie ist nicht mehr mit Robert zusammen.
M: Aber die beiden waren doch ein Herz und eine Seele!
T: Ja, total krass und jetzt ist Schluss. Bei denen muss es voll gekracht haben. Irina hat mir brühwarm jedes Detail erzählt.
M: Und was sagst du dazu?
T: Nix. Ich weiß ja, wie nervig Irina manchmal ist. Und vor einer Stunde hat Robert angerufen. Der war fix und fertig.
M: Und du warst so nett und hast ihn getröstet.
T: Weiß nicht … ich hab nur zugehört. Ich musste Irina versprechen, dass ich alles für mich behalte, was sie erzählt hat.
M: Das hört sich kompliziert an.
T: Das kannst du wohl laut sagen. Total ätzend … Jetzt hab ich voll Hunger. Wann gibt's Essen?
M: Hey, mach bloß keinen Stress, ich komme gerade von der Arbeit.
T: Na toll – und ich schiebe Kohldampf …

b Formulieren Sie die markierten Ausdrücke so um, dass sie nicht mehr umgangssprachlich sind.

5a Lesen Sie die Redewendungen, um über Witze zu sprechen. Welche sind positiv (+), welche negativ (–)?

____ 1. Ich finde das brüllend komisch.
____ 2. Das trifft den Nagel auf den Kopf.
____ 3. Darüber kann ich nur müde lächeln.
____ 4. Das ist zum Schießen.
____ 5. Ich könnte mich darüber kaputtlachen.
____ 6. Na ja, wer's mag.
____ 7. Selten so gelacht.
____ 8. Das ist doch an den Haaren herbeigezogen.

b Wie gefallen Ihnen die Witze und Cartoons im Lehrbuch (Aufgabe 1)? Wählen Sie je eine passende Redewendung aus und formulieren Sie Ihre Bewertung.

Ich finde den Cartoon beim Friseur … Darüber kann/könnte ich …

Immer erreichbar

1 Formen Sie die Sätze um und verwenden Sie präpositionale Ausdrücke zur Redewiedergabe.

1. Miriam Meckel meint, Kommunikationspausen sind notwendig. (laut)
   Laut Miriam Meckel sind Kommunikationspausen notwendig.

2. Kerstin Cuhls sagt, dass es ein Vorteil ist, jederzeit auf alle Daten Zugriff zu haben. (nach)
   _____

3. Wie die Tageszeitung berichtet, besitzt in Deutschland fast jeder ein Handy. (laut)
   _____

4. Eine Umfrage hat gezeigt, dass immer mehr Menschen auf ihren Festnetzanschluss verzichten. (zufolge) _____

5. Wir haben beschlossen, dass Handys während der Besprechungen ausgeschaltet werden. (gemäß) _____

6. Eine Studie hat gezeigt, dass aufgrund von Handy und Internet immer öfter auf feste Arbeitszeiten verzichtet wird. (laut) _____

2 Verben zur Redewiedergabe. Welches Verb passt? Ergänzen Sie.

1. *beschreiben – behaupten – äußern:* Die bekannte Politikerin _____, nichts von den Unterschlagungen ihres Büros gewusst zu haben.

2. *kritisieren – hervorheben – beschreiben:* In dem Interview _____ der Journalist seinen Versuch, vier Wochen ohne Internet und Handy zu leben.

3. *betonen – erzählen – berichten:* Auf den Skandal angesprochen, _____ der Bürgermeister mehrmals, man bemühe sich um eine lückenlose Aufklärung.

4. *melden – erläutern – bestätigen:* Der Wissenschaftler _____ genau, wie er bei der Untersuchung vorgegangen ist.

Modul 1

3

5. *erzählen – bestätigen – sagen:* Bei ihrer Dankesrede _____ die Schauspielerin, wie sie vor Jahren an der Aufnahmeprüfung der Schauspielschule gescheitert sei.

6. *entgegnen – bezweifeln – melden:* Die Presseagentur _____ vor zwei Stunden, dass der Präsident des Fußballclubs zurückgetreten sei.

7. *hervorheben – erklären – behaupten:* Der Stadtrat sagte, er wolle _____, dass er alles in seiner Macht Stehende versucht habe.

8. *kommentieren – bezweifeln – versichern:* Auf der Pressekonferenz _____ der Ministerpräsident, dass man alles tun wolle, um weitere Steuererhöhungen zu vermeiden.

9. *entgegnen – aussagen – sprechen:* Als die Journalistin nach den Ursachen des schlechten Wahlergebnisses fragte, _____ der Abgeordnete, er wolle jetzt nichts zu diesem Thema sagen.

10. *widersprechen – mitteilen – erzählen:* Das zuständige Amt _____, dass es die aktuellen Zahlen noch in dieser Woche veröffentlichen wolle.

3 Bilden Sie Nebensätze mit *wie*.

1. Laut einer Mitteilung der Bundesregierung soll im kommenden Jahr mehr Geld in Bildung investiert werden.
   Wie die Bundesregierung mitteilte, soll im kommenden Jahr mehr Geld in Bildung investiert werden.

2. Nach einer Meldung der Nachrichtenagentur hat die Bundesregierung eine erneute Steuererhöhung beschlossen.

3. Dem Bericht der Zeitschrift zufolge entlässt das Unternehmen die Hälfte der Belegschaft.

4. Gemäß der Vereinbarung wird im nächsten Quartal ein neuer Betriebsrat gewählt.

5. Einer Umfrage zufolge haben die meisten Deutschen Angst vor einer Wirtschaftskrise.

6. Laut vieler Experten wird die momentane Krise noch länger andauern.

147

Immer erreichbar

Modul 1

4 Geben Sie die Aussagen im Konjunktiv wieder.

1. „Immer erreichbar zu sein, ist in manchen Berufen sehr wichtig."
2. „Manchmal finde ich es stressig, dass man mich immer anrufen kann."
3. „Im Urlaub schaltet mein Mann sein Handy auch mal ab."
4. „Für Notfälle hat meine Tochter ihr Handy immer dabei."
5. „Manche Leute geraten in Panik, wenn sie mal ihre E-Mails nicht kontrollieren können."
6. „Früher ging es doch auch ohne Handy."
7. „Gestern kam ich nicht ins Netz und konnte deshalb die Nachricht nicht beantworten."
8. „Ich will mich auch mal in Ruhe unterhalten, ohne dass ständig das Handy klingelt."
9. „Wer heutzutage Karriere machen will, muss immer zu erreichen sein."

Er sagt, immer erreichbar zu sein, sei in manchen Berufen sehr wichtig.

5 Lesen Sie das Interview und geben Sie die wichtigsten Aussagen wieder. Verwenden Sie alle Möglichkeiten der Redewiedergabe.

Permanente Überlastung

Bruce McEwen ist Professor an der New Yorker Rockefeller Universität und einer der führenden Stressforscher weltweit. Im Interview spricht er über den alltäglichen Technikterror und erfolgreiche Strategien zur Bekämpfung von ungesundem Stress in den Unternehmen.

Wirtschaftswoche: Herr Professor McEwen, wie bewältigen Sie Ihren Stress?

Bruce McEwen: Ich habe einen Hund, der regelmäßig ausgeführt werden will. Der hält mich auf Trab mit seiner Begeisterung für Eichhörnchen. Außerdem wohne ich nicht weit vom Institut entfernt, das erspart mir einen der größten Stressfaktoren, mit dem die Leute heute zu kämpfen haben: das Pendeln zum Arbeitsplatz und wieder nach Hause.

In Ihrer Position müssen Sie sicher ständig erreichbar bleiben. Dennoch sagen Sie, dass uns Blackberry und Mobiltelefon mittlerweile an einen Punkt gebracht haben, der unerträglich ist.

Wir können es doch tagtäglich beobachten: Wer alle fünf Minuten auf seinen Blackberry schaut, hat möglicherweise ein Problem. Wir nennen das Obsessive Compulsive Disorder – eine Zwangsstörung. Man braucht viel Selbstkontrolle und Selbstbewusstsein, um mit diesen Geräten vernünftig umzugehen.

Was meinen Sie damit?

Dank dieser elektronischen Helfer schlagen sich viele Leute heute mit lächerlichen Sachen herum, die sich ohne diese Geräte womöglich von alleine erledigt hätten. Man braucht große mentale Stärke, um sich dem zu entziehen.

Wie wirkt sich diese Erreichbarkeitsfalle auf die Unternehmen aus?

Wenn die ständige Präsenz in ungesunden Stress umschlägt, beeinflusst das die Leistungskraft der Mitarbeiter und damit die gesamte Produktivität. Die Unternehmen müssten eigentlich ein Interesse daran haben, dass sich ihre Mitarbeiter wohl fühlen und ihre persönlichen Freiräume behalten. Fehlen diese, riskieren die Unternehmen, dass bald die Kosten steigen, weil die Mitarbeiter krank werden und zu Hause bleiben. Nur wenige Unternehmen haben den Zusammenhang bisher begriffen.

Gib Contra!

Modul 2

3

1a Hören Sie noch einmal den dritten Teil des Interviews mit Dr. Traber und notieren Sie Stichworte zu den folgenden Fragen.

1. Wie kann man Schlagfertigkeit trainieren?
   _____
   _____

2. Worauf sollte jede Person für sich selbst achten?
   _____
   _____

3. Welche Phasen gibt es in den Kommunikationsseminaren?
   _____
   _____

4. Welche Rolle spielt die Körperhaltung bei dem Training?
   _____
   _____

b Fassen Sie nun schriftlich zusammen, wie man Schlagfertigkeit trainieren kann und wie die Seminare von Dr. Traber aufgebaut sind.

2a Dr. Traber spricht über den Schlagfertigkeitstrainer Matthias Pöhm. Lesen Sie zuerst den folgenden Text von dessen Homepage und ergänzen Sie dann die Sätze.

> **Warum Schlagfertigkeit lernbar ist**
>
> Sie können das (…) mit der Grammatik der Deutschen Sprache vergleichen. Sie sagen vollkommen korrekt „ich habe gespielt" und nicht „ich habe gespielen". – Andererseits sagen Sie korrekt „ich habe geholfen" und nicht etwa „ich habe gehilft". Wenn man Sie aber fragen würde, nach welcher Grammatikregel man in einem Fall „gespielt" und im anderen Fall „geholfen" sagt, stünden wohl 95 % meiner Leser auf der Leitung. Irgendwann ist ein Mensch an die deutsche Sprache herangegangen und hat das „intuitive Sprechverhalten" der Deutschen analysiert. Und er hat herausgefunden, dass zum Großteil massive Regeln dahinterstecken, die dem Deutschen zwar nicht klar sind, die er aber unterbewusst einhält. Dann hat er sich drangemacht, diese Regeln aufzuschreiben. Eine Grammatik ist entstanden. Und auf diese Weise ist Deutsch für Ausländer lernbar gemacht worden. So ist es nun auch mit der Schlagfertigkeit: Ich habe quasi die Grammatikregeln der Schlagfertigkeit aufgeschrieben und für „Nichtschlagfertige" lernbar gemacht. Obwohl sich natürlich Naturtalente wie Thomas Gottschalk und Konsorten keine Gedanken um Regeln machen.

1. Muttersprachler sprechen grammatisch richtig, ohne …
2. Schlagfertigkeit scheint ein Talent zu sein, aber …
3. Würde man schlagfertige Menschen danach fragen, wie sie das machen, dann …
4. Menschen, die verbal nicht so schnell reagieren, können …

b Wann sollte man schlagfertig sein? Beschreiben Sie mögliche oder erlebte Situationen.

Sprachen lernen

1 Bilden Sie aus den Verben Substantive und aus den Substantiven Verben.

1. erwerben _____
2. kennen _____
3. vermitteln _____
4. erinnern _____
5. teilnehmen _____
6. verbessern _____
7. aneignen _____
8. Kommunikation _____
9. Auseinandersetzung _____
10. Plauderei _____
11. Darstellung _____
12. Gespräch _____
13. Vortrag _____
14. Korrektur _____

2a Verbalisieren Sie die folgenden Ausdrücke.

1. das schnelle Erlernen einer Sprache
   eine Sprache schnell erlernen

2. die guten Kenntnisse der Grammatik
   _____

3. die Aufrechterhaltung der sozialen Kontakte
   _____

4. die Korrektur der ersten Fehler
   _____

5. die erfolgreiche Kommunikation der Schüler
   _____

6. der klare Aufbau der Sätze
   _____

b Bilden Sie Nominalisierungen wie im Beispiel.

1. Die Muttersprache wird mühelos erworben.
   Der mühelose Erwerb der Muttersprache

2. In der Schule werden Fremdsprachen vermittelt.
   Die _____

3. Viele Menschen eignen sich eine andere Sprache mühevoll an.
   _____

4. Im Kindesalter lernen wir Sprachen leicht.
   _____

5. Später erinnert man sich nur mühevoll an die Regeln.
   _____

6. Die Sprachkompetenz bei Erwachsenen optimiert sich nicht allein durch Sprachkontakte.
   _____

7. Die Sprachkenntnisse von Schülern werden durch mehr Sprachkontakte verbessert.
   _____

Modul 3

3a Ergänzen Sie die Präpositionen zu den Verben und Substantiven.

sprechen über, mit,	die Unterhaltung	diskutieren	die Rede
antworten	sich aufregen	der Bericht	sich beschäftigen
die Beschwerde	reagieren	hinweisen	der Streit

b Schreiben Sie je drei Sätze zu Verben und Substantiven mit Präpositionen.

sprechen über: Wir haben lange über den Vortrag gesprochen.

4 Von Nominalstil zu Verbalstil. Formen Sie die Präpositionalattribute um.

1. Es gibt eine Unterscheidung zwischen dem Lernen und dem Erwerben einer Sprache.
   Die Wissenschaft _____ dem Lernen und Erwerben einer Sprache.
2. Die Antworten auf die Frage nach dem Zusammenhang zwischen Alter und Spracherwerb stehen teilweise noch aus.
   Die Frage _____ dem Zusammenhang zwischen Alter und Spracherwerb _____ teilweise noch nicht _____.
3. Die Diskussion über das optimale Lernen einer Sprache wird weiter fortgesetzt werden.
   Es wird weiter _____ das optimale Lernen einer Sprache _____.
4. Die Fachdisziplinen treiben ihre Forschungen zu diesem Thema weiter voran.
   Die Fachdisziplinen _____ diesem Thema weiter.
5. Unser Wissen über die Funktionen der Sprache ist immer noch gering.
   Wir _____ noch wenig _____ die Funktionen der Sprache.

5 Personalpronomen im Verbalstil werden im Nominalstil zu Possessivpronomen. Verändern Sie die Pronomen bei der Umformung.

1. Wir kommunizieren täglich mit anderen. — *Unsere (tägliche) Kommunikation*
2. Er telefoniert viel. — _____
3. Ihr präsentiert interessant. — _____
4. Wir sprachen über die Ausstellung. — _____
5. Kinder lernen mühelos. Sie beherrschen eine Sprache schnell. — _____
6. Was empfehlen Sie für einen guten Vortrag? — _____

Sag mal was!

1 Lesen Sie den Text im Lehrbuch, Aufgabe 2a, noch einmal. Welche Wörter/Ausdrücke aus dem Text entsprechen den folgenden Wörtern/Ausdrücken? Die gesuchten Wörter/Ausdrücke kommen im Text in der Reihenfolge wie unten vor.

1. Angst haben: _____
2. auf seinen guten Ruf achten: _____
3. unterlassen: _____
4. lehren: _____
5. unterdessen: _____
6. nur: _____
7. großen Eindruck machen: _____
8. Möglichkeit: _____
9. aussehen: _____
10. bemerken: _____
11. eigentlich: _____
12. überraschen: _____
13. augenscheinlich: _____
14. annehmen: _____
15. hervorheben: _____
16. den Wunsch hegen: _____

2a Lesen Sie die Forumsbeiträge. Wo passt welches Wort? Notieren Sie die passende Zahl.

☐ rückständig ☐ auswärts ☐ Erinnerung ☐ verbunden ☐ Ausnahme
☐ Private ☐ unterdrücken ☐ verpönt ☐ Identität ☐ Ursprungs

Die Heimat auf der Zunge tragen
Paul B., 29 Jahre, Redakteur aus dem Vorarlberg

Ist man mit einem Dialekt aufgewachsen, ist man an jedem Ort mit seiner Heimat (1). Schließlich trägt man sie ja auf der Zunge. Entdeckt habe ich meine Heimat aber erst so richtig, als ich von daheim weggezogen bin. Ich habe mich zu einem leidenschaftlichen Vertreter meines (2) entwickelt, und jetzt verstehe ich Leute, die immer so einen großen Wert auf ihre kulturelle (3) legen. Mit Akzent sprechende Menschen sollten aber auf die Situation achten: Im Seminar an der Uni kommt Dialekt nicht so gut an, und auch mancher Nachrichtensprecher sollte noch mal einen Sprecherkurs belegen – Dialekt im Radio klingt einfach schrecklich ;-)!

Diese Leute kommen mir etwas altmodisch vor
Johannes S., 17 Jahre, Gymnasiast, München

Bei uns am Gymnasium wird nicht viel Bayrisch gesprochen. Die Kinder und Jugendlichen, die Bayrisch sprechen, sind komischerweise meist nicht so besonders gut in der Schule, vor allem nicht in Deutsch. Eigentlich finde ich es ganz schön, wenn jemand Dialekt spricht, aber irgendwie kommen mir diese Leute auch ein bisschen (4) und unmodern vor. Auch das Elternhaus stelle ich mir immer total altmodisch vor. In jeder Klasse gibt es bei uns ungefähr ein bis zwei Leute, die Dialekt sprechen. Das sind häufig auch die, die immer einen Spaß machen.

Öcher Platt – Dialekt ist „in"
Sigrid W., 45 Jahre, Geschäftsfrau in Aachen

Das Öcher Platt ist absolut "in". So wird der Dialekt genannt, den wir bei uns in Aachen sprechen. Die Älteren sprechen den Dialekt eigentlich immer, ohne (5). Er ist auch nicht (6) wie vielleicht der Dialekt in anderen Städten oder Regionen. In meinem Beruf geht es natürlich nicht, dass ich mit Kunden oder Geschäftspartnern, die von (7) kommen, Platt rede. Ich selbst spreche es auch gar nicht so gut. Es ist aber hoch angesehen und wird auch sehr gefördert. Auch die Theater bringen Stücke auf Öcher Platt. Die Karten sind oft so begehrt, dass manche Leute sich schon morgens um 5 Uhr beim Vorverkauf anstellen.

Ich bin oft ausgelacht worden
Maria I., 39 Jahre, Lehrerin, Nürnberg

Einerseits habe ich mich immer sehr wohl gefühlt mit meinem Dialekt. Meine Eltern haben ihn zu Hause gesprochen. Ich bin also damit aufgewachsen und ich habe ihn auch ziemlich gern gesprochen. Aber schon bei meinem Vater konnte ich sehen: Sobald er beruflich mit Leuten sprach oder sobald wir in einer anderen Stadt waren, hat er nur Hochdeutsch gesprochen. Erst fand ich das komisch, aber ich habe schnell begriffen: Dialekt, das war mehr für das (8), für zu Hause. Ich habe auch noch genau in (9), dass ich früher oft von anderen Kindern ausgelacht wurde. Deshalb habe ich immer versucht, meinen Dialekt möglichst zu (10). Umso schöner und befreiender ist es, wenn ich unter Leuten bin, die meinen Dialekt sprechen und bei denen ich sicher weiß, dass sie mich so akzeptieren, wie ich eben spreche.

b Schreiben Sie einen eigenen Forumsbeitrag zu dem Thema.

Sag mal was!

Modul 4

3   Neben Dialekten und Umgangssprache ist auch das Thema „Sprachen in Europa" interessant. Bearbeiten Sie dazu folgende Prüfungsaufgabe.

> **TIPP Schriftliche Prüfung**
> In der Prüfung haben Sie für diese Aufgabe 65 Minuten Zeit. Teilen Sie sich die Zeit gut ein und schreiben Sie leserlich. Schreiben Sie zuerst die fünf Inhaltspunkte auf ein extra Blatt und notieren Sie sich Informationen/Argumente/Beispiele. Überlegen Sie sich eine sinnvolle Reihenfolge der einzelnen Unterpunkte und formulieren Sie dann Ihren Text. Bauen Sie Ihre Argumente dabei steigernd auf: Das schwächste zuerst, das stärkste zum Schluss. Denken Sie an geeignete Überleitungen und Konnektoren.

Ihre Aufgabe ist es, sich zu der Bedeutung von Fremdsprachen in Europa zu äußern.

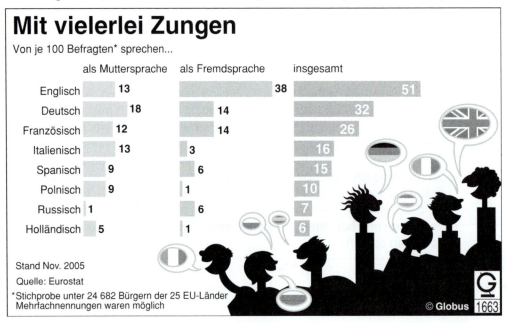

Schreiben Sie,

- was Ihnen an der Statistik besonders auffällt.
- welche Bedeutung Fremdsprachen in der heutigen Zeit haben.
- wann man idealerweise beginnt, eine Fremdsprache zu lernen.
- wie man am besten eine Sprache lernen kann.
- wie die Situation diesbezüglich in Ihrem Heimatland ist.

Hinweise:
Bei der Beurteilung wird unter anderem darauf geachtet,
– ob Sie alle Inhaltspunkte berücksichtigt haben,
– wie korrekt Sie schreiben,
– wie gut Sätze und Abschnitte sprachlich miteinander verknüpft sind.
Schreiben Sie mindestens 200 Wörter.

Selbsteinschätzung 3

So schätze ich mich nach Kapitel 3 ein: Ich kann ...	+	0	−	Modul/Aufgabe
... ein Interview zum Thema „Schlagfertigkeitstraining" verstehen.				M2, A2–A3a
... Dialekte Regionen zuordnen.				M4, A1b
... Vor- und Nachteile moderner Medien in Bezug auf Erreichbarkeit aus zwei Stellungnahmen herausarbeiten.				M1, A2
... einen Fachtext über „Sprachen lernen und erwerben" verstehen.				M3, A2
... einen Magazintext über Dialekte verstehen.				M4, A2a–b
... eine persönliche E-Mail in Umgangssprache verstehen.				M4, A5a
... Meinungen aus Stellungnahmen über moderne Medien wiedergeben und meine eigene Meinung dazu äußern.				M1, A4
... in bestimmten Situationen schlagfertig reagieren.				M2, A3b
... über Dialekte und deren Stellenwert im eigenen Land berichten.				M4, A3
... über das Thema „Dialekt in der Schule" diskutieren und dabei auch auf die Argumente meines Partners / meiner Partnerin eingehen.				M4, A4
... die wichtigsten Aussagen eines Textes zusammenfassen und aufgrund eigener Erfahrungen kommentieren.				M3, A3
... eine persönliche E-Mail beantworten.				M4, A5b

Das habe ich zusätzlich zum Buch auf Deutsch gemacht:
(Projekte, Internet, Filme, Texte, ...)

Datum:	Aktivität:

155

Wirtschaftsgipfel

Wortschatz wiederholen und erarbeiten

1 Welche Wörter fallen Ihnen zum Thema „Wirtschaft" ein – welche möchten Sie wissen?
   Benutzen Sie ein Wörterbuch und notieren Sie möglichst viele Wörter zu den Bildern.

Banken

2 Wie heißen die Wörter?

1. **aailtpK** ist Geld und andere Werte, die z.B. eine Firma besitzt.
   _____

2. Man **elpektuesir**, wenn man z.B. Aktien kauft, um sie zu einem höheren Preis zu verkaufen.
   _____

3. Die **öserB** ist der Ort, an dem Aktien gehandelt werden.
   _____

4. Ein **inkroätA** ist jemand, der Wertpapiere eines Unternehmens besitzt, das an der Börse geführt wird.
   _____

5. Der **nikusArtke** zeigt die steigenden und fallenden Werte von Aktien an.
   _____

6. Unter **ianznneF** versteht man das Geld einer Firma, v. A. die Einnahmen und Ausgaben.
   _____

3a Ergänzen Sie die beiden Dialoge mit den Wörtern aus dem Kasten.

| Geschäftsmodell | Geldanlage | Wechselkurs | Kredit | Umsatz | Währung |

● Hab ich dir schon erzählt, dass ich nächsten Monat beruflich nach Brasilien fahre?
○ Das ist ja toll, das wusste ich noch gar nicht.
● Du warst doch schon mal da, sag mal, was haben die da eigentlich für eine _____ (1)?
○ Die haben Reais – aber frag mich jetzt bitte nicht nach dem _____ (2), ich weiß nicht mehr, wie viel Reais man für zehn Euro bekommt.
● Ok, dann sehe ich mal im Internet nach – vielen Dank.

□ Weißt du es schon? Manfred will sich selbstständig machen, er möchte ein Café eröffnen.
● Ein Café? Meint er denn, dass er damit genug _____ (3) machen kann?
□ Na, er ist jedenfalls ganz überzeugt von seinem _____ (4), er hat es mir zwei Stunden lang ausführlich erklärt. Jetzt muss er nur noch einen guten _____ (5) von seiner Bank bekommen, dann will er es wirklich wagen.
● Ich weiß nicht, das wäre nichts für mich. Ich spare mein Geld lieber – hast du vielleicht einen guten Tipp für mich, ich suche eine sichere _____ (6)?
□ Oh, tut mir leid, damit kenne ich mich gar nicht aus.

b Bilden Sie mit jedem Wort aus Übung 3a einen weiteren Satz.

Vom Kohlenpott …

1 Kombinieren Sie und notieren Sie die Substantive mit Artikel.

| ~~Kaufmann~~ | Auto | Führung | Anlage | Konsumgüter | Beratung |
| Abgase | Zweig | Stahl | Stadt | Gebiet | Berater |

-UNTERNEHMEN(S)-   -INDUSTRIE-

Leitung   Spielwaren   Gründung   Papier   Wirtschaft
Arbeiter   Handel   Kauffrau   Gas   Metall   Ziele

der Industriekaufmann, …

2 Ergänzen Sie die Verben im Präteritum.

gefallen   fangen   geben   wissen   finden   scheinen
werden   verbieten   sehen   glauben   rennen   erzählen

Zu einer Zeit, als die Menschen nur (1) _____, dass man mit Holz Feuer und Wärme erzeugen kann, weidete an einem kühlen Herbsttage ein Hirtenjunge seine Schafe dort, wo die Berge an die Ufer der Ruhr stoßen. Als er hungrig (2) _____, (3) _____ er ein paar Fische und entzündete ein kleines Holzfeuerchen, um sie zu braten und um ein wenig Wärme für die Nacht zu haben. Am nächsten Morgen (4) _____ das Feuer erloschen. Als der Hirtenjunge in die Asche greifen wollte, zuckte er jedoch erschrocken zurück, denn er (5) _____, dass die Steine, auf denen er am vergangenen Abend das Feuer entzündet hatte, heiß und rotglühend geworden waren. Der Junge hatte so etwas niemals zuvor gesehen und (6) _____ verstört nach Hause zu seinen Eltern, denen er sein Abenteuer (7) _____. Auch Vater und Mutter konnten sich den Spuk nicht erklären und (8) _____, dass es sich um ein Werk des Teufels handeln müsse. Sie (9) _____ ihrem Sohn, jemals von seinem Erlebnis zu sprechen. Fortan weidete dieser seine Schafe woanders, doch diese unheimliche Begebenheit konnte er niemals vergessen.

Als der Hirtenjunge zu einem stattlichen Mann herangewachsen war, wollte er sich eine Frau suchen. Doch unter den Mädchen seiner Heimat (10) _____ sich keine, die ihm (11) _____. Allerdings (12) _____ es in der Stadt Essen ein liebes und freundliches Mädchen, das er gern heimgeführt hätte. …

Modul 1 **4**

3a Hören Sie den dritten Teil des Vortrags im Lehrbuch, Aufgabe 1d, noch einmal. Markieren Sie die fehlerhaften Informationen und korrigieren Sie sie.

LB 2.4

1. Die erste Phase umfasst die Jahre 1957 bis 1967.   *1947 bis 1957*
2. Grund für die steigende Bevölkerungszahl bis 1950 waren die Arbeitsplätze in der chemischen Industrie.
3. Kohle spielte beim Wiederaufbau des Ruhrgebietes eine entscheidende Rolle.
4. Öl und Gas bildeten die Grundlagen des Wirtschaftswunders.
5. Die Stadt Essen war im ersten Nachkriegsjahrzehnt der größte Kohleförderer der Region.
6. Ab 1957 ist der Anteil der Kohle aus dem Ruhrgebiet an der Weltproduktion stark gestiegen.
7. Sonnenenergie verdrängte die Kohle.
8. Auf dem Weltmarkt gab es plötzlich zu wenig Steinkohle.

b Hören Sie den vierten Teil des Vortrags im Lehrbuch, Aufgabe 1e, noch einmal. Welche Aussagen sind falsch?

LB 2.5

1. Die Kohlekrise war der Grund für den ökonomischen Wandel der gesamten Bundesrepublik.
2. Als die Kohlekrise begann, hatten die meisten Menschen ihren Arbeitsplatz in der Rohstoffverarbeitung.
3. Im Dienstleistungssektor verloren Anfang der 90er-Jahre viele Menschen ihre Arbeit.
4. Der Ausbau des Dienstleistungssektors hatte einen bildungspolitischen und kulturellen Wandel zur Folge.

5. Mit 150.000 Studenten hat das Ruhrgebiet die meisten Hochschulen auf engem Raum.
6. Das Ruhrgebiet hat sich in den letzten zehn Jahren kulturell stark verändert.
7. Heute werden Bauwerke von früher, z.B. stillgelegte Zechen, restauriert und kulturell genutzt.
8. Viele Touristen sehen sich diese Industriedenkmäler an.

Vom Kohlenpott ...

4a Ergänzen Sie einen passenden Konnektor: *als – bevor – bis – nachdem – seitdem – während.*

Maximilianpark in Hamm:
Von der Zeche zum Ausflugsziel

Waren Sie schon mal im Ruhrgebiet? Wie wäre es denn mit einem Ausflug nach Hamm, in die ehemalige Zeche Maximilian? Heute heißt das Zechengelände „Maximilianpark" und bietet sehr viele Attraktionen – und das für die ganze Familie. Der Maximilianpark zeigt sich schon von weitem: Der „Gläserne Elefant", eine begehbare Plastik, überragt die Parkbäume und ist schon aus der Entfernung zu sehen. Der Künstler Horst Rellecke verwandelte 1984, (1) _____ die Landesgartenschau durchgeführt wurde, die Kohlewäsche der ehemaligen Zeche Maximilian in die heute begehbare Plastik. (2) _____ Sie im gläsernen Rüssel nach oben gefahren sind, können Sie in 35 Metern Höhe den Blick über das gesamte Parkgelände, über die Stadt Hamm und über das westfälische Umland genießen. (3) _____ Sie durch die verschiedenen Themengärten wie den Duftgarten, den Dahliengarten oder am Rosenhang entlang wandern, laden überall schöne Rastplätze zum Verweilen ein. Wasser gibt es im Park überhaupt reichlich: den Vierjahreszeitenbrunnen, den Kugelbrunnen, den Fontänenteich und den künstlich angelegten Maximiliansee. Oder Sie tauchen in eine Welt aus Kunst und Natur ein: An den verschiedenen Stellen stehen im Park unterschiedlichste Skulpturen und Kunstobjekte. Sogar Friedensreich Hundertwasser hat sich im Maximilianpark verewigt. Er hat den östlichen Teil der Kohlewäsche gestaltet.

Wo heute Kinder spielen und viele Menschen spazieren gehen, da wurde früher hart gearbei-

tet. Auf dem Gelände im Hammer Osten wurde Kohle gefördert. (4) _____ im Januar 1902 die Eisenwerkgesellschaft Maximilianhütte AG (Sulzbach) zwei Schächte baute, stieß man immer wieder auf Schwierigkeiten. (5) _____ das erste Mal erfolgreich Kohle abgebaut werden konnte, vergingen allerdings wegen ständiger Wassereinbrüche fast 10 Jahre. Rund 1.260 Bergleute schafften in einem Jahr 100.000 Tonnen vom schwarzen Gold an die Erdoberfläche. (6) _____ man zwei Jahre erfolgreich gearbeitet hatte, kam es 1914 zu einem erneuten schweren Wassereinbruch. Die Grube musste aufgegeben werden. (7) _____ man die Grube endgültig schloss, unternahm man noch zwei vergebliche Rettungsversuche. (8) _____ die Kohleförderung 1943 eingestellt wurde, überließ man das Gelände sich selbst. Es entstand eine vielfältige Pflanzenwelt. (9) _____ die Stadt Hamm beschlossen hatte, das Gelände wieder nutzbar zu machen, öffnete auf dem Gebiet der alten Zeche 1984 die erste Landesgartenschau in NRW ihre Tore. Nach einem Jahr wurde die Landesgartenschau Hamm in Maximilianpark umbenannt. Und den können Sie bis heute noch besuchen. Kommen Sie doch mal vorbei!

Modul 1

4

b Bilden Sie für die ergänzten Nebensätze die Nominalform.

1. bevor die Landesgartenschau durchgeführt wurde — *vor Durchführung der Landesgartenschau*
2. Nachdem man im gläsernen … …

5 Ergänzen Sie die Tabelle.

Nominalform	Verbalform
Bei gutem Wetter …	*Wenn das Wetter gut ist/war …*
	Nachdem die Sonne untergegangen war, …
Vor dem Familienessen …	
	Als er versuchte, ….
Bis zur Rückkehr des Jungen …	
	Bevor es regnete, …
Während ihrer Arbeit …	
	Wenn die Sonne scheint, …
Bei Dunkelheit …	

6 Verbinden Sie die Sätze mit den in Klammern angegebenen Wörtern.

1. Der 2. Weltkrieg ging 1945 zu Ende. Deutschland wurde unter den vier Siegermächten aufgeteilt. (nachdem/nach)

   a) *Nachdem der 2. Weltkrieg 1945 zu Ende gegangen war, wurde Deutschland unter den vier Siegermächten aufgeteilt.*

   b) *Nach dem Ende des 2. Weltkriegs 1945 wurde Deutschland unter den vier Siegermächten aufgeteilt.*

2. 1949 wurde aus den Besatzungszonen der drei Westmächte die Bundesrepublik Deutschland gebildet. Die Hauptstadt war Bonn am Rhein. (seitdem/seit + D)

3. In den fünfziger Jahren entwickelte sich das sogenannte deutsche „Wirtschaftswunder". Millionen Wohnungen wurden gebaut. (während/während + G)

4. Der Wohlstand setzte ein. Immer mehr Menschen konnten sich ein Auto oder eine Urlaubsreise ins Ausland leisten. (nachdem/nach + D)

5. Große Firmen wurden aufgebaut. Danach entwickelte sich das Wirtschaftswunder rasch. (bevor/vor + D)

Mit gutem Gewissen?

Modul 2

 1a Lesen Sie die Definition zum Begriff „Gewissen" und markieren Sie die Schlüsselinformationen.

> Das Gewissen (lateinisch conscientia, wörtlich „Mit-Wissen") wird im Allgemeinen als eine spezielle Instanz im menschlichen Bewusstsein angesehen, die einem Menschen sagt, wie er sein eigenes Handeln beurteilen soll. Es drängt den Menschen, aus ethischen bzw. moralischen Gründen bestimmte Handlungen auszuführen oder zu unterlassen. Entscheidungen können dabei als unausweichlich empfunden werden oder mehr oder weniger bewusst, also im Wissen um ihre Voraussetzungen und denkbaren Folgen, getroffen werden. Das einzelne Gewissen wird meist als von Normen der Gesellschaft, aber auch von individuellen moralischen Einstellungen der Person abhängig angesehen. Es äußert sich als gutes oder schlechtes Gefühl, das durch die Einschätzung, Beurteilung oder Bewertung eigenen Tuns nach dem Maßstab einer Moral hervorgerufen wird. So fühlt man sich meistens gut, wenn man nach seinem Gewissen handelt, und schlecht, wenn man dagegen handelt.

 b Welche Wörter aus dem Text stimmen mit den folgenden Wörtern und Umschreibungen überein? Schreiben Sie die passenden Wörter aus dem Text in Übung 1a daneben.

1. üblicherweise _____
2. etwas bewerten _____
3. Motiv _____
4. etwas nicht tun _____
5. nicht zu verhindern _____
6. möglich _____
7. Art, wie man über etwas denkt _____
8. zeigen _____
9. etwas bewirken _____

> **TIPP** Umschreibungen erkennen
> Achten Sie bei der Suche nach der passenden Umschreibung auf die Wortarten – als Umschreibung stehen die Verben im Infinitiv und die Adjektive sind undekliniert.

2a Sehen Sie sich die Bildergeschichte an. Welche Gewissensfrage könnte sich die Frau stellen?

b Schreiben Sie eine E-Mail an den Experten in Sachen Gewissensfragen.

Die Welt ist ein Dorf

Modul 3 **4**

1 Was verbinden Sie mit dem Begriff „Globalisierung"? Ergänzen Sie.

günstige Preise

2 Pro oder contra Globalisierung? Welche Aussagen befürworten Globalisierung, welche lehnen sie ab?

	pro	contra
1. Die Firmen kommen in den Ländern, in denen sie produzieren, schon aus eigenem Interesse ihrer sozialen Verantwortung nach.	☐	☐
2. Weil Unternehmen Profit machen müssen, beuten sie die Menschen aus und verstoßen gegen Menschenrechte.	☐	☐
3. Auf Kosten des Umweltschutzes versuchen Konzerne in manchen Ländern ein Vermögen zu machen.	☐	☐
4. Wenn große Unternehmen in den billigeren Ländern produzieren, geben sie der Wirtschaft vor Ort wichtige Impulse.	☐	☐
5. Im Gegensatz zu den westlichen Industrieländern erhalten Arbeiter in manchen anderen Ländern einen Lohn, von dem man nicht oder nur sehr schlecht leben kann.	☐	☐
6. Durch den Import neuer Technologien, die für die Produktion benötigt werden, steigt die Wettbewerbsfähigkeit der produzierenden Länder.	☐	☐
7. Dank der Globalisierung können Firmen Verträge viel schneller abschließen.	☐	☐

3 Antworten Sie in der Verbalform: Wodurch wird Globalisierung ermöglicht? Durch …

1. die Abhängigkeit der verschiedenen Ökonomien rund um den Globus.
2. die ständige Weiterentwicklung der Informations- und Kommunikationstechnologien.
3. die Ausweitung der internationalen Arbeitsteilung.
4. die weltweite Zunahme des internationalen Handels.
5. die rapide gesunkenen Kosten für den Transport.
6. die hohe Flexibilität der internationalen Finanzströme.

Globalisierung wird dadurch ermöglicht,
– dass die verschiedenen Ökonomien rund um den Globus voneinander abhängig sind.
– …

Die Welt ist ein Dorf

Modul 3

4 Welche Gefahren sehen Globalisierungsgegner? Formen Sie die Aussagen in die Nominalform um.

1. Firmen wandern in andere Länder ab. → Arbeitsplätze fallen weg.
   Durch die Abwanderung in andere Länder fallen ...   .

2. Transportwege werden verlängert. → Die Umweltbelastung steigt.
   _____ .

3. Firmen im Inland schließen. → Die Arbeitslosigkeit steigt in den nächsten Jahren weiter.
   _____ .

4. Die Arbeitslosigkeit nimmt in den nächsten Jahren zu. → Die Sozialausgaben des Staates erhöhen sich enorm.
   _____ .

5. Die Sozialausgaben des Staates erhöhen sich enorm. → Die Steuern steigen.
   _____ .

6. Die Steuern steigen an. → Die Leute werden unzufriedener.
   _____ .

5 Ergänzen Sie die Tabelle.

Verbalform	Nominalform
1. Wenn Arbeitnehmer gut bezahlt werden, arbeiten sie gern.	Bei ...
2.	Ohne die Hilfe der Gewerkschaften hätten die Arbeitnehmer in Europa ähnliche Bedingungen wie in sogenannten Billiglohnländern.
3. Arbeitnehmer demonstrieren, wenn die Löhne gekürzt werden.	
4.	Bei Abwanderung von großen europäischen Firmen in sogenannte Billiglohnländer gehen in Europa Arbeitsplätze verloren.
5. Wenn die Kosten für den Transport rapide gesenkt werden und Waren schneller transportiert werden, kann der Welthandel enorm zunehmen.	

Gründerfieber

Modul 4

1 Was gehört zusammen? Es sind mehrere Lösungen möglich.

1. ___ eine Marktlücke
2. ___ Geld
3. ___ eine Geschäftsidee
4. ___ einen Kooperationspartner
5. ___ Werbemaßnahmen
6. ___ ein Risiko
7. ___ einen Kredit

a abschätzen
b erkennen
c ergreifen
d aufnehmen
e anlegen
f entwickeln
g suchen

2 Entwerfen Sie eine Anzeige für die Geschäftsidee Ihrer Gruppe, die Sie im Lehrbuch, Aufgabe 2d, vorgestellt haben.

a Vergleichen Sie in Gruppen die Anzeigen von frisch gegründeten Firmen. Welche Anzeige gefällt Ihnen am besten? Welche ist am informativsten? Welche weckt am meisten Neugier?

b Entwerfen Sie nun Ihre eigene Anzeige – welche Ideen und Elemente möchten Sie übernehmen, welche nicht?

Gründerfieber

Modul 4

3 Ergänzen Sie die Tipps zum Verhalten bei einem Bankgespräch.

aktiv   anschaulich   aufmerksam   Bedenken   Begeisterung   beschäftigen   gelassen   Geschäftsidee   harte   Informationen   Not   präziser   Risiko   Sprüche   unangenehme

1. **Zeigen Sie (1) _____ für Ihre Geschäftsidee.**

    Kreditberater wissen: Nur, wer sich selbstständig machen will und nicht aus der (2) _____ heraus eine Firma gründet, hält die oft (3) _____ Anfangsphase durch.

2. **Hören Sie „(4) _____" zu.**

    Zeigen Sie Ihrem Gesprächspartner, dass Sie (5) _____ zuhören. Sehen Sie ihn an und (6) _____ Sie sich nicht mit anderen Dingen, während er spricht.

3. **Beschreiben Sie die Alleinstellungsmerkmale (7) _____.**

    Sagen Sie so genau wie möglich, was das Besondere an Ihrer (8) _____ ist. Je (9) _____ Sie Ihr Produkt beschreiben, desto besser kann es sich Ihr Gegenüber vorstellen.

4. **Gehen Sie auf die (10) _____ des Kreditberaters ein.**

    Zeigen Sie Ihrem Berater, dass Sie ihn ernst nehmen. Klopfen Sie keine (11) _____ wie „Ach, das kriege ich schon hin und das (12) _____ wird doch ohnehin meist überschätzt."

5. **Bleiben Sie (13) _____.**

    Auch wenn Sie (14) _____ Fragen gestellt bekommen, Ihr Kundenberater will Sie nicht beleidigen, sondern (15) _____ bei Ihnen einholen.

4 Welches Wort passt? Streichen Sie die Wörter durch, die nicht passen.

Ich möchte schon seit einiger Zeit ein (1) Haus/Geschäft/Unternehmen gründen, aber das ist nicht so einfach. Letzte Woche war ich bei einem (2) Kapitalberater/Auftraggeber/Firmengründer und habe ihm meine (3) Berufserfahrung/Geschäftsidee/Arbeitszeit vorgestellt. Ich habe ihm genau die (4) Wirkung/Nachteile/Alleinstellungsmerkmale meiner Idee beschrieben, um ihm zu zeigen, wie ich mich von der (5) Konkurrenz/Idee/Firma abgrenzen will. Er fand sehr gut, dass ich die (6) Geschäfte/Arbeit/Marktsituation genau untersucht hatte, und er sagte auch, meine (7) Meinung/Angebotspalette/Kreditvorstellung sei recht Erfolg versprechend. Er wollte dann noch wissen, welche Gedanken ich mir zur (8) Vermietung/Vermarktung/Verwertung meiner Idee gemacht hatte. Zum Schluss erklärte er mir noch verschiedene (9) Kreditbedingungen/Kaufangebote/Geschäftsideen, wie z.B. (10) Laufzeit/Arbeitszeit/Auszeit, Zinssatz oder Tilgungsmöglichkeiten. Nun ja, mal sehen, ich weiß jetzt mehr, aber ob ich es wirklich wagen soll, weiß ich noch nicht …

Selbsteinschätzung

4

So schätze ich mich nach Kapitel 4 ein: Ich kann …	+	0	–	Modul/ Aufgabe
… einer Erzählung über die Entdeckung der Steinkohle folgen und viele wichtige Details verstehen.				M1, A2a
… einen ausführlichen Bericht über die Entwicklung des Ruhrgebiets verstehen, in dem Zusammenhänge erläutert werden.				M1, A2b–e
… einen Vortrag über das Verhalten bei Bankgesprächen ohne größere Mühe verstehen.				M4, A3
… ein Bankgespräch zum Zweck der Vergabe eines Kredits verstehen.				M4, A4
… Antworten auf Gewissensfragen verstehen, in denen Zusammenhänge, Meinungen und Standpunkte erörtert werden.				M2, A2
… ausführliche Kommentare zum Thema „Globalisierung" verstehen, in denen Zusammenhänge, Meinungen und Standpunkte erörtert werden.				M3, A2
… komplexe Informationen bzgl. einer Geschäftsidee verstehen und austauschen.				M4, A2
… eine Geschäftsidee gut strukturiert und klar vortragen.				M4, A2d
… in einem Bankgespräch auch Informationen zu außergewöhnlichen Themen oder Problemen, wie einer Firmengründung, austauschen.				M4, A4c
… während eines Vortrags über Bankgespräche so detaillierte Notizen machen, dass diese auch für andere nützlich sind.				M4, A3
… meine Meinung zu einer Gewissensfrage darstellen, dabei die Hauptgedanken hervorheben und meine Argumentation durch Beispiele verdeutlichen.				M2, A3

Das habe ich zusätzlich zum Buch auf Deutsch gemacht:
(Projekte, Internet, Filme, Texte, …)

Datum:	Aktivität:

Ziele

Wortschatz wiederholen und erarbeiten

1a Ordnen Sie die Wörter und Ausdrücke den drei Gruppen zu.

sich etwas vornehmen • büffeln • etwas realisieren • sich einen Wunsch erfüllen • etwas aufnehmen • sich entscheiden für • sich etwas einprägen • die Weichen stellen für • pauken • einen Vorsatz fassen • etwas in die Tat umsetzen • etwas im Voraus festlegen • sich entschließen zu • etwas trainieren • etwas wahr machen • Kenntnisse erwerben in • etwas zustande bringen • eine Entscheidung treffen • etwas durchziehen • Ernst machen mit • etwas Wirklichkeit werden lassen • sich etwas aneignen • einen Entschluss fassen • etwas betreiben

Wissen erweitern	Zukunft planen	einen Traum verwirklichen

b Wählen Sie pro Gruppe zwei Ausdrücke, die Sie noch nicht so gut kennen. Schreiben Sie zu diesen Phrasen je einen Satz.

Ich habe mir vorgenommen, eine berufliche Weiterbildung zu machen.
Ich möchte meinen Traum Wirklichkeit werden lassen.

2 In diesem Suchrätsel sind zehn Substantive zum Thema „Ziele" versteckt. Schreiben Sie die Substantive mit Artikel auf.

	A	B	C	D	E	F	G	H	I	J	K	L	M	N	O	P	Q	R	S	T	U
1	I	V	Ö	U	J	Y	Ö	J	S	D	Ö	X	B	V	D	D	E	K	C	L	N
2	F	N	L	Ä	Ö	P	P	K	G	G	X	P	P	Y	M	W	H	H	V	V	A
3	E	V	E	D	Q	L	U	E	N	T	S	C	H	L	U	S	S	L	U	O	H
4	R	O	H	W	W	A	P	D	T	B	E	S	T	R	E	B	U	N	G	R	Z
5	N	R	R	Y	U	N	I	B	T	U	Q	X	S	S	Q	M	P	K	C	H	I
6	Z	S	G	J	Ö	C	Z	I	E	L	S	E	T	Z	U	N	G	N	N	A	E
7	I	A	E	R	G	R	K	W	T	G	Ä	X	S	N	F	A	Q	A	V	B	L
8	E	T	I	I	B	H	D	D	M	F	I	N	T	E	N	T	I	O	N	E	B
9	L	Z	Z	T	X	T	I	D	H	Y	Q	M	G	Y	Ä	S	D	A	P	N	Q
10	R	H	M	D	V	G	U	D	Q	K	O	A	K	X	K	D	B	M	E	L	J

3 Lesen Sie drei Blog-Einträge zum Thema „Was sind eure Ziele im Leben?" und ergänzen Sie die fehlenden Wörter.

1. Ich bin jetzt 22 und will nächstes Jahr im Juni mein Stu_ _ _ _ beenden. Danach werde ich einen J_ _ suchen. Wo, das weiß ich noch nicht. Ich bin da eher fle_ _ _ _ _. Ich glaube, das muss man auch sein. Mit den Spr_ _ _ _ _, d_ _ ich gelernt habe (Englisch, Spanisch und ein wenig Portugiesisch), könnte ich auch im Aus_ _ _ _ arbeiten. Ich möchte gern Erf_ _ _ in meinem Be_ _ _ haben und mir ein wenig Luxus lei_ _ _ _.

2. Zu meinen Zi_ _ _ _ gehört definitiv, ein Haus zu ba_ _ _ und Kinder zu bek_ _ _ _ _. Das war es aber eigentlich auch schon an Le_ _ _ _- oder Fernzielen. Die kl_ _ _ _ _ _ _ Ziele, die ich habe und zuerst verwirk_ _-_ _ _ _ möchte, sind rein beru_ _ _ _ _ _ _ Natur: Ich möchte meine Arbeits_ _ _ _ von 40 auf 31 Stunden kürzen. In der verbleibenden Zeit will ich ein Fernstudium abs_ _ _ _ _ _ _ _. Ich würde mich danach gern wieder selbstständig m_ _ _ _ _.

3. Ziele im Le_ _ _ sollte jeder Mensch h_ _ _ _, denn nur so kann unser Leben erf_ _ _ _ _ _ _ _ werden. Ich zum Beispiel habe mir ho_ _ Ziele ges_ _ _ _ und sie in kleinere, mittlere und gr_ _ _ _ Ziele unterteilt. Ei_ _ _ meiner großen Ziele ist zum Beispiel, nächstes Jahr zu hei_ _ _ _ _. Mein Tipp ist, die Ziele schri_ _ _ _ _ _ festzuhalten und sie immer wieder zu lesen. Das gibt Kraft, Ehr_ _ _ _ und Durchhaltevermögen.

Ab morgen!

1 Lesen Sie die E-Mail und beantworten Sie sie. Verarbeiten Sie dabei die Informationen aus dem Text im Lehrbuch auf Seite 74/75 und beschreiben Sie eigene Erfahrungen.

Liebe/r ...

wie geht's Dir denn? Was gibt's Neues? Bei mir ist eigentlich alles soweit gut, die Arbeit läuft prima und mein Sprachkurs macht auch noch Spaß. Allerdings habe ich immer Probleme mit meinem Rücken, wie du ja weißt. Jetzt hat mir mein Arzt geraten, doch endlich mehr Sport zu treiben. Ja, ich weiß ja, dass das wichtig ist. Also habe ich mir nun vorgenommen, jeden Tag nach der Arbeit zum Laufen oder zum Schwimmen zu gehen und am Wochenende morgens ins Fitnessstudio. Na ja, das habe ich dann ein paar Tage und zwei Wochenenden durchgehalten und dann habe ich es nicht mehr geschafft, mich aufzuraffen. Irgendwie hat mein Sofa eine starke Anziehungskraft ;-). Aber ich muss das unbedingt ändern. Du bist doch so sportlich, hast Du nicht vielleicht ein paar Tipps für mich? Melde dich bald!
Viele Grüße
Benjamin

2 Ergänzen Sie die Konnektoren (*weil/da, obwohl, um ... zu / damit, sodass*) oder Präpositionen (*wegen, trotz, zu*).

(1) _____ meiner Gewichtsprobleme will ich mich schon seit Jahren gesünder ernähren.

(2) _____ aller guten Vorsätze habe ich es nie geschafft, besonders lange durchzuhalten. Als ich mal wieder total frustriert war, bin ich zu einer Ernährungsberaterin gegangen, (3) _____ mich mal beraten _____ lassen. Jetzt bin ich seit sechs Monaten Mitglied einer Diätgruppe, die sich zweimal wöchentlich trifft. Wir motivieren uns immer wieder gegenseitig, (4) _____ das Abnehmen nicht mehr ganz so schwerfällt. In der Gruppe ist es einfach viel leichter als allein.

(5) _____ ich mir immer vornehme, rechtzeitig mit dem Lernen anzufangen, wenn eine Prüfung ansteht, ist es am Ende immer das Gleiche. Kurz vor dem Termin sitze ich schwitzend am Schreibtisch und bin so gestresst, (6) _____ ich mal wieder alles auf den letzten Drücker mache. Die Stoffmenge ist teilweise riesig, (7) _____ ich manchmal auch die Nächte durcharbeite. (8) _____ das beim nächsten Mal nicht wieder passiert, sollte ich mich vielleicht einer Lerngruppe anschließen. (9) _____ besseren Zeiteinteilung hilft vielleicht auch ein straffer Terminplan.

Modul 1   **5**

3 Formen Sie die Sätze um. Bilden Sie die Verbalformen.

1. Infolge von zu viel Stress im Beruf wollen viele Leute nach Feierabend einfach ihre Ruhe.
2. Wegen zu wenig Bewegung leiden viele Menschen an Rückenproblemen.
3. Wegen ihrer Rückenprobleme nehmen sich viele Leute vor, mehr Sport zu treiben.
4. Trotz hoher Motivation halten viele Personen ihre guten Vorsätze nicht durch.
5. Infolge unrealistischer Vorsätze müssen viele Menschen ihre Pläne schnell wieder aufgeben.
6. Zum besseren Gelingen des Vorhabens sollte man sich zunächst kleinere Ziele stecken.
7. Zur leichteren Verwirklichung ihrer Pläne schließen sich einige Leute einer Gruppe an.
8. Zur Belohnung sollte man sich auch mal etwas Schönes gönnen.

1. Viele Leute haben zu viel Stress im Beruf, sodass ...

4 Ergänzen Sie die Tabelle.

	Nominalform	Verbalform
kausal		Weil das Wetter schlecht ist, hat Jana keine Lust zu joggen.
konzessiv		Obwohl Dirk verletzt ist, geht er ins Fitnessstudio.
final		Um ihre Kondition zu verbessern, fährt Gesa jetzt viel Fahrrad.
konsekutiv		Karl war lange krank, sodass er keinen Sport treiben konnte.

5 Verbinden Sie die Sätze mit den in Klammern angegebenen Wörtern.

1. Lena hat Gewichtsprobleme. Sie will eine Diät machen. (weil/wegen)
2. Martin hatte ziemlich schlechte Noten in seiner letzten Prüfung. Er beginnt nicht früher zu lernen. (obwohl/trotz)
3. Der Abteilungsleiter hatte einen leichten Herzinfarkt. Er hat sich vorgenommen, weniger zu arbeiten. (sodass/infolge)
4. Viele Leute verändern ihre Gewohnheiten. Sie wollen ihre Lebensqualität verbessern. (um ... zu / zu)
5. Die Motivation ist zu gering. Manche Leute geben schnell wieder auf. (weil/wegen)

1. Weil Lena Gewichtsprobleme hat, will sie eine Diät machen.
Wegen ihrer Gewichtsprobleme will Lena eine Diät machen.

Der Weg ist das Ziel

1 Welches Wort passt? Markieren Sie. Das Wörterbuch hilft.

1. sein Ziel   verirren – verfehlen – verrechnen – verlaufen
2. sich ein Ziel   sitzen – legen – stecken – stehen
3. ein Ziel ins Auge   nehmen – greifen – bekommen – fassen
4. ein Ziel vor Augen   überlegen – einplanen – vorhaben – haben
5. nicht von seinem Ziel   weggehen – ablassen – abhalten – fernbleiben
6. das gleiche Ziel   ergreifen – erhalten – veranlassen – verfolgen
7. über sein Ziel   hinausschießen – hinauslaufen – hinausrennen – hinausfahren
8. sich etwas zum Ziel   aufschreiben – notieren – merken – setzen

2 Bilden Sie zusammengesetzte Substantive mit *Ziel*. Schreiben Sie die Substantive mit Artikel.

Ziel-	-ziel
die Ziellinie, …	das Berufsziel, …

3 Hören Sie den ersten Teil der Radiosendung „Berufliche Ziele" noch einmal. Machen Sie zu den beiden Fragen Notizen.

LB 2.18

> **TIPP**   **Notizen beim Hören machen**
> Schreiben Sie möglichst wenig wörtlich auf. Dadurch verlieren Sie zu viel Zeit und Ihnen entgehen wichtige Informationen. Reduzieren Sie das Gehörte, indem Sie Stichworte notieren. Zu jedem Schlagwort können Sie Unterpunkte formulieren. Benutzen Sie dabei für sich selbst festgelegte Abkürzungen, z.B. „+" für „und", „–" für „nicht, kein", „→" für „folglich".

1. Was ist eine Marketing- und Kommunikationswirtin?

   _____
   _____
   _____

2. Welche Beweggründe hatte Frau Wendt, Marketing- und Kommunikationswirtin zu werden?

   _____
   _____
   _____

Modul 2

4 Hören Sie den zweiten Teil der Radiosendung noch einmal. Markieren Sie, ob die Aussagen richtig oder falsch sind.

	r	f
1. Herr Lehmann arbeitet als Berater für ein großes Unternehmen.	☐	☐
2. Viele Menschen zweifeln, ob es sich lohnt, sich beruflich zu verändern, und sehen auch keine Ansatzpunkte dazu.	☐	☐
3. Arbeit ist nicht Freizeit und kann nicht immer Spaß machen.	☐	☐
4. Mit einem Stärken- und Schwächenprofil kann man herausfinden, ob man sich beruflich verändern soll.	☐	☐
5. Man sollte sich klar werden, welche Dinge im Beruf schieflaufen, und nur diese auf ein Blatt Papier aufschreiben.	☐	☐
6. Man sollte realistische Wunschvorstellungen von seiner zukünftigen beruflichen Tätigkeit haben.	☐	☐
7. Ohne Planung lässt sich eine neue berufliche Orientierung nicht vollziehen.	☐	☐
8. Je besser wir unsere Ziele für die Zukunft durchdacht haben, desto besser lassen sie sich später umsetzen.	☐	☐

5 Bringen Sie den Text in die richtige Reihenfolge.

	a	Eine Möglichkeit ist, dass Sie sich beim Erstellen des Ziels nicht darüber klar waren, was Sie wirklich wollen – die eigene Motivation und Intentionen nicht hinterfragt haben. Sie haben erst auf dem Weg bemerkt, dass Ihnen an dem Ziel gar nicht so viel liegt, dass Sie nicht bereit sind, die dafür nötigen Konsequenzen in Kauf zu nehmen.
	b	Hinter einem Ziel kann man aber nur dann stehen, wenn einem der Nutzen oder Gewinn so einer Aktion klar vor Augen steht – denn irgendeine Durststrecke kommt bestimmt.
	c	Oftmals sucht man sich einige Zeit später das nächste Ziel und das Spiel beginnt von vorne. Das Problem dabei ist schlicht, dass man überhaupt kein Ziel erreichen kann, wenn man nicht voll und ganz dahintersteht.
1	d	Viele Menschen versuchen zielorientiert zu handeln – doch aus irgendwelchen Gründen brechen Sie mitten auf dem Weg ihre Anstrengungen ab. Was ist passiert?
	e	Deshalb mein Rat, wenn Sie ein Ziel nicht wirklich wollen und nicht bereit sind, alle Konsequenzen in Kauf zu nehmen, die zu dessen Realisierung gehören, lassen Sie es bleiben. Es wäre reine Zeitverschwendung!

Jeder kennt jeden

1 Lösen Sie das Krewzworträtsel. Der Text im Lehrbuch auf Seite 78 hilft.

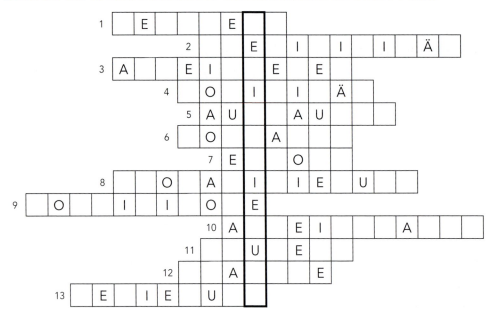

Waagerecht: 1. ermöglicht unterschiedlichen Menschen das Knüpfen von Kontakten 2. die Fähigkeit, sich veränderten Arbeitsbedingungen problemlos anzupassen 3. er bezahlt den Arbeitnehmer 4. die Fähigkeit, jederzeit wegen veränderter Arbeitsbedingungen den Wohnort zu verlassen 5. gegenseitiges Geben und Nehmen von Informationen 6. die Beziehungen, die man zu Freunden oder Geschäftspartnern hat 7. erreicht man, wenn man mit positivem Ergebnis arbeitet 8. die Ausdehnung der Märkte auf die ganze Welt 9. jemand, mit dem man zusammen an einer Hochschule studiert hat 10. der Bereich der Wirtschaft, in dem es um das Angebot und die Nachfrage von Arbeitsplätzen geht 11. jemand, der an einer Hochschule oder Universität eingeschrieben ist 12. alle Betriebe und Geschäfte, die mit der Herstellung und dem Vertrieb von gleichen Produkten beschäftigt sind 13. eine Verbindung beruflicher oder privater Natur zwischen zwei oder mehreren Personen

Senkrecht: das Einschreiben in ein Netzwerk

2a Fassen Sie die Informationen der Statistik zusammen.

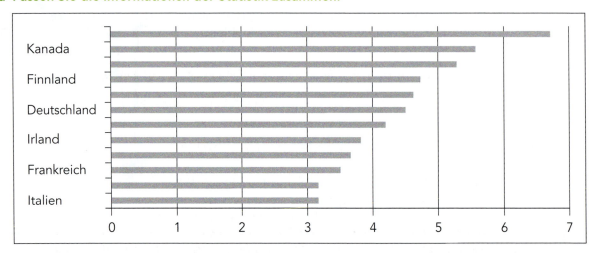

Durchschnittliche Besuchsdauer (in Stunden) sozialer Netzwerke je Internetnutzer in ausgewählten Ländern im Mai 2009

b Schreiben Sie eine Stellungnahme zu folgenden Punkten.

- Vor- und Nachteile von Netzwerken
- Ergebnisse aus der Statistik
- Ihre Meinung zu Netzwerken

3a Ergänzen Sie die Präpositionen. Beachten Sie: Manche Verben können zwei Präpositionen haben.

1. sich entscheiden _____
2. sich erkundigen _____
3. nachdenken _____
4. kämpfen _____
5. sich spezialisieren _____
6. sich unterhalten _____
7. verzichten _____
8. sich entschließen _____
9. sich bewerben _____
10. leiden _____
11. reden _____
12. sich unterscheiden _____

b Ergänzen Sie das Pronominaladverb mit da-.

1. Viele Zeitungsartikel berichten _darüber_, dass die Mitgliederzahl in Netzwerken ansteigt.
2. Datenschützer weisen Mitglieder in Netzwerken immer wieder _____ hin, beim Networking besonders vorsichtig zu sein.
3. Viele Mitglieder denken oft nicht _____ nach, ihre persönlichen Daten zu schützen.
4. Man sollte immer _____ denken, dass die eigenen Daten in Netzwerken missbraucht werden können.
5. Vor der Anmeldung in einem Online-Netzwerk sollte man sich _____ informieren, ob man einen einmaligen oder einen monatlichen Beitrag zahlt.
6. Ein großer Vorteil von Netzwerken liegt _____, kurze Nachrichten austauschen zu können.
7. Viele Mitglieder glauben _____, dass sie durch Kontakte im Netzwerk beruflich unterstützt werden.

c Formen Sie die Sätze aus Übung 3b in die Nominalform um.

1. *Viele Zeitungsartikel berichten über einen Anstieg der Mitglieder in Netzwerken.*

4 Bilden Sie Sätze wie im Beispiel.

Viele Studenten …

1. sich kümmern — für ein Studium / an einer guten Universität / einschreiben
2. hoffen — nach dem Studium / in einer guten Firma / arbeiten
3. sich entscheiden — sich in einem Netzwerk / anmelden
4. sich freuen — in einem Netzwerk / viele Kontakte / schließen
5. bitten — über den Ausfall der Vorlesung / informiert werden
6. denken — ihre Seminararbeit / rechtzeitig / abgeben

1. a) *Viele Studenten kümmern sich darum, sich für ein Studium an einer guten Universität einzuschreiben.*
   b) *Viele Studenten kümmern sich um eine Einschreibung für ein Studium an einer guten Universität.*

Freiwillig

1   Sehen Sie sich die Karikatur an und schreiben Sie einen kurzen Text dazu.

 2   Lesen Sie bitte die vier Texte. In welchen Texten (A–D) gibt es Aussagen zu den Themenschwerpunkten 1–5?

1. Grund für Engagement
2. Einstellung gegenüber Engagement vorher
3. übernommene Arbeiten/Aktionen
4. gemachte Erfahrungen
5. Reaktion des Umfelds

Bei jedem Themenschwerpunkt sind ein, zwei oder drei Stichpunkte möglich, insgesamt aber nicht mehr als zehn. Schreiben Sie die Antworten in die Übersicht auf Seite 64. Schreiben Sie nur Stichworte oder eine sinnvolle Verkürzung der Textpassage.

Bitte beachten Sie auch die Beispiele.

	0 Beispiel: Wie ist es zu dem Engagement gekommen
Text ☒	Anzeige des Vereins in Tageszeitung gelesen
Text B	
Text ☒	Cousine arbeitet dort / Gefallen für Cousine
Text D	

176

Text A **Helena** Ich wohne in einem Viertel, das die meisten wahrscheinlich als sozialen Brennpunkt bezeichnen würden. Die Mieten dort sind günstig, weshalb auch Studenten wie ich dort hinziehen. Irgendwann habe ich dann eine **Anzeige von dem Verein „Großer Bruder – große Schwester" in der Tagszeitung gelesen**, in der Freiwillige für ein Patenschaftsprojekt gesucht wurden. Ich habe mich gleich beworben und eine Patenschaft für einen zehnjährigen Jungen übernommen. Wir treffen uns meist einmal pro Woche. Dann machen wir eigentlich ganz normale Dinge. Wir gehen Eis essen, in den Zoo oder in die Bücherei. Wir verbringen viel Zeit zusammen, unternehmen Dinge, die seine Familie nicht mit ihm machen kann. Ich versuche auch, ihm bei seinen Schulproblemen zu helfen. Am Anfang waren die Treffen eher schwierig, weil Jonas sehr verschlossen war, aber mittlerweile hat sich zwischen uns ein Vertrauensverhältnis entwickelt. Ich möchte Jonas die nächsten Jahre begleiten, sodass ich ihn unterstützen kann, wenn er seinen Schulabschluss macht und eine Ausbildungsstelle suchen muss.

Beispiel

Text B **Lukas** Meine Tante arbeitet als Sozialarbeiterin in einem Bürgerzentrum bei mir in der Nachbarschaft. Ich fand das immer toll und wollte auch gerne irgendwo mithelfen. Regelmäßig kann ich mich nicht engagieren, dazu fehlt mir die Zeit, weil ich in meinem Studium sehr eingespannt bin und wenig Freizeit habe. Aber ich helfe jetzt ein paarmal im Jahr unentgeltlich in dem Bürgerzentrum aus. Von meinen Freunden bin ich der Einzige, der ehrenamtlich arbeitet. Sonst kenne ich niemanden, außer natürlich die anderen Helfer im Bürgerzentrum. Alle bei mir an der Uni und im Freundeskreis finden das ganz interessant, dass ich so etwas mache, und der eine oder andere plant auch immer wieder, sich irgendwo einzubringen, aber bei den guten Vorsätzen bleibt es dann auch. Nächstes Mal nehme ich einfach meine Freundin mit.

Text C **Mert** Ich arbeite ehrenamtlich für das Interkulturelle Begegnungszentrum in Braunschweig. Meine Aufgabe besteht darin, türkische Mitbürger, die nicht gut deutsch sprechen, in bestimmten Bereichen zu unterstützen. Das heißt, ich begleite sie bei Arztbesuchen oder Behördengängen und dolmetsche da für sie. Manchmal führe ich auch wichtige Telefongespräche in ihrem Auftrag. **Meine Cousine arbeitet in diesem Zentrum**, und als mal Not am Mann war, hat sie mich gefragt, ob ich einspringen könnte. Viel Lust hatte ich nicht und habe das zunächst nur gemacht, um **ihr einen Gefallen zu tun**. Ich wollte da so schnell wie möglich wieder aussteigen, weil ich der Meinung war, das kostet mich nur Zeit und bringt mir gar nichts. Jetzt bin ich bereits seit vier Jahren dabei und werde das auch weitermachen, solange mein Job das zulässt. Wenn meine Eltern damals, als sie nach Deutschland kamen, jemanden gehabt hätten, der ihnen ein bisschen zur Seite gestanden hätte, dann wäre für sie vielleicht auch alles ein bisschen einfacher gelaufen. Dieser Gedanke hilft mir, auch wenn die Termine mal nicht so gut passen.

Beispiel

Text D **Susi** Ich fühlte mich schon als Kind sehr mit der Natur verbunden, weil mein Opa, der Jäger war, mich auf seine Streifzüge durch die Wälder mitnahm. Diese Leidenschaft habe ich zu meinem Beruf gemacht und internationale Forstwirtschaft studiert, wo ich mich auch mit den schädlichen Auswirkungen des Klimawandels beschäftigt habe. Als bei mir in der Nähe die alten Bäume einer Ahornallee gefällt werden sollten, um eine Straße zu verbreitern, habe ich mich angeboten, einen Baum zu besetzen. Die Umweltinitiative „Grüne Stadt" war begeistert. Also informierte ich die Presse, spannte eine Hängematte zwischen die Äste eines Baumes und blieb dort hocken. Erst nach Androhung einer hohen Geldstrafe verließ ich mein Lager. Diese Aktion wiederholte ich zwei Wochen später mit zwei anderen Frauen. Diesmal hängten wir uns mit Kletterseilen in drei Bäume. Unsere Aktion war ein Erfolg, die geplante Abholzung rückte ins öffentliche Bewusstsein und letztendlich wurde die neue Straße nicht gebaut und die Bäume stehen noch. Mir hat es gezeigt, dass man etwas erreichen kann, wenn man sich wirklich dafür einsetzt. Und ich habe gelernt, dass man auch andere Menschen für eine Sache motivieren kann.

Freiwillig

Modul 4

1. Grund für Engagement

Text A
Text B
Text C
Text D

2. Einstellung gegenüber Engagement vorher

Text A
Text B
Text C
Text D

3. übernommene Arbeiten/Aktionen

Text A
Text B
Text C
Text D

4. gemachte Erfahrungen

Text A
Text B
Text C
Text D

5. Reaktion des persönlichen Umfelds

Text A
Text B
Text C
Text D

TIPP In der Püfung

Legen Sie sich die Inhaltspunkte, nach denen Sie suchen müssen, neben den Text und unterstreichen Sie in den Texten die Stichworte, die Sie zu dem jeweiligen Inhaltspunkt finden. Übertragen Sie dann die Stichworte in die Tabelle.
Am Ende dürfen nur zehn Zeilen ausgefüllt sein. Kontrollieren Sie noch einmal, ob alle Stichworte auch wirklich in der richtigen Zeile stehen.

Selbsteinschätzung

So schätze ich mich nach Kapitel 5 ein: Ich kann …	+	0	–	Modul/ Aufgabe
… ein Gespräch über berufliche Ziele verstehen und Notizen dazu machen.				M2, A2–3
… Radiofeatures über engagierte Menschen verstehen und die wichtigsten Informationen notieren.				M4, A4a
… einen Text über gute Vorsätze verstehen und Fragen dazu beantworten.				M1, A2
… ein Interview über Netzwerke verstehen und die Fragen zu den Antworten rekonstruieren.				M3, A2a–b
… einen Text über freiwilliges Engagement verstehen und Textteile richtig in den Text einordnen.				M4, A2
… mit einem Partner / einer Partnerin über die Planung und Realisierung eines Ziels sprechen.				M2, A4
… ein Netzwerk aus meinem Heimatland vorstellen.				M3, A4
… eine Karikatur beschreiben und über sie sprechen.				M4, A1b
… einen Radiobeitrag zusammenfassen und präsentieren.				M4, A4b
… einen Text über die eigenen guten Vorsätze schreiben.				M1, A4
… einen Beitrag zum Thema „Freiwilliges Engagement heute" schreiben.				M4, A5

Das habe ich zusätzlich zum Buch auf Deutsch gemacht: (Projekte, Internet, Filme, Texte, …)	
Datum:	Aktivität:

Lösungen

Kapitel 1: Alltägliches

Wortschatz

Ü1: Haushalt/Familie: einen Ausflug organisieren, eine Mitgliedschaft im Fitnessstudio kündigen, den Wocheneinkauf erledigen, die Freizeitgestaltung diskutieren, einen Arzttermin vereinbaren, Behördengänge erledigen, sich die Hausarbeit teilen, die Kinder versorgen, den Kundendienst anrufen, ein Abo (ab)bestellen

Schule/Studium: unter Zeitdruck geraten, sich auf eine Prüfung vorbereiten, einen Aufsatz verfassen, ein Referat halten, durch eine Prüfung fallen, eine Lerngruppe bilden, ein Protokoll schreiben

Beruf: unter Zeitdruck geraten, ein Vorstellungsgespräch absolvieren, beruflichen Verpflichtungen nachkommen, im Stau stehen, an einer Besprechung teilnehmen, eine Konferenz leiten, eine Bewerbung verschicken, sich an den Betriebsrat wenden, an einer Fortbildung teilnehmen, ein Protokoll schreiben

Freizeit: einen Ausflug organisieren, eine Mitgliedschaft im Fitnessstudio kündigen, die Freizeitgestaltung diskutieren, Freundschaften pflegen, zur Ruhe kommen, Konzertkarten besorgen, eine Verabredung absagen, sich eine Sportverletzung zuziehen, einem Verein beitreten

Ü2a: 1. die, 2. die, verantwortlich, 3. der, rhythmisch, 4. die, monoton, 5. der, stressig, 6. die, eintönig, 7. die, zerstreut, 8. die, langweilig, 9. die, sicher, 10. die, sorglos, 11. der, spaßig, 12. die, gewöhnlich, 13. die, abwechselnd

Ü3: 1. meistern, 2. entfliehen, abschalten, 3. abgewinnen

Modul 1 Die Zeit läuft …

Ü1: 1. Mir läuft die Zeit davon. 2. … sich Zeit lässt. 3. Kommt Zeit, kommt Rat. 4. … mit der Zeit gehen. 5. … eine Frage der Zeit. 6. Zeit ist Geld.

Ü3a: 1. etliche/wenige/viele, 2. manche/einige/sonstige, 3. etwas/genug/wenig, 4. allen/solchen/sämtlichen, 5. weiteren/sonstigen/solchen, 6. ein paar/einige/viele

Ü3b: 1. keine, 2. manch ein, 3. Welche, 4. Irgendeiner, 5. Jener, 6. Welchen, diese, 7. Manch einem, 8. keinem

Ü3c: jede arbeitende, folgende alltägliche, vielen unerledigten, geliebten, ungeliebten, etlichen gestressten, manche wichtige, Irgendeine allgemeine, diese bekannte, verfügbare

Modul 2 Vereine heute

Ü1: 1. g, 2. h, 3. e, 4. a, 5. c, 6. b, 7. d, 8. f

Ü3: 1. d, 2. d, 3. c, 4. b, 5. b, 6. c, 7. a, 8. d, 9. a, 10. b

Modul 3 Chaos im Wohnzimmer

Ü1a: Text B ist besser, Text A: Überschrift von Text wird nicht genannt, kein richtiger Einleitungssatz, Text wird gewertet (interessantes Interview), direkte Rede wird verwendet

Ü2: 1. Bereitschaft, 2. Unabhängigkeit, 3. Neuheit, Neuigkeit, 4. Gründlichkeit, 5. Verbraucherfreundlichkeit, 6. Empfindlichkeit, 7. Bekanntheit, Bekanntschaft, 8. Seltenheit

Ü3: herstellen: das Herstellen, der Hersteller, die Herstellung, der Herstellende

verstehen: das Verstehen, das Verständnis, der Verstand, der Verstehende, der Verstandene

bilden: das Bild, das Bildnis, das Bilden, die Bildung

verkaufen: das Verkaufen, der Verkauf, der Verkäufer, der Verkaufende, das Verkaufte

suchen: das Suchen, die Suche, der Sucher, der Suchende, das Gesuchte

besuchen: das Besuchen, der Besuch, der Besucher, der Besuchende

kritisieren: das Kritisieren, die Kritik, der Kritiker, der Kritisierende

Ü4: 1. Forscher, 2. Analyse, 3. Verbindung, 4. Meinung, Wünsche, 5. Streit, 6. Erfahrung, 7. Interesse, 8. Besuch, Kauf

Modul 4 Alle zusammen

Ü1: Jugend: Grünschnabel, halbstark, Stimmbruch, Dreikäsehoch, Göre, Dummer-Jungen-Streich, Leichtsinn, Pubertät, Pickel, altklug, nicht trocken hinter den Ohren;

Alter: Wechseljahre, Weisheit, ergraut, senil, Tanztee, Tattergreis, im besten Alter, betagt, Kaffeefahrt, erfahren

Ü2: Gespräch 1: 3, 5, 8, 9, 12; Gespräch 2: 7, 14; Gespräch 3: 1, 2, 4, 6, 10, 11, 13

Ü3: 1. dass, 2. brisantes, 3. war, 4. die, 5. Gesundheitswesen (ohne Komma), 6. zum, 7. ✔, 8. abspalten, 9. Sicht, 10. Bevölkerung, 11. Vortrag, 12. die, 13. ✔, 14. können, 15. Konzepte, 16. sind, 17. reicht, 18. sich, 19. ihre, 20. auszuüben, 21. soll, 22. verbringen

Kapitel 2: An die Arbeit!

Wortschatz

Ü1: 1. Doktor, 2. gründen, 3. Zentrale, 4. Kollege, 5. Patent, 6. ansteigend, 7. Katalog, 8. Leasing, 9. laienhaft

Ü2: 8A, 2B: Arbeitsverhältnis, 1C: Angebot, 4D: Betriebsrates, Führungsposition, 3E: Karriereberater, 7F: Vertrag, 6G: Gehaltsvorstellungen, 5H: Bescheid

Ü3: Controlling: Geschäftsziele überwachen, Unternehmenszahlen zusammenstellen, Effizienz optimieren, Vorschläge für das Management erarbeiten;

Marketing: Kundenumfragen erheben, Marktanalysen auswerten, Produkte bewerben, Broschüren erstellen, Werbestrategien entwickeln;

Personalabteilung: Arbeitsverträge aufsetzen, Stellenanzeigen formulieren, Weiterbildungen organisieren, Mitarbeiter abmahnen, Bewerbungsgespräche führen;

Einkauf: Dienstleister vergleichen, Rabatte verhandeln, Preise und Konditionen verhandeln;

Verkauf: Kaufverträge aufsetzen, Preise und Konditionen aushandeln, Kundengespräche führen, Rechnungen schreiben, Reklamationen bearbeiten, Verkaufszahlen zusammenstellen;

Logistik: Bestellungen versenden, Aufträge an Firmen erteilen, Verpackung von Waren, Güterströme organisieren, Lager verwalten, Waren für einen Kunden zusammenstellen, Warenbestand prüfen, Waren zum Kunden transportieren

Modul 1 Ein bunter Lebenslauf

Ü1: 1. sie ihren bunten Lebenslauf erklären sollen. 2. dass sie sich neu- oder umorientieren. 3. ihre Gründe ehrlich angeben. 4. warum jemand gewechselt hat und was er gelernt hat. 5. ein Nachteil sein. 6. nur vorsichtig in das Gespräch eingebaut werden.

Ü2a: lang ersehntes Bewerbungsgespräch, international bekannten Softwarefirma, ein einzigartiger Job, einem riesigen Sitzungssaal, der sympathischen Stimme, die konkreten Fragen, meine vorbereiteten Antworten, meinem halbjährigen Aufenthalt, interkulturelle Erfahrungen, irgendeine konkrete Tätigkeit, ein blödes Gesicht, nebensächliche Themen, puren Unsinn

Ü3a: 1. der Darstellung/Erklärung/Nachvollziehbarkeit. 2. Gründen/Argumenten, 3. revidiert/korrigiert werden kann, 4. schnell erkannt werden. / dem Bewerber schaden. 5. Bewerbers/Bewerberin/Interessenten/Interessentin, 6. schon/bereits/sehr, 7. konkreten/jeweiligen – Bewerber/Interessenten, 8. eine Stelle/Tätigkeit / die Flexibilität

Modul 2 Probieren geht über Studieren?

Ü2a: 2. §4, 3. §6, 4. §3, 5. §5, 6. §1, 7. §2, 8. §7, 9. §1

Ü2b: 1. a, 2. a, 3. b, 4. a

Modul 3 Multitasking

Ü1a: 2. d, 3. f, 4. e, 5. a, 6. b

Ü1b: 1. leisten, 2. durchführen, 3. ausüben, 4. leiten, 5. funktionieren

Ü2: 1. Gehirn, 2. Erledigung/Bewältigung, 3. Stress/Dauerstress, 4. Doppelbelastung, 5. Reaktion, 6. Zeit, 7. Entscheidungsstau, 8. Verschwendung

Ü3: 1. d, 2. f, 3. a, 4. b, 5. c, 6. e

Ü4: 1. worüber, 2. weshalb/weswegen, 3. wodurch, 4. was, 5. was, 6. woran, 7. womit, 8. was, 9. weshalb/weswegen

Ü5: 2. was ein Trugschluss ist. 3. wodurch viele Fehler verursacht werden. 4. worüber viele Studien informieren. 5. was den meisten nicht bewusst ist. 6. worauf ich sehr gespannt bin.

Modul 4 Soft Skills

Ü1: 2. Führungskompetenz, 3. Teamfähigkeit/Teamorientierung, 4. Belastbarkeit, 5. Durchsetzungsvermögen, 6. Flexibilität, 7. Eigeninitiative, 8. Kundenorientierung

Ü2: 1. Berufsstart/Berufseinstieg, 2. Lösung, 3. verhält/präsentiert, 4. Stelle, 5. Vorbereitung, 6. wechselt/ändert, 7. Soft Skills/Qualitäten/Fähigkeiten, 8. Interesse, 9. Job-Einsteiger/Berufseinsteiger, 10. Möglichkeit

Lösungen

Kapitel 3: Hast du Worte?

Wortschatz

Ü1: 1. Wörter, 2. Worte, 3. komme … zu Wort, 4. zu Wort gemeldet, 5. dich beim Wort nehmen, 6. kein Wort verloren, 7. wortgewandt, 8. wortkarg, 9. wortlos, 10. wortwörtlich

Ü2: 1. schluchzen, 2. sich vertragen, 3. kooperieren, 4. beweisen, 5. nörgeln, 6. jammern

Ü4a: Na ja, so lala, hab, gequatscht, total krass, voll gekracht, brühwarm, Nix, nervig, fix und fertig, Weiß nicht, Das kannst du wohl laut sagen., Total ätzend, voll Hunger, Hey, mach keinen Stress, Na toll, ich schiebe Kohldampf

Ü5a: 1. +, 2. +, 3. –, 4. +, 5. +, 6. –, 7. +/–, 8. –

Modul 1 Immer erreichbar

Ü1: 2. Nach Kerstin Cuhl ist es ein Vorteil, jederzeit auf alle Daten Zugriff zu haben. 3. Laut der Tageszeitung besitzt in Deutschland fast jeder ein Handy. 4. Einer Umfrage zufolge verzichten immer mehr Menschen auf ihren Festnetzanschluss. 5. Gemäß unserem Beschluss werden Handys während der Besprechungen ausgeschaltet. 6. Laut einer Studie wird aufgrund von Handy und Internet immer öfter auf feste Arbeitszeiten verzichtet.

Ü2: 1. behauptete, 2. beschrieb, 3. betonte, 4. erläuterte, 5. erzählte, 6. meldete, 7. hervorheben, 8. versicherte, 9. entgegnete, 10. teilte mit

Ü3: 2. Wie die Nachrichtenagentur meldete, hat die Bundesregierung eine erneute Steuererhöhung beschlossen. 3. Wie die Zeitschrift berichtete, entlässt das Unternehmen die Hälfte der Belegschaft. 4. Wie vereinbart wurde, wird im nächsten Quartal ein neuer Betriebsrat gewählt. 5. Wie eine Umfrage gezeigt hat, haben die meisten Deutschen Angst vor einer Wirtschaftskrise. 6. Wie viele Experten vermuten, wird die momentane Krise noch länger andauern.

Ü4: 2. Sie sagt, sie finde es manchmal stressig, dass man sie immer anrufen könne. 3. Sie erzählt, dass ihr Mann im Urlaub sein Handy auch mal abschalte. 4. Er berichtet, seine Tochter habe ihr Handy für Notfälle immer dabei. 5. Sie behauptet, manche Leute würden in Panik geraten, wenn sie mal ihre E-Mails nicht kontrollieren könnten. 6. Er sagt, früher sei es auch ohne Handy gegangen. 7. Er erklärt, er sei gestern nicht ins Netz gekommen und habe deshalb die Nachricht nicht beantworten können. 8. Sie sagt, sie wolle sich auch mal in Ruhe unterhalten, ohne dass das Handy ständig klingele. 9. Er ist der Meinung, wer heutzutage Karriere machen wolle, müsse immer erreichbar sein.

Modul 2 Gib Contra!

Ü1a: 1. in die Offensive gehen, alleine vor dem Spiegel, mit Freunden/Familie, 2. die besten Sätze/Strategien für sich finden, gute Ideen ins Trainingsbuch, 3. Situationen ansehen und bewerten, Beschäftigung mit Äußerungen/Strategien, Training in Kleingruppen, 4. Körperhaltung signalisiert, wer Opfer ist, nicht mehr klein fühlen

Ü2a: 1. die Regeln bewusst zu kennen. 2. man kann sie lernen. 3. hätten sie keine systematische/konkrete/allgemeine Erklärung. 4. mit den Regeln schneller werden.

Modul 3 Sprachen lernen

Ü1: 1. der Erwerb, 2. die Kenntnis, 3. die Vermittlung, 4. die Erinnerung, 5. die Teilnahme, 6. die Verbesserung, 7. die Aneignung, 8. kommunizieren, 9. auseinandersetzen, 10. plaudern, 11. darstellen, 12. sprechen, 13. vortragen, 14. korrigieren

Ü2a: 2. die Grammatik gut kennen, 3. die sozialen Kontakte aufrechterhalten, 4. die ersten Fehler korrigieren, 5. die Schüler kommunizieren erfolgreich, 6. die Sätze sind klar aufgebaut

Ü2b: 2. die Vermittlung der Fremdsprachen, 3. die mühevolle Aneignung einer anderen Sprache, 4. das leichte (Er-)Lernen der Sprachen, 5. die mühevolle Erinnerung an die Regeln, 6. die Optimierung der Sprachkompetenz, 7. die Verbesserung der Sprachkenntnisse

Ü3a: antworten: auf, mit; die Beschwerde: über, von, bei; die Unterhaltung: über, mit; sich aufregen: über, wegen; reagieren: auf, mit; diskutieren: über, mit; der Bericht: über, von; hinweisen: auf; die Rede: über, von; sich beschäftigen: mit; der Streit: über, mit, um

Ü4: 1. unterscheidet zwischen, 2. nach, kann … beantwortet werden. 3. über, diskutiert werden. 4. forschen zu, 5. wissen, über

Ü5: 2. Seine (vielen) Telefonate / Sein (vieles) Telefonieren, 3. Eure (interessante) Präsentation / Euer (interessantes) Präsentieren, 4. Unser Gespräch, 5. Ihre Beherrschung, 6. Ihre Empfehlung

Modul 4 Sag mal was!

Ü1: 1. fürchten, 2. etwas auf sich halten, 3. vermeiden, 4. beibringen, 5. mittlerweile, 6. ausschließlich, 7. imponieren, 8. Gelegenheit, 9. scheinen, 10. auffallen, 11. im Grunde genommen, 12. verblüffen, 13. offenbar, 14. vermuten, 15. betonen, 16. sich sehnen

Ü2a: 1. verbunden, 2. Ursprungs, 3. Identität, 4. rückständig, 5. Ausnahme, 6. verpönt, 7. auswärts, 8. Private, 9. Erinnerung, 10. unterdrücken

Kapitel 4: Wirtschaftsgipfel

Wortschatz

Ü2: 1. Kapital, 2. spekuliert, 3. Börse, 4. Aktionär, 5. Aktienkurs, 6. Finanzen

Ü3a: 1. Währung, 2. Wechselkurs, 3. Umsatz, 4. Geschäftsmodell, 5. Kredit, 6. Geldanlage

Modul 1 Vom Kohlenpott ...

Ü1: die Autoindustrie, die Unternehmensführung, die Industrieanlage, die Konsumgüterindustrie, die Unternehmensberatung, die Industrieabgase, der Industriezweig, die Stahlindustrie, die Industriestadt, das Industriegebiet, der Unternehmensberater, die Unternehmensleitung, die Spielwarenindustrie, die Unternehmensgründung, die Papierindustrie, das Wirtschaftsunternehmen, der Industriearbeiter, das Handelsunternehmen, die Industriekauffrau, das Gasunternehmen, die Metallindustrie, die Unternehmensziele

Ü2: 1. wussten, 2. wurde, 3. fing, 4. schien, 5. sah, 6. rannte, 7. erzählte, 8. glaubten, 9. verboten, 10. fand, 11. gefiel, 12. gab

Ü3a: 2. Arbeitsplätze im Bergbau, 3. Wiederaufbau der Bundesrepublik, 4. Kohle und Stahl, 5. die größte Einkaufsstadt, 6. stark zurückgegangen, 7. Öl und Erdgas verdrängten, 8. zu viel Steinkohle

Ü3b: 1. f, 3. f, 6. f

Ü4a: 1. bevor, 2. nachdem, 3. während, 4. als, 5. bis, 6. nachdem, 7. bevor, 8. seitdem, 9. nachdem

Ü4b: 2. nach der Fahrt im gläsernen Rüssel nach oben, 3. während der Wanderung durch die verschiedenen Themengärten, 4. beim Bau zweier Schächte im Januar 1902, 5. bis zum ersten erfolgreichen Kohleabbau, 6. nach zweijähriger erfolgreicher Arbeit, 7. vor der endgültigen Schließung der Grube, 8. seit der Einstellung der Kohleförderung 1943, 9. nach dem Beschluss der Stadt Hamm

Ü5: Nach Sonnenuntergang, Bevor die Familie isst, Beim Versuch, Bis der Junge zurückkehrte, Vor dem Regen, Während sie arbeitete, Bei Sonnenschein, Wenn es dunkel wird

Ü6: 2. Seitdem die Bundesrepublik Deutschland 1949 aus den Besatzungszonen der drei Westmächte gebildet wurde, war die Hauptstadt Bonn am Rhein. Seit der Bildung der Bundesrepublik Deutschland aus den Besatzungszonen der drei Westmächte war Bonn am Rhein die Hauptstadt. 3. Während sich in den fünfziger Jahren das sogenannte deutsche „Wirtschaftswunder" entwickelte, wurden Millionen Wohnungen gebaut. Während der Entwicklung des sogenannten deutschen „Wirtschaftswunders" in den fünfziger Jahren wurden Millionen Wohnungen gebaut. 4. Nachdem der Wohlstand eingesetzt hatte, konnten sich immer mehr Menschen ein Auto oder eine Urlaubsreise ins Ausland leisten. Nach dem Einsetzen des Wohlstands konnten sich immer mehr Menschen ein Auto oder eine Urlaubsreise ins Ausland leisten. 5. Bevor sich das Wirtschaftswunder rasch entwickelte, wurden große Firmen aufgebaut. Vor der raschen Entwicklung des Wirtschaftswunders wurden große Firmen aufgebaut.

Modul 2 Mit gutem Gewissen?

Ü1a: spezielle Instanz im Bewusstsein; sagt dem Menschen, wie er sein Handeln beurteilen soll, ethische bzw. moralische Gründe; Handlungen ausführen oder unterlassen; Entscheidungen unausweichlich, mehr oder weniger bewusst, Wissen um Voraussetzungen und Folgen; von Normen der Gesellschaft, von individuellen moralischen Einstellungen abhängig; gutes oder schlechtes Gefühl, durch Einschätzung, Beurteilung oder Bewertung eigenen Tuns, Maßstab einer Moral hervorgerufen; fühlt sich gut, wenn er nach seinem Gewissen handelt, schlecht, wenn dagegen

Ü1b: 1. im Allgemeinen, 2. beurteilen, 3. Grund, 4. unterlassen, 5. unausweichlich, 6. denkbar, 7. Einstellung, 8. sich äußern, 9. hervorgerufen werden

Modul 3 Die Welt ist ein Dorf

Ü2: <u>pro</u>: 1., 4., 6., 7.; <u>contra</u>: 2., 3., 5.

Lösungen

Ü3: 2. dass Informations- und Kommunikationstechnologien ständig weiterentwickelt werden. 3. dass sich die internationale Arbeitsteilung ausweitet. 4. dass der internationale Handel weltweit zunimmt. 5. dass die Kosten für den Transport rapide gesunken sind. 6. dass die internationalen Finanzströme eine hohe Flexibilität haben.

Ü4: 1. Durch die Abwanderung von Firmen in andere Länder fallen Arbeitsplätze weg. 2. Durch die Verlängerung von Transportwegen steigt die Umweltbelastung. 3. Durch die Schließung von Firmen im Inland steigt die Arbeitslosigkeit in den nächsten Jahren weiter. 4. Durch die Zunahme der Arbeitslosigkeit in den nächsten Jahren erhöhen sich die Sozialausgaben des Staates enorm. 5. Durch die enorme Erhöhung der Sozialausgaben des Staates steigen die Steuern. 6. Durch den Anstieg der Steuern werden die Leute unzufriedener.

Ü5: 1. Bei guter Bezahlung arbeiten Arbeitnehmer gern. 2. Wenn die Gewerkschaften nicht geholfen hätten, hätten die Arbeitnehmer in Europa ähnliche Bedingungen wie in sogenannten Billiglohnländern. 3. Bei Kürzung der Löhne demonstrieren die Arbeitnehmer. 4. Wenn große europäische Firmen in sogenannte Billiglohnländer abwandern, gehen in Europa Arbeitsplätze verloren. 5. Bei rapider Senkung der Transportkosten und schnellerem Warentransport kann der Welthandel enorm zunehmen.

Modul 4 Gründerfieber

Ü1: 1. b (g), 2. e, 3. f (g), 4. g, 5. c (a/g), 6. a (b), 7. d

Ü3: 1. Begeisterung, 2. Not, 3. harte, 4. aktiv, 5. aufmerksam, 6. beschäftigen, 7. anschaulich, 8. Geschäftsidee, 9. präziser, 10. Bedenken, 11. Sprüche, 12. Risiko, 13. gelassen, 14. unangenehme, 15. Informationen

Ü4: passende Wörter: 1. Unternehmen, 2. Kapitalberater, 3. Geschäftsidee, 4. Alleinstellungsmerkmale, 5. Konkurrenz, 6. Marktsituation, 7. Angebotspalette, 8. Vermarktung, 9. Kreditbedingungen, 10. Laufzeit

Kapitel 5: Ziele

Wortschatz

Ü1a: <u>Wissen erweitern</u>: büffeln, etwas aufnehmen, sich etwas einprägen, pauken, etwas trainieren, Kenntnisse erwerben in, sich etwas aneignen

<u>Zukunft planen</u>: sich etwas vornehmen, sich entscheiden für, die Weichen stellen für, einen Vorsatz fassen, sich entschließen zu, etwas im Voraus festlegen, eine Entscheidung treffen, einen Entschluss fassen

<u>einen Traum verwirklichen</u>: etwas realisieren, sich einen Wunsch erfüllen, etwas in die Tat umsetzen, etwas wahr machen, etwas zustande bringen, Ernst machen mit, etwas Wirklichkeit werden lassen, etwas durchziehen, etwas betreiben

Ü2: das Fernziel, der Vorsatz, der Ehrgeiz, der Plan, der Entschluss, die Bestrebung, die Zielsetzung, die Intention, das Vorhaben, das Nahziel

Ü3: 1. Studium, Job, flexibel, Sprachen, die, Ausland, Erfolg, Beruf, leisten;

2. Zielen, bauen, bekommen, Lebens-, kleineren, verwirklichen, beruflicher, Arbeitszeit, absolvieren, machen;

3. Leben, haben, erfolgreich, hohe, gesetzt, größere, Eines, heiraten, schriftlich, Ehrgeiz

Modul 1 Ab morgen!

Ü2: 1. Wegen, 2. Trotz, 3. um … zu, 4. sodass/damit, 5. Obwohl, 6. weil/da, 7. sodass, 8. Damit, 9. Zur

Ü3: 1. Viele Leute haben zu viel Stress im Beruf, sodass sie nach Feierabend einfach ihre Ruhe wollen. 2. Weil sie sich zu wenig bewegen, leiden viele Menschen an Rückenproblemen. 3. Weil sie Rückenprobleme haben, nehmen sich viele Leute vor, mehr Sport zu treiben. 4. Obwohl viele Personen hoch motiviert sind, halten sie ihre guten Vorsätze nicht durch. 5. Viele Menschen haben so unrealistische Vorsätze, dass sie ihre Pläne schnell wieder aufgeben müssen. 6. Damit das Vorhaben besser gelingt, sollte man sich zunächst kleinere Ziele stecken. 7. Um ihre Pläne leichter zu verwirklichen, schließen sich einige Leute einer Gruppe an. 8. Um sich zu belohnen, sollte man sich auch mal etwas Schönes gönnen.

Ü4: <u>kausal</u>: Wegen des schlechten Wetters hat Jana keine Lust zu joggen.

<u>konzessiv</u>: Trotz einer Verletzung geht Dirk ins Fitnessstudio.

<u>final</u>: Zur Verbesserung ihrer Kondition fährt Gesa jetzt viel Fahrrad.

<u>konsekutiv</u>: Infolge seiner langen Krankheit konnte Karl keinen Sport treiben.

Ü5: 2. Obwohl Martin ziemlich schlechte Noten in seiner letzten Prüfung hatte, beginnt er nicht früher zu lernen. Trotz der ziemlich schlechten Noten in seiner letzten Prüfung, beginnt Martin nicht früher zu lernen. 3. Der Abteilungsleiter hatte einen leichten Herzinfarkt, sodass er sich vorgenommen hat, weniger zu arbeiten. Infolge eines leichten Herzinfarktes hat sich der Abteilungsleiter vorgenommen, weniger zu arbeiten. 4. Viele Leute verändern ihre Gewohnheiten, um ihre Lebensqualität zu verbessern. Zur Verbesserung ihrer Lebensqualität verändern viele Leute ihre Gewohnheiten. 5. Weil sie zu gering motiviert sind, geben manche Leute schnell wieder auf. Wegen zu geringer Motivation geben manche Leute schnell wieder auf.

Modul 2 Der Weg ist das Ziel

Ü1: 1. verfehlen, 2. stecken, 3. fassen, 4. haben, 5. ablassen, 6. verfolgen, 7. hinausschießen, 8. setzen

Ü2: <u>Ziel-:</u> Zielvorstellung, Zielvorgabe, Zielvereinbarung, Zieleinhaltung, …;
<u>-ziel:</u> Fernziel, Nahziel, Wunschziel, Lebensziel, …

Ü3: 1. Sie arbeitet in Werbe- und Marketingabteilungen in fast allen Wirtschaftszweigen und ist in Werbeagenturen, in der Medienbranche sowie im Messe- und Ausstellungswesen tätig. Sie ist in der Regel auf bestimmte Teilgebiete, z.B. Marketing, Werbung, Öffentlichkeitsarbeit, Produktmanagement oder Kundenberatung, spezialisiert. Die meiste Arbeitszeit verbringt sie mit Planen und Organisieren.

2. Sie hat begonnen, Wirtschaftswissenschaften zu studieren und hat nebenbei als Aushilfskraft bei einer Eventagentur gearbeitet. Weil der Job süchtig macht, hat sie das Studium abgebrochen und ist an die Westdeutsche Akademie für Kommunikation gegangen. Nach dem Abschluss hat ihr die Eventagentur eine feste Stelle angeboten.

Ü4: 1. f, 2. r, 3. f, 4. r, 5. f, 6. r, 7. r, 8. r

Ü5: 2. a, 3. c, 4. b, 5. e

Modul 3 Jeder kennt jeden

Ü1: <u>waagerecht:</u> 1. Netzwerk, 2. Flexibilität, 3. Arbeitgeber, 4. Mobilität, 5. Austausch, 6. Kontakte, 7. Erfolg, 8. Globalisierung, 9. Kommilitone, 10. Arbeitsmarkt, 11. Student, 12. Branche, 13. Beziehung
<u>senkrecht:</u> Registrierung

Ü3a: 1. für, 2. bei, nach, 3. über, 4. für, 5. gegen, 6. mit, über, 7. auf, 8. zu, 9. um, 10. an, unter, 11. über, mit, 12. in

Ü3b: 2. darauf, 3. darüber, 4. daran, 5. darüber, 6. darin, 7. daran

Ü3c: 2. Datenschützer weisen Mitglieder in Netzwerken immer wieder auf besondere Vorsichtsmaßnahmen beim Networking hin. 3. Viele Mitglieder denken oft nicht über den Schutz ihrer persönlichen Daten nach. 4. Man sollte immer an einen möglichen Missbrauch seiner eigenen Daten in Netzwerken denken. 5. Vor der Anmeldung in einem Online-Netzwerk sollte man sich über die Zahlung eines einmaligen oder eines monatlichen Beitrags informieren. 6. Ein großer Vorteil von Netzwerken liegt im möglichen Austausch kurzer Nachrichten. 7. Viele Nutzer glauben durch Kontakte im Netzwerk an berufliche Unterstützung.

Ü4: 2. Viele Studenten hoffen darauf, nach dem Studium in einer guten Firma zu arbeiten. Viele Studenten hoffen nach dem Studium auf eine Arbeit in einer guten Firma. 3. Viele Studenten entscheiden sich dafür, sich in einem Netzwerk anzumelden. Viele Studenten entscheiden sich für eine Anmeldung in einem Netzwerk. 4. Viele Studenten freuen sich darüber, in einem Netzwerk viele Kontakte zu schließen. Viele Studenten freuen sich auf das Schließen vieler Kontakte in einem Netzwerk. 5. Viele Studenten bitten darum, über den Ausfall der Vorlesung informiert zu werden. Viele Studenten bitten um Information über den Ausfall der Vorlesung. 6. Viele Studenten denken daran, ihre Seminararbeit rechtzeitig abzugeben. Viele Studenten denken an die rechtzeitige Abgabe ihrer Semesterarbeit.

Modul 4 Freiwillig

Ü2: 1. <u>Grund für Engagement:</u> *Text A:* Viertel, in dem sie wohnt, ist sozialer Brennpunkt, *Text B:* Tante arbeitet als Sozialarbeiterin, *Text C:* Eltern waren auch in so einer Situation, hätten Hilfe gebraucht, *Text D:* schon seit Kindheit stark mit Natur verbunden

2. <u>Einstellung gegenüber Engagement vorher:</u> *Text B:* fand das immer toll, wollte auch mithelfen, *Text C:* hatte eigentlich keine Lust, dachte, das koste nur Zeit und bringt ihm nichts

3. <u>übernommene Arbeiten/Aktionen:</u> *Text A:* Patenschaft für Jungen, treffen einmal pro Woche, Freizeitaktivitäten, bei Schulproblemen helfen,

Lösungen

Text C: unterstützt türkische Mitbürger bei Behördengängen und Arztbesuchen, dolmetscht, *Text D:* Baum besetzt

4. gemachte Erfahrungen: *Text D:* man kann etwas erreichen, wenn man sich einsetzt und man kann andere motivieren

5. Reaktion des persönlichen Umfelds: *Text B:* finden das interessant, wollen sich auch engagieren, bleibt bei Vorsätzen

Kapitel 1
Modul 2 Aufgabe 2

○ Ich bin 26 Jahre alt, sammle Pilze und studiere Maschinenbau im zwölften Semester.
Eines gleich vorweg: Wir sind kein Speisepilz-Verein! Für uns ist alles interessant, nicht nur Steinpilze und Pfifferlinge. Wenn ich Leuten erzähle, dass ich im Pilzverein bin, denken sie immer, dass man da gemeinsam Schwammerl kocht. Aber wir arbeiten sehr wissenschaftlich – die Pilze werden gesammelt, mithilfe von Mikroskop und Fachliteratur bestimmt, danach werden sie besprochen und kartiert. Ich meine, ich sammle Pilze schon auch einfach so, zum Essen, bin aber nicht besonders scharf drauf. Das ist so ähnlich wie bei meinem Freund: Der ist Angler, isst aber keinen Fisch.
Der Geruch ist übrigens auch wichtig beim Bestimmen von Pilzen: Manche riechen fruchtig oder mehlig, andere nach Marzipan, Rettich, Kakao oder Urin. Und angeblich gibt es sogar einen Pilz, der nach nassem Hund riecht. Ja, im Sommer bin ich zwei- bis dreimal pro Woche draußen und manchmal helfe ich bei Tagungen mit. Mit meinem Studium hat mein Hobby rein gar nichts zu tun. Ich bin auch nicht im Verein, damit ich einen Ausgleich habe. Ich finde Pilze einfach schön.

● Ich bin 26 Jahre alt, kümmere mich um das Gemeinschaftsleben im Münchner Olympiadorf und studiere Erdkunde und Physik auf Lehramt im siebten Semester.
Hier im Olympiadorf wohnen etwa 1.400 Studenten. Viel vom Dorfleben findet in unserem Verein statt – wir haben eine eigene Kneipe, ein Kino, eine Disco, eine Töpfergruppe und eine Werkstatt für Holz und Metall. Ich bin der erste Vorsitzende des Vereins der Studenten im Olympiazentrum. Vom Zeitaufwand her macht das pro Woche zwanzig Stunden aus, zum Teil auch mehr. Im vergangenen halben Jahr habe ich zum Beispiel die Buchhaltung gemacht, wie in einem ganz normalen Unternehmen. Na ja, nebenbei jobbe ich noch und das Studium gibt es ja auch noch. Das ist schon viel. Aber es macht mir einfach riesig Spaß, weil ich Leute kennenlerne, und das ist mir sehr wichtig. Außerdem stellen wir hier alles selbst auf die Beine. In unseren Betrieben arbeiten etwa siebzig Beschäftigte – das sind alles Studenten, von der Putzkraft bis zum Geschäftsführer. Und bei uns ist der Vereinsgeist auch noch richtig da. Woanders kocht jeder sein eigenes Süppchen, bei uns ist das nicht so, wir halten zusammen und kennen uns alle untereinander. So entstehen Freundschaften, die man – glaube ich – woanders nicht so leicht finden kann, jedenfalls nicht in dieser Tiefe.

□ Ich bin 29 Jahre alt, studiere Finanz- und Wirtschaftsmathematik im zwölften Semester und engagiere mich in meinem Tanzverein „Grün-Gold-Club".
Bei mir war das so, Nachbarinnen haben mich zum Tanzen überredet. Ich war gerade mal 13 Jahre alt und wollte das eigentlich nicht. Inzwischen bin ich Vorsitzender des „Grün-Gold-Clubs" in München. Mich fasziniert einfach immer wieder die Kombination aus Sport, Musik und künstlerischem Ausdruck. Ich selbst bin aktiver Tänzer in der Lateinformation. Zurzeit trainiere ich zehn Stunden pro Woche und 15 Stunden bin ich mit der Organisation beschäftigt. Ich schaue, dass alles läuft, und halte auch den Kontakt zu den Tanzsportverbänden. Dazu kommen noch die Turniere, für die man zum Teil um fünf Uhr morgens aufstehen muss und erst nach Mitternacht wieder nach Hause kommt. Weil ich außerdem noch arbeite, ist klar, dass ein paar Semester draufgehen. Das lässt sich gar nicht vermeiden. Mit meiner Tätigkeit im Verein versuche ich, mich einzubringen – ich denke, bürgerschaftliches Engagement gehört einfach zum gesellschaftlichen Leben dazu und das Unterrichten macht mir einfach Spaß.

■ Ich bin 21 Jahre alt, studiere im fünften Semester Maschinenbau und motiviere Kommilitonen und Kommilitoninnen zum Briefeschreiben für Amnesty International.
Das Schöne an Amnesty International ist, dass man zu etwas Großem beiträgt und gemeinsam etwas bewirken kann – wenn da zum Beispiel ein Gefängnisleiter einen ganzen Sack voll Post aus der ganzen Welt bekommt. Amnesty macht fast alles mit Briefen. Das finden manche komisch, weil wir uns nicht irgendwo anketten wie Greenpeace. Aber ich finde das eine ganz tolle Sache.
Unsere Amnesty-Hochschulgruppe wurde im Dezember 2006 gegründet. Ich war von Anfang an dabei. Wir sind nur zu acht und haben es nicht leicht, weil wir als politische Gruppe gelten. Deshalb bekommen wir an der Uni keinen Raum und dürfen nicht so richtig werben. Aber wir hatten schon einen Infostand in der Mensa, um Unterschriften gegen Guantanamo zu sammeln. Wir haben uns orangefarbene Overalls angezogen, einer von uns kniete mit Ohrenschützern am Boden wie ein Häftling in Isolationshaft. Anfangs hatte ich ein komisches Gefühl. Ich wusste nicht, ob meine Kommilitonen mich auslachen würden. Aber die meisten haben sehr positiv reagiert.

△ Ich bin 26 Jahre alt, arbeite an meiner Promotion in Neuropsychologie und schmücke mich am liebsten mit schönen Argumentationsketten.
Zum Debattierclub bin ich gekommen, weil ich Lust hatte, meine Rhetorik zu verbessern. Aber nicht auf die übliche Weise – Seminare in Abendkursen hatte ich schon gemacht, aber ich wollte noch etwas Knackiges. Der Debattierclub ist spannend, weil man dort ganz unterschiedliche Themen kontrovers diskutiert: Ob man die Ein- und Zwei-Cent-Münzen abschaffen sollte oder der Afghanistan-Einsatz verlängert werden soll. Man vertritt dabei nicht seine eigene Meinung, sondern wird einem Team zugeteilt. Es geht darum, gute Argumente zu finden und sie logisch aneinanderzureihen. Man will mit dem, was man sagt, das Publikum überzeugen, nicht die Gegenseite – die hat ja ihre feste Meinung. Inzwischen macht es mir Spaß, vor Leuten zu

Transkript

reden. Außerdem habe ich die Scheu vor Kontroversen abgebaut. Viele Menschen scheuen Konflikte und sagen lieber gar nichts. Die meisten Freunde waren erstaunt, als ich ihnen vom Debattierclub erzählt habe. Aber auch angetan.

▲ Ich bin 29 Jahre alt, studiere Sonderschullehramt im neunten Semester und begleite Sterbende.
Jeder, der hier im Hospiz stirbt, bekommt einen Gedenkstein. Den kann er entweder selbst bemalen, oder er überlässt es seinen Angehörigen. Das hier ist der Stein von einer Frau, die ich begleitet habe. Sie starb kurz vor ihrem 44. Geburtstag an Krebs. Wir hatten ein sehr schönes Verhältnis. Am Anfang kam ich einmal pro Woche für vier Stunden zu ihr. Wir haben die ganze Zeit geredet. Es war gut, dass sie jemanden hatte, der gefühlsmäßig nicht so stark involviert war. Aber wir haben auch viel zusammen geweint. Das ist halt das Schwierige: Einerseits lernt man sich gut kennen, andererseits darf man sich emotional nicht zu sehr einlassen auf den Menschen – der Abschied ist ja programmiert. Am Schluss, als das Reden sie sehr angestrengt hat, saß ich oft einfach nur da und habe ihre Hand gehalten. Ich bin der einzige Student unter den 150 Hospizhelfern hier. Hm, wie ich dazu gekommen bin? Ich habe im Krankenhaus gearbeitet. Ein 14-jähriger krebskranker Junge war oft im Aufwachraum. Ich habe ihn gefragt: „Wie ist das jetzt, nach dem Anfangsschock?" Er hat geantwortet: „Jetzt kommt keiner mehr von meinen Schulfreunden." Der Junge ging mir nicht mehr aus dem Kopf. Letztes Jahr habe ich einen Kurs beim Münchner Hospizverein gemacht. Die Meinungen über mein Ehrenamt sind geteilt. Manche sagen: „Du lässt an krassen Dingen nichts aus."

◇ Ich bin 27 Jahre alt und studiere Ethnologie und Romanistik im 6. Semester.
Ich bin lange Zeit ganz bewusst kein Vereinsmitglied gewesen, weil ich immer gegen diese Vereinsmeierei war. Ich dachte immer, Leute, die in einem Verein sind, wissen sonst nix mit sich anzufangen oder haben keine Freunde ... Aber dann bin ich über einen Freund auf die „Interessengemeinschaft Modellraketen" aufmerksam geworden und das fand ich dann doch so verrückt, dass ich mal mitgegangen bin. Das ist schon lustig, hier treffen sich Leute, die Spaß daran haben, Modellraketen zu basteln und zu starten. Mir gefällt das, auch weil es etwas ist, was so gar nichts mit meinem Studium zu tun hat. Hier lerne ich mal was ganz Neues und bekomme auch Einblicke in technische Abläufe und das finde ich sehr spannend. Nun kann man natürlich sagen, dass man dafür keinen Verein braucht, aber die IMR (so heißt die Abkürzung für die Interessengemeinschaft Modellraketen) ist ein überregionaler, internationaler Modellraketenflug-Dachverein für Deutschland, Österreich und die Schweiz. Und neben ganz praktischen Dingen, wie Versicherungsschutz und Einkaufsrabatten, erhält man hier auch wirklich hilfreiche aktuelle Informationen und kann sich mit anderen über Probleme austauschen – und bei diesem Hobby sind Probleme häufig, denn oft starten die mühsam gebastelten Raketen nicht, sondern verbrennen am Boden und die ganze Arbeit war umsonst ...

◆ Ich bin 25 Jahre alt und studiere Elektrotechnik im 5. Semester an der TU in München.
Seit einem Jahr bin ich Mitglied im Verein der Münchner Volkssternwarte. Für die Sterne und Planeten unseres Sonnensystems habe ich mich schon als kleines Kind interessiert und ich bin immer wieder fasziniert, wenn ich durch die großen Teleskope der Sternwarte den Mars beobachten kann. Der Mars ist mein Lieblingsplanet, denn er ist der Planet, der der Erde am nächsten ist, und seit wir wissen, dass es dort auch Wasser gibt, sind viele Forschungsprojekte im Gange – und wer weiß, vielleicht landen wir ja doch eines Tages auf dem Mars. Jedenfalls bin ich hier an der Quelle und lerne immer wieder Neues zum Thema. Hier in der Volkssternwarte werden auch viele Kurse und Vorlesungen zum Thema Astronomie angeboten. Vor Kurzem hatten wir z.B. eine Mondfinsternis, da war hier richtig viel los und ich habe eines unserer Teleskope betreut und den Menschen erklärt, was sie sehen können, wenn sie durchschauen. Das fand ich prima, denn auch ich habe dabei sehr viel gelernt, nämlich wie man Dinge erklären und präsentieren kann, davon hatte ich vorher nicht viel Ahnung.

Modul 4 Aufgabe 2a

Dialog 1

○ Als ich so alt war wie du ... ja, viele große Träume hatte ich. Weißt du – alles lag vor mir. Es war die Zeit des Wirtschaftswunders. Ich wollte Abitur machen und dann studieren.

● Echt? Du hast studiert? Wusste ich gar nicht.

○ Nein, nein ... ich wollte ... habe ich aber leider nicht. Meine Eltern fanden ... „Mädchen und Abitur? Das lohnt sich nicht. Mädchen heiraten doch und bekommen Kinder." Naja, und so war es dann ja auch.

● Aber Karriere hast du trotzdem gemacht.

○ Naja, Karriere ... Ich weiß nicht. Aber ich hab ja meine Ausbildung als Goldschmiedin gemacht. ... Ein toller Beruf. ... Finde ich auch heute noch. Und im Laufe der Jahre habe ich auch meine Erfolge gehabt ... und mein Geld verdient, ... auch ohne Studium.
Wenn man ein Ziel hat ... naja, das geht auch über Umwege. Das habe ich damals schon gedacht.

● Ist doch klasse.

○ Ja, bin ich auch froh. Ich bin zufrieden mit Familie und Beruf. Manche von meinen alten Schulfreunden konnten sich damals nie so richtig entscheiden. Dann haben sie andere entscheiden lassen ... tja, und waren immer unzufrieden.

● Nee, so will ich bestimmt nicht enden.

○ Na, dann sag mal, was du willst. Wenn du so alt bist wie ich, was willst du dann alles gemacht haben?

- Äh … na, so habe ich das noch gar nicht gesehen. … Aber studieren will ich nicht.
- Aber du machst doch dein Abi.
- Ja, klar … sicher … aber dann will ich erst mal Sachen ausprobieren. Vielleicht ein paar Praktika machen und überall mal reinschnuppern. … Verreisen und andere Länder sehen.
- Oh ja, das wollte ich damals auch. Aber das liebe Geld … was hatte ich für Illusionen. Weißt du, ich hatte ja keine Ahnung, was Reisen kosten.
- Wenn ich mal so alt bin wie du, will ich jedenfalls was erlebt haben. Wenn ich mir das vorstelle, jeden Tag nur ins Büro, dann in Rente und was war … 40 Jahre nix anderes als Arbeit … Nee, das wär nichts für mich.
- Wie stellst du dir denn dein Leben mit 70 vor?
- Naja, eigentlich nicht so anders. Nur, dass ich mehr Erfahrungen habe, weil ich ja viel erlebt hab. Ich würde gern viel mit meiner Familie machen … ich hoffe, ich hab eine eigene … Ja, das wär mir auch wichtig.
- Ja, Familie ist toll.
- Ich würde den anderen gern etwas von meiner Zeit geben, zuhören und auch mal einen Rat geben, so wie du. Ich glaube, man kann nur viel geben, wenn man auch mal über seinen Tellerrand geschaut hat … Und ich will dann auch so aktiv sein wie du … reisen und so … Ich hab dann ja Zeit und hoffentlich auch Geld.
- Nana, ich glaube, ich muss dir noch ein bisschen mehr von mir erzählen …

Dialog 2
- Also das Alter vom Michael … wie alt bist du eigentlich?
- Rat mal …
- Weiß nicht, los, sag schon …
- 55.
- Echt? Nee, jetzt mal ehrlich.
- Ja, ehrlich. 55. Soll ich dir meinen Pass zeigen?
- Wahnsinn … Ja, also … das Alter von Michael. Ja, wenn man so fit ist wie er, ist das bestimmt super. Man kann alles machen, hat schon eine Position im Beruf. Die Kinder sind schon groß. Ja, das ist dann bestimmt so eine Zeit, in der man noch mal richtig Gas gibt.
- Wie meinste das denn jetzt?
- Ich wär manchmal froh, wenn ich nicht noch mein Studium, Familie und so vor mir hätte. Das kann doch voll stressig werden. Für den Sport hat man dann bestimmt kaum noch Zeit. Aber mit 55 … da kann man wieder richtig was für sich selbst machen. Man ist dann auch noch kein Tattergreis. Gebrechlich und vergesslich und so. Ja, … stell ich mir gut vor. Naja, aber eben nur, wenn ich dann auch noch fit bin.
- Na, ich hoffe mal, dass deine Wünsche in Erfüllung gehen. In deinem Alter, da hatte ich nur den Sport im Kopf. Was anderes als Turnen und Wettkämpfe gab's für mich gar nicht. Und dann … dann war Sport ja auch bei der Bundeswehr etwas Positives und dann habe ich auch Sport studiert. Das war schon schön, diese Zeit. Aber zum Spitzensportler oder gar für Olympia hat's dann aber nie gereicht. Tja, bis Anfang 20 war das immer mein großer Traum.
- Und warum hat er sich nicht erfüllt?
- Ach, ich war sehr ehrgeizig, weißt du … zu verbissen. Ich war fleißig, aber ich konnte mich nie gut konzentrieren. Ich hätt auch mal was anderes machen müssen … dann wär ich entspannter und besser gewesen. So war ich … gutes Mittelmaß, ja … Mittelmaß. Später war ich viel besser, aber da war ich zu alt für den Spitzensport.
- Schade … Aber dann ist es ja gut, wenn ich manchmal lockerer und entspannter bin.
- Entspannt ja, aber Training und Fleiß müssen trotzdem sein. Und Nächte auf Partys durchmachen und Leistungssport vertragen sich halt nicht so gut.
- Jaja, schon gut. Hab verstanden … Was machen wir jetzt?

Dialog 3
- Hi, Erwin.
- Hallo.
- Was macht ihr?
- Wir stellen gerade Interviewfragen zusammen. Es geht um Jugendliche und ihre Träume.
- Frag mich doch mal.
- Hey, bist du'n Jugendlicher?
- Wenn ihr ins Jahr 1954 zurückgeht, dann schon. Ich gehe mal rüber in die Aufnahme und ihr macht ein Interview mit mir.
- Ja, coole Idee. Warte … Wir schreiben das Jahr 1954. Bei uns im Studio sitzt Erwin, 14 Jahre alt. Erwin, welche Wünsche hast du?
- Ich? Ich wünsche mir, dass meine Mutter eine gute Arbeit bekommt und wir wieder eine ganz normale Familie sind. Wir haben immer Geldsorgen.
- Hört sich ja nicht gut an. Und andere Träume?
- Ich wollte Journalist werden. Die Begeisterung, die ich dafür hatte, die würde ich heute gern noch einmal spüren. Das ist wirklich toll, wenn man jung ist.
- Aber du bist kein Journalist geworden …
- Stimmt, das war auch schon klar, als ich so alt war wie du, Fritz.
- Wieso?
- Ich musste Geld verdienen, die Familie unterstützen. Ich hatte vier Geschwister, die noch zur Schule gingen. Ich hatte einfach nicht die Lust, nach einem Arbeitstag

Transkript

noch Abendkurse für Journalismus zu besuchen. Das ärgert mich heute noch.

○ Was rätst du jungen Leuten heute? Im Rückblick.

● Nicht verbissen bei einer Sache zu bleiben, mal was auszuprobieren. Sich nicht so ernst zu nehmen und die Dinge nicht immer in Schwarz und Weiß einzuteilen. Das macht das Leben bunter und zeigt neue Perspektiven.

□ Versteh ich nicht.

● Naja, ihr habt immer Themen wie Umweltzerstörung, Gerechtigkeit in der Welt, Genmanipulation und so weiter. Dass Jugendliche kritisch sind, ist gut und genau richtig. Aber ihr müsst auch das Schöne, Positive sehen. Da sind so viele schöne Dinge im Leben.

○ Hast du die genossen?

● Leider zu wenig. Ich hatte immer das Gefühl, dass ich keine Zeit habe. Dann hatte ich Zeit und musste erst wieder lernen, das Schöne im Alltag zu sehen und zu genießen.
… So, und jetzt ihr. Wir haben das Jahr … äh … 2060. Wie findet ihr das?

○ Cool, seit über 40 Jahren keine Schule mehr. Das kann nur gut sein.

□ Nee, schrecklich. Dann ist das Leben vorbei. Nach 30 passiert sowieso nichts Spannendes mehr.

● Na, dann viel Spaß in den nächsten zehn Jahren, lieber Fritz. Aber lass dir gesagt sein, dass dann noch sehr viel passiert.

□ Aber nichts Neues, keine echten Überraschungen.

● Du musst dich selbst überraschen. Mach Dinge, die du noch nie gemacht hast. Es gibt so viel Neues, dafür reicht ein Leben leider nicht.

□ Also … ich weiß nicht.

○ Och …doch … vielleicht bin ich um die 60, 70 noch ganz fit. Ich kann mir das auch gut vorstellen. Vor mir liegt eine Zeit mit Faulenzen, Reisen, Freunde treffen und Senioren-Partys machen. Nicht so schlechte Aussichten.

● Siehste, Fritz. Lena blickt voll durch …

Kapitel 2

Modul 2 Aufgabe 3

○ Fachhochschule Worms, Studienberatung, guten Tag. Sie sprechen mit Herrn Weber.

● Guten Tag, Herr Weber. Mein Name ist Anna Novotná. Ich komme aus Košice. Ich bin zurzeit Au-pair-Mädchen in Regensburg und möchte im nächsten Jahr, im Wintersemester, gern an Ihrer Fachhochschule Touristik und Verkehrswesen studieren. Und da wollte ich mich einfach mal erkundigen, ob das geht.

○ Was haben Sie denn für einen Schulabschluss?

● Ich habe in der Slowakei das staatliche Gymnasium in Poprad besucht. Das Gymnasium hat eine bilinguale Sektion, wo der Unterricht auf Deutsch und Slowakisch erteilt wird. Deshalb konnte ich das slowakische und das deutsche Abitur ablegen.

○ Gut. Dann haben Sie ja das Abitur. Das ist nämlich eine Zulassungsvoraussetzung.

● Was sind denn die anderen?

○ Neben dem Abitur brauchen Sie ein abgeschlossenes kaufmännisches Praktikum, das „Vorpraktikum", am besten in den Bereichen Touristik/Verkehrswesen oder in nahestehenden Branchen und natürlich Englischkenntnisse.

● Was für ein Praktikum?

○ Das Vorpraktikum. Dieses Praktikum ist dazu gedacht, dass die Studenten noch vor ihrem Studium die kaufmännische Praxis kennenlernen und Einblicke in fachspezifische und betriebswirtschaftliche Zusammenhänge der Touristik und des Verkehrswesens erhalten.

● Aber wo genau kann man so ein Praktikum machen?

○ Oh, da gibt es viele Möglichkeiten, z.B. bei Reiseveranstaltern, in Reisebüros, in Hotels, im Kurwesen, aber auch im Messe- und Kongresswesen.

● Wie lange muss denn so ein Praktikum dauern?

○ Mindestens zwölf Wochen, also ein Vierteljahr. Die Art der Tätigkeit und die Dauer des Praktikums müssen Sie durch Vorlage von Zeugnissen oder Bescheinigungen nachweisen.

● Gut, dann habe ich dafür ja noch ein bisschen Zeit. Ich dachte nämlich schon, so ein Praktikum müsste noch länger dauern.

○ Nein, länger nicht. Und sollte das Praktikum noch zum Zeitpunkt der Bewerbung andauern, so müssen Sie sich nur das voraussichtliche Ende des Praktikums bescheinigen lassen. Diese Bescheinigung reichen Sie dann mit Ihren Bewerbungsunterlagen bei uns ein.

● Schön, wenn das geht. Sie haben vorhin gesagt, dass ich auch Englischkenntnisse brauche?

○ Ja, Englisch ist Pflichtsprache.

● Ich habe im Gymnasium Englisch als zweite Fremdsprache gelernt. Aber ich habe keine Prüfung gemacht.

○ Na, eigentlich ist das so: Wir verlangen mit den Bewerbungsunterlagen ein Zeugnis, aus dem hervorgeht, dass der künftige Student in Englisch das Niveau B1 des Europäischen Referenzrahmens erreicht hat.

● Von diesem Niveau habe ich auch schon gehört. Meine Freundin lernt in der Volkshochschule Deutsch in einem B1-Kurs.

○ Na, sehen Sie. Und dort können Sie sicherlich auch die Englischprüfung auf diesem Niveau ablegen. Fragen Sie doch mal in der Volkshochschule nach.

○ Ja, das werde ich gleich morgen tun. Eine letzte Frage habe ich noch. Wenn ich im nächsten Jahr im Wintersemester mit dem Studium beginnen möchte, bis wann muss ich mich dann beworben haben?
● Die Bewerbungsfristen sind ganz einfach: Wenn Sie im Wintersemester beginnen wollen, müssen Sie Ihre Unterlagen bis zum 15. Juli eingeschickt haben. Für das Sommersemester ist das der 15. März. Ach, und noch etwas: Es stehen pro Semester nur 62 Studienplätze zur Verfügung. Derzeit gibt es aber viel mehr Bewerber. Aus diesem Grund müssen wir nach bestimmten Kriterien auswählen.
○ Und wie machen Sie das?
● 80 Prozent der Studienplätze vergeben wir nach Notendurchschnitt, 20 Prozent für die Wartezeit.
○ Für die Wartezeit?
● Ja, wenn Sie für das Wintersemester abgelehnt wurden, weil die 62 Plätze weg sind, dann kommen Sie auf die Warteliste.
○ Ach so ist das. Bekomme ich dann von Ihnen Bescheid?
● Sie bekommen in allen Fällen von unserer Fachhochschule einen schriftlichen Bescheid.
○ Gut, dann weiß ich jetzt ja bestens Bescheid. Ich danke Ihnen für dieses informative Gespräch.
● Gern geschehen. Und wenn Sie noch Fragen haben, dann rufen Sie mich einfach an.

Modul 4 Aufgabe 3b

Abschnitt 1
○ Herzlich Willkommen zu unserer heutigen Sendung aus der Reihe „Beruf heute". Unser Thema: „Soft Skills – die Wichtigkeit der sogenannten ‚weichen Faktoren'". Bei uns im Studio die Arbeitspsychologin Marianne Wolters. Guten Morgen, Frau Wolters.
● Guten Morgen.
○ Heute spielen ja Soft Skills eine größere Rolle denn je und sind in aller Munde. Erfolg hat, wer sich gut verkauft, überzeugend auftritt und mit unterschiedlichsten Menschen klarkommt. Wirft man einen Blick in die Stellenanzeigen von Jobbörsen und Tageszeitungen, hat man den Eindruck, dass ohne Soft Skills gar nichts mehr geht.
● Das ist richtig. In so gut wie jeder Stellenanzeige soll der zukünftige Mitarbeiter nicht nur das entsprechende Fachwissen aufweisen, sondern auch andere Fähigkeiten mitbringen, also zum Beispiel flexibel, zielstrebig, kommunikations- und teamstark sein.
○ Gilt dieser Anspruch für alle Unternehmen? Gibt es da Zahlen?
● Ja, laut einer Studie halten 93 Prozent der Unternehmen Soft Skills für den Berufseinstieg für genauso wichtig oder wichtiger als Fachwissen. Man will keine Ellenbogentypen mehr, die nur den persönlichen Erfolg im Auge haben. Der Bewerber soll sich ins Team integrieren können, Sprachkompetenz und Kundenorientierung aufweisen.
○ Warum werden diese Fähigkeiten heute im Gegensatz zu früher als so wichtig betrachtet?
● Nun, als Grund für die gestiegene Wertschätzung der weichen Faktoren kann man die Veränderung der Arbeitswelt ansehen, also den Wandel von der Industriegesellschaft hin zu einer Dienstleistungsgesellschaft. Die industrielle Revolution hat Tugenden wie Fleiß, Pünktlichkeit und Ordnung gefördert. Heute jedoch hängt der Erfolg eines Unternehmens weniger von den Produktionsverhältnissen als vom Umgang mit Kunden und Mitarbeitern ab. Das erfordert ein überzeugendes Auftreten und kommunikative Fähigkeiten des Personals.
○ Und Teamarbeit war ja früher auch nicht so verbreitet.
● Richtig. Die flachen Hierarchien und das Arbeiten in weitgehend unabhängigen Teams verlangen Eigenmotivation, Einfühlungsvermögen und Konfliktfähigkeit. Nur so kann ein Team wirklich erfolgreich arbeiten.

Abschnitt 2
○ Neben all den bereits genannten Fähigkeiten wird ja auch immer permanente Veränderungsbereitschaft gefordert.
● Ja, genau. Die Halbwertszeit von Wissen ist ja extrem kurz heutzutage und der technologische Fortschritt ist rasant. Um da am Ball zu bleiben, muss man sich immer wieder verändern und weiterentwickeln. Das wird heute einfach erwartet von den Personalchefs.
○ Seit wann spricht man eigentlich von Soft Skills?
● Soft Skills sind hierzulande seit rund 15 Jahren in aller Munde. Aber schon in den 70er-Jahren sprach man von Schlüsselqualifikationen.
○ Können Sie das näher erläutern?
● Ja, natürlich. Man hatte erkannt, dass Fachwissen durch den schnellen technischen Fortschritt an Wert verliert. Immer wichtiger sind deshalb Fähigkeiten und Fertigkeiten geworden, die keinen unmittelbaren Bezug zu praktischen Tätigkeiten haben, sondern den Menschen in die Lage versetzen, sich permanent neue Qualifikationen zu erschließen. Schlüsselqualifikationen in diesem Sinne sind vor allem Lernfähigkeit, analytisches Denken und Veränderungsbereitschaft.
○ Wie ging es dann weiter?
● Also, in den darauffolgenden Jahrzehnten beschäftigte sich die Wirtschafts- und Arbeitspsychologie verstärkt mit den Themen „effiziente Organisation" und „Führung". Man hat erkannt, dass Fluktuation und Krankenstand, aber auch Umsatz und Gewinn davon abhängen, wie ein Unternehmen organisiert ist und wie die Mitarbeiter behandelt werden. So wurden die Soft

Transkript

Skills schnell zum Lieblingsthema der Personalabteilungen.

○ Ganz besonders hat sich ja das Bild der Führungskraft seither verändert.

● Ja, das ist richtig. Eine Führungskraft wird heute eher wie ein Moderator und Motivator gesehen, weniger wie ein Aufseher.

○ Welche Fähigkeiten sind denn heute ganz besonders populär?

● Nun, die jüngsten Aufsteiger unter den Soft Skills sind interkulturelle Kompetenz und vernetztes Denken.

○ Wie kommt das?

● Die interkulturelle Kompetenz verdankt ihre Popularität natürlich der zunehmenden Globalisierung. Immer mehr Unternehmen bauen Vertriebs- oder Produktionsstandorte im Ausland auf und suchen deshalb Mitarbeiter, die nicht nur Fremdsprachen beherrschen, sondern auch die nötige Sensibilität für andere Denkweisen mitbringen.

○ Und was genau ist mit dem Begriff „vernetztes Denken" gemeint?

● Laut einer Studie einer bekannten Unternehmensberatung ist für Manager vernetztes Denken die Königskompetenz unter den Soft Skills. Damit ist gemeint, dass man auch komplexe Zusammenhänge überblickt, also nicht nur im einfachen Ursache-Wirkung-Modus denkt.

○ Können Sie das an einem Beispiel deutlich machen?

● Sicher. Ein Ingenieur wird kaum ein innovatives Produkt schaffen, wenn er nur die technische Machbarkeit vor Augen hat. Denn eine Innovation hängt ja von vielen Faktoren ab, etwa vom Zeitgeist, vom Design, vom Preis und von der Verkaufsstrategie. Der Blick über den eigenen Tellerrand wird wichtiger, die Grenzen zwischen den Berufen werden weicher.

● Wie können denn die Arbeitgeber diese Art des Denkens fördern?

○ Ja, also, manche Firmen bieten ihren Mitarbeitern sogenannte Querdenkerseminare an. Andere bilden Innovationskreise, in denen Mitarbeiter aller Bereiche über neue Ideen diskutieren.

Abschnitt 3

○ Nun erfordert ja nicht jede Position dieselben Kompetenzen im selben Ausmaß, wie es die Stellenanzeigen suggerieren. Da soll immer jeder teamfähig und kommunikationsstark sein, egal ob Vertriebsingenieur, PR-Manager oder IT-Spezialist. Am Ende der Anzeige heißt es dann gern noch: „Eigeninitiative, Flexibilität und Belastbarkeit runden Ihr Profil ab."

● Ja, Sie haben recht. Die Gleichförmigkeit der Ausschreibungen weist auf einen Widerspruch hin. Einerseits wissen die Unternehmen, dass sie für ihren Erfolg Mitarbeiter brauchen, die weitaus mehr Fähigkeiten besitzen als nur reines Fachwissen. Andererseits gehen sie mit den weichen Faktoren sehr undifferenziert um. Beispiel Kommunikationsstärke. Davon braucht ein Vertriebsmitarbeiter, der Kunden überzeugen muss, viel mehr als ein Ingenieur im Bereich „Entwicklung".

○ Man kann viele Soft Skills ja auch unterschiedlich interpretieren.

● Ja, genau, zum Beispiel „Teamfähigkeit". Ist damit gemeint, dass man Kritik vertragen muss oder muss man sich durchsetzen können? Und was heißt belastbar? Soll man immer bereit sein, Überstunden zu leisten? Oder bedeutet das, dass man auch in hektischen Zeiten gelassen bleibt und Aufgaben delegiert? Leider sieht man Stellenanzeigen nicht an, ob sich hinter den Soft-Skills-Schlagwörtern auch gut durchdachte Personalkonzepte verbergen. Und ob der Personalentscheider unter Kommunikationsstärke oder Sozialkompetenz das Gleiche versteht wie der Bewerbungskandidat, kann letztlich nur das persönliche Bewerbungsgespräch klären.

○ Frau Wolters, vielen Dank für dieses interessante Gespräch. Wir machen jetzt erst mal ein bisschen Musik und danach geht es weiter mit folgenden Themen ...

Kapitel 3

Auftaktseite Aufgabe 1a

○ Das habe ich von meiner Mutter gelernt. Die stellt zwar zwischendurch auch Fragen, das schon, aber sie erwartet keine Antworten. Die redet da einfach drüber weg, also die Frage hat praktisch nur noch die Funktion zu überprüfen, ob der Zuhörer noch lebt.
Sie redet auch nicht wirklich mit einem Gesprächspartner, sondern nur in dessen Beisein. Redet auch gern über mich, gern auch mit Fremden, während ich dabeisitze.
Kennen Sie das, wenn Mütter über einen reden, während man dabeisitzt? „Ach, er verliert auch immer alles."
Das sagt die ständig, ja. Ich denk mir, wie kommt die da drauf? Bis es mir einfiel: Ich habe 1965 beim Urlaub in Holland mein Portemonnaie verloren. Das stimmt, aber ich will das nicht mehr hören.
Jedes Mal, wenn ich zu Hause rausgehe, ruft mir meine Mutter hinterher: „Und verlier nicht wieder dein Portemonnaie!" Ich sag dann immer: „Mutter, das war 1965, es waren 30 Pfennig drin." Sagt meine Mutter: „Das war damals viel Geld!"

Auftaktseite Aufgabe 2a

○ Hihihi. Ja, der ist gut ...

● Kennt ihr den mit dem Sonderurlaub und dem Verrückten?

○ Nee, erzähl ... Los ...

● Also ... äh ... wie war das ... Ja ... da ist ein Mann, der überlegt wegen Sonderurlaub ... naja, also wie er am besten frei bekommt ... Und er denkt, dass er frei bekommt, wenn er verrückt ist … also … äh … den Verrückten spielt. Und dann hängt er sich an die Decke. Hihihi … der ist echt gut …

○ Ja und? Ist das der Witz?

● Nein, warte, es geht noch weiter … Die Kollegin fragt, was er macht, und er erzählt es ihr. … Pass auf … Und jetzt kommt der Chef und fragt, was das soll. Hihihi …, sagt der Mann: Ich bin eine na … Dings … äh … Glühbirne, ja 'ne Lampe. Super, ne? Der Chef sagt, dass er wohl verrückt ist, und schickt ihn nach Hause. Und dann? Weißt du, was dann passiert?

○ Weiß ich doch nicht. Was denn?

● Die Kollegin geht auch, weil sie ohne Licht nicht arbeiten kann. Verstehst du? Hahaha … Keine Glühbirne, kein Licht …HIHIHI. Der ist gut, ne? Oder?

○ Ja, ja … sehr witzig! Mann, du kannst echt keine Witze erzählen.

Auftaktseite Aufgabe 2b

○ Hihihi, der Witz ist gut …

● Kennt ihr den mit dem Sonderurlaub?

○ Nee, erzähl … Los …

● Also … äh … Ein Mann überlegt, wie er ein paar Tage Sonderurlaub bekommen kann.
Am besten scheint es ihm, verrückt zu spielen, damit sein Chef ihn zur Erholung nach Hause schickt. Er hängt sich also im Büro an die Zimmerdecke.

○ Was? Echt?

● Ja, warte … Seine Kollegin fragt ihn, warum er das denn tut, und er erklärt es ihr. Wenige Minuten später kommt der Chef … sieht seinen Angestellten an der Decke hängen.
„Hey Müller, warum hängen Sie an der Decke?"
„Ich bin eine Glühbirne!"
„Sie müssen verrückt sein, gehen Sie mal für den Rest der Woche nach Hause und ruhen sich aus. Montag sehen wir dann mal weiter."
Der Mann geht, die Kollegin aber auch.
Auf die Frage des Chefs, warum sie denn auch gehe, sagt sie:
„Im Dunkeln kann ich nicht arbeiten."

Modul 2 Aufgabe 2

○ Ich begrüße Sie, liebe Hörerinnen und Hörer, heute wieder sehr herzlich bei „Sprich mit mir!". Und auch heute haben wir zum Thema Kommunikation wieder einen interessanten Gast im Studio, Herrn Dr. Richard Traber. Herzlich willkommen.

● Hallo, Frau Wulff, ich freue mich über die Einladung.

○ Ja, wir freuen uns auch, Sie hier zu haben. Sie sind Trainer für Schlagfertigkeit. Eine sprachliche Fähigkeit, die viele gern hätten, aber die leider nicht alle beherrschen.

● Ja, richtig. Jemandem Paroli bieten zu können macht das Leben leichter, wer das nicht kann, ist schneller Ziel von Hohn und Spott.

○ Wen betrifft das genau?

● Eigentlich alle Menschen, die nicht schnell verbal reagieren können. Das fällt einem natürlich besonders dann auf, wenn man verbal angegriffen wird. Das geht ja schon in der Schule los. Aber auch Erwachsene kennen solche Situationen, wenn sich z.B. Kollegen bei der Arbeit über einen lustig machen. Das kann dann bis zum Mobbing gehen.

○ Aber es gibt doch Unterschiede bei den Altersstufen. Erwachsene attackieren und reagieren doch sicher ganz anders als Kinder.

● Ja, natürlich. Beginnen wir mal mit den Schülern. In deutschen Schulen sind Hänseleien an der Tagesordnung. Laut einer Studie, dem LBS-Kinderbarometer, leiden über 30 Prozent der Kinder zwischen 9 und 14 Jahren unter verbalen Angriffen und fühlen sich ausgegrenzt. Meistens geht es dabei um das Äußere: die Kleidung, das Aussehen oder die Figur. Manchmal auch um die Noten. Kinder sind bei ihren Angriffen anders als Erwachsene. Sie sind viel direkter und haben weniger Hemmungen. Die Attacken sind also meistens wirklich gemein und verletzend.

○ Und bei den Erwachsenen?

● Auch hier sollte nicht unterschätzt werden, wie viele Menschen sich durch öffentliche Kommentare ihrer Mitmenschen verletzt fühlen. Nur sind diese meist versteckter, subtiler und finden oft nicht für alle hörbar, wie auf dem Schulhof, statt, sondern in Räumen, in denen sich der Angreifer sicher fühlt. Also in der Kaffeeküche, im eigenen Büro statt in der Mitarbeitersitzung. Aber egal, ob Kinder oder Erwachsene, der Verlauf der Kommunikation ist gleich.

○ Nämlich?

● Es gibt sozusagen einen Täter und ein Opfer. Eine Person versucht, die andere zu erniedrigen. Oft, um anderen gegenüber seine Macht zu demonstrieren. Aus Kindermündern hört man dann so etwas wie „Fettklopps", Erwachsene kennen Äußerungen wie „Schönes Kostüm. Passt gar nicht zu Ihnen." Jetzt könnte vom kommunikativen Gegenüber alles Mögliche kommen, ein Gegenangriff, ein Contra. Oft passiert aber gar nichts. Man sucht nach einer passenden Antwort, einem fehlen die Worte und man bleibt sprachlos. Oft versucht man der Situation auszuweichen und flieht. Dann triumphiert der Angreifer, er hat sein Ziel erreicht. Das Opfer fühlt sich schlecht.

○ Wie geht es dann weiter? Das ist doch sicher nicht das Ende.

● Wenn der Täter sich immer wieder Erfolg von seinen Angriffen verspricht, wird er es sicher weiter und wiederholt versuchen. Das Opfer fühlt sich immer schlechter, verliert an Selbstbewusstsein, wird manchmal sogar krank.

Transkript

○ Aber es gibt Auswege aus der Situation. Zum Beispiel Ihr Schlagfertigkeitstraining.

● Ja, aber nicht nur meins. Es gibt viele Kommunikationstrainer, die dabei helfen können, sich verbal zu wehren. Vor Kurzem ist ein Ratgeber von dem Trainer Matthias Pöhm für Schüler erschienen, mit vielen Tipps, um schlagfertiger zu werden. Davon können auch Erwachsene lernen.

○ Zum Beispiel?

● Pöhm geht davon aus, dass die beste Abwehr darin besteht, den Angreifer zu überraschen.

○ Und wie macht man das dann konkret?

● Pöhm nennt fünf Abwehrstrategien, die man einsetzen kann, wenn ein Schüler zum Beispiel zum anderen sagt: „Hey, du stinkst." Die erste Strategie ist, so Pöhm, zu überraschen, indem man übertreibt. Der angegriffene Schüler könnte einer Übertreibung zustimmen und sagen: „Ja, du hast recht. Warte erst einmal, bis ich die Schuhe ausgezogen habe!"

○ Ganz schön raffiniert, und die zweite?

● Die zweite Strategie ist das Ironisieren. Der Angegriffene gibt sich gleichgültig und sagt gelangweilt: „Ach ja? Was du nicht sagst." Schwieriger ist dann schon die dritte Strategie, nämlich das Kontern. Dabei antworte ich etwas, was den anderen selbst schlecht dastehen lässt. Aber, und das ist wichtig, er muss erst einen Moment nachdenken, bevor ihm die Botschaft klar wird. Zum Beispiel: „Na, dann passen wir ja gut zusammen." Verwirren ist die vierte Strategie. Man reagiert einfach mit einem anderen Thema. Der andere muss den Eindruck haben, er hätte im Gespräch etwas verpasst. Zum Beispiel: „Aber das kann man doch gar nicht essen." Und die letzte Strategie ist schon fast eine rhetorische Kunst, nämlich den anderen ins Leere laufen zu lassen. Dazu geht man auf seinen Angriff ein und zieht einen eigenen Nutzen daraus, z.B.: „Klar, da bleiben wenigstens die unangenehmen Leute auf Distanz!"

○ Das hört sich in der Theorie ja schon einmal gut an. Aber funktioniert das auch in der Praxis?

● Aus eigener Erfahrung kann ich sagen, dass man die Schlagfertigkeit tatsächlich lernen kann. Aber man muss trainieren, trainieren, trainieren. Am wichtigsten ist, dass man sich nicht mehr versteckt, sondern aktiv in die Offensive geht. Jeder kann das trainieren. Man kann erst einmal vor dem Spiegel anfangen und dann auch mit Freunden oder der Familie üben. Die Schlagfertigkeit kommt nicht von heute auf morgen, sondern Schritt für Schritt.

○ Kann denn jeder lernen, Contra zu geben? Jeder Mensch ist doch anders.

● Ja, und deshalb muss auch jeder für sich ausprobieren, mit welchen Strategien und mit welchen Sätzen man sich am wohlsten fühlt. Die Lieblingssätze, um jemandem die Stirn zu bieten, sollten einem gut gefallen und für möglichst viele Situationen leicht zu variieren sein. Wie man handelt und was man sagt, sollte man am besten in ein Trainingsbuch schreiben.

○ Und Erwachsene können das bei Ihnen lernen?

● Richtig, ich biete Kommunikationsseminare für unterschiedliche Konfliktsituationen an, in denen man gern schlagfertiger sein möchte. Im Beruf, in der Familie, in der Nachbarschaft,…
Je nach Situation sind sehr unterschiedliche Angriffe möglich, denen ich meine verbale Abwehr anpassen muss.

○ Und wie lange dauert so ein Training?

● Das ist individuell sehr unterschiedlich. Zuerst gibt es für alle ein Basisseminar, in dem wir Konfliktsituationen auf Video ansehen und analysieren, bevor wir uns mit den Strategien und möglichen Äußerungen beschäftigen. Das eigentliche Training findet dann in Kleingruppen mit zwei bis drei Personen statt.

○ Und wie setzen sich die Gruppen zusammen?

● Danach, wie leicht oder schwer es den Personen fällt, Contra zu geben. Manche stürzen sich gleich in die Kommunikation und wollen sprechen, andere fangen erst einmal mit der Körperhaltung an.

○ Wieso das?

● Sich nicht mehr klein fühlen, fängt mit dem Körper an. Gerade stehen, den anderen in die Augen schauen … das macht kein Opfer. Das Training soll dann auch noch üben, wie man sich gegen verbale Angriffe unempfindlicher macht. Denn es lohnt sich nicht, auf jeden Unsinn zu reagieren.

○ Sehr interessant. Das finden auch unsere Zuhörer, die in unserer Sendung mit unseren Experten diskutieren können. Die erste Anruferin kommt aus Bochum. Sind Sie bereit?

● Ja, gern. Wer ist denn in der Leitung? …

Modul 4 Aufgabe 1

1 Ich schwätz eigentlich mit meiner Familie Dialekt, ansonschten vermeid ich ihn eher und sprech Hochdeitsch. Eigentlich gfällt mir mein Dialekt ja, aber irgendwie komm ich mir doch a bissle unmodern vor, wenn ich so schwätz. Eigentlich komisch, ha?

2 Die mesten Leute mögen ja den Klang von unserm Dialekt hier nicht so gerne. Oft genug muss er ja für blöde Witze herhalten. Des stert mich natürlich schon. Ich selber sprech gern Dialekt. Im Dialekt gibt es viel farbigere, präzisere Ausdrücke als im Hochdeutschen. Manche Situationen kann ma halt einfach mim Dialekt viel besser beschreiben als mit Hochdeutsch, weil die Wörter besser passen. Aber jeder sollte natürlich och gut Hochdeutsch sprechen könn. Kann ich och, aber muss ich ja nicht jetzt, ne?

3 Dialekte sind doch wat Schönes, damit kann man sin Herkunft zeijen, dat hat wat mit Identität to don. Isch

spresch jern Dialekt und freu misch immer, wenn isch jemandem treff, mit dem isch Dialekt sprechen kann.

4 Nun, ich spreche eigentlich immer Dialekt und selten Hochdeutsch. Der Dialekt ist bei uns weit verbreitet. Auch in den Medien wird oft Dialekt gesprochen. Also, hier ist das ganz normal.

5 Es klingt ja oft so'n bisschen ruppig, wie die Leute quatschn. Da können dann die, die nicht so vertraut damit sind, janz schön schnell beleidigt sein. Momentan wohne ick ja nicht in Berlin. Aber zu Hause quatsch ick eigentlich immer so. Aber auch nur in bestimmten Situationen, beim Shoppen oder wenn ick weggehe oder so. In der Uni, da quatsch ick natürlich immer Hochdeutsch.

6 Meine Oma hat immer Platt mit mir gsnackt, hat es mir so beigebracht. Ich selber spreche es aber eigentlich gor nicht mehr. In meim Umfeld spricht auch keiner mehr Platt, das finde ich wirklich schade. Wär ja echt traurig, wenn das komplett verschwinden täte.

7 I red gern und oft im Dialekt, a im Büro. Wann i allerdings mit Leit zum do habe, die betont Hochdeutsch redn, da bemüh ich mich halt, a so zu redn. I find das a sche, dass Dialekte insgesamt wieder besser angsehn san und wieder an höheren Stellenwert ham.

8 I mog's, Dialekt zu reden. Es gibt so viele spezielle Ausdrück, die in der Hochsprach überhaupt nicht vorkemmen, bsonders schön kann man Übertreibungen und Ironie ausdrücken. Des kommt im Dialekt irgendwie besser uma.

Kapitel 4

Modul 1 Aufgabe 2a

○ Guten Abend meine Damen und Herren. Ich begrüße Sie recht herzlich hier im Goethe-Institut zu unserer Vortragsreihe: „Landeskunde für Deutschlernende und -lehrende". Ich freue mich ganz besonders, Herrn Prof. Böttger von der Ruhr-Universität Bochum begrüßen zu dürfen. Er wird uns in seinem Vortrag eines der wichtigsten Ballungsgebiete Deutschlands vorstellen: das Ruhrgebiet. Bitteschön, Prof. Böttger …

● Vielen Dank, Frau Dr. Förster. Ich möchte Ihnen, meine Damen und Herren, am Anfang meines Vortrags eine alte Sage aus dem Bergbau erzählen. In der Geschichte geht es darum, wie die wirtschaftliche Entwicklung des Ruhrgebiets ihren Anfang genommen haben soll:

Zu einer Zeit, als die Menschen noch nicht wussten, dass man mit Kohle Feuer und Wärme erzeugen kann, weidete an einem kühlen Herbsttag ein Hirtenjunge seine Schafe dort, wo die Berge an die Ufer der Ruhr stoßen. Als er hungrig wurde, fing er ein paar Fische und entzündete ein kleines Holzfeuerchen, um sie zu braten und um ein wenig Wärme für die Nacht zu haben. Am nächsten Morgen schien das Feuer erloschen. Als der Hirtenjunge in die Asche greifen wollte, zuckte er jedoch erschrocken zurück, denn er sah, dass die Steine, auf denen er am vergangenen Abend das Feuer entzündet hatte, heiß und rotglühend geworden waren. Der Junge hatte so etwas niemals zuvor gesehen und rannte verstört nach Hause zu seinen Eltern, denen er sein Abenteuer erzählte. Auch Vater und Mutter konnten sich den Spuk nicht erklären und glaubten, dass es sich um ein Werk des Teufels handeln müsse. Sie verboten ihrem Sohn, jemals von seinem Erlebnis zu sprechen. Fortan weidete dieser seine Schafe woanders, doch diese unheimliche Begebenheit konnte er niemals vergessen.

Als der Hirtenjunge zu einem stattlichen Mann herangewachsen war, wollte er sich eine Frau suchen. Doch unter den Mädchen seiner Heimat fand sich keine, die ihm gefiel. Allerdings gab es in der Stadt Essen ein liebes und freundliches Mädchen, das er gern heimgeführt hätte. Dieses Mädchen hatte aber schon so manchen, der um ihre Hand angehalten hatte, abgewiesen, weil sie sich nicht entscheiden konnte. Da bestimmte eines Tages ihr Vater, dass sie denjenigen heiraten solle, der ihr den schönsten Edelstein als Hochzeitsgabe bringen könne.

Als der Hirtenjunge dies hörte, war er sehr traurig, denn er besaß nicht genug Geld, um jemals wertvolle Diamanten oder Geschmeide erwerben zu können. Doch da erinnerte er sich an die glühenden Steine, die er vor vielen Jahren einmal gesehen hatte. Mit einer Spitzhacke und einem Holzkästchen begab er sich zum Ruhrufer, wo er einstmals das Feuer angezündet hatte, und löste einige der Steine, die er dort vorfand. Hierbei fiel ihm auf, dass diese Steine schwarz waren und glänzten.

Mit seinem gefüllten Holzkästchen ließ er sich sodann bei dem schönen Mädchen melden. Als er eintrat und seine schwarzen Steine vorzeigte, lachten und spotteten das Mädchen und ihr Vater über ihn, weil sie nicht glauben konnten, dass die schwarzen Steine als Edelsteine oder Diamanten angesehen werden könnten. Der Hirtenjunge aber ließ sich nicht beirren und bat darum, dass er seine Steine ins Holzfeuer legen dürfe.

Der Wunsch wurde ihm gewährt, und schon bald flackerte das Feuer hoch auf, und die schwarzen Steine erglühten in prächtigem Rot so hell und klar, wie noch niemals ein Edelstein geleuchtet hatte. Als das Mädchen dies sah, entflammte ihr Herz für den Hirtenjungen. Schon wenige Wochen später wurde eine prächtige Hochzeit gefeiert. Später kamen viele Menschen von weit her an diese Stelle und wollten von den Steinen haben, weil sie erfahren hatten, dass man mit ihnen viel besser heizen konnte als mit Holz. Wie sie früher das ausgeglühte Holz „Holzkohle" genannt hatten, so tauften sie die schwarzen Steine „Steinkohle".

Niemand weiß, ob diese Legende wahr ist. Aber zumindest könnte sie sich so irgendwann im Mittelalter, irgendwo knapp südlich der Ruhr, zugetragen haben. Seit der Entdeckung der Steinkohle hat das Ruhrgebiet – auch Revier, Pott, Ruhrpott oder Kohlenpott genannt – eine rasante Entwicklung genommen. Es

Transkript

umfasst eine Fläche von 4.435 km² und die größte Ausdehnung von Osten nach Westen beträgt 116 km und von Norden noch Süden 67 km. Mit knapp über fünf Millionen Einwohnern ist das Ruhrgebiet die bevölkerungsreichste Region Deutschlands. Zählt man die umliegenden Städte dazu, sind es sogar fast zehn Millionen. Das Ruhrgebiet ist dicht besiedelt, besteht aus vielen großen Städten, die fast oder ganz zusammengewachsen sind. Die bekanntesten und größten sind Dortmund, Essen, Duisburg, Bochum und Gelsenkirchen. In den letzten 60 Jahren, also seit dem Zweiten Weltkrieg, hat sich das Ruhrgebiet drastisch verändert: Von einer durch den Krieg gezeichneten Trümmerlandschaft wurde es zu einer Region der Dienstleistungen. Wie ist es dazu gekommen?

Eine erste Phase dieser Entwicklung stellen die Jahre zwischen 1947 bis 1957 dar: die Revitalisierungsphase. Nach dem Ende des Krieges stieg die Bevölkerungszahl bis 1950 rasch an, denn es gab reichlich Arbeitsplätze im Bergbau, der in dieser Zeit seinen Höhepunkt erreichte. Kohle war der wichtigste Grundstoff für alle anderen Wirtschaftszweige. Sie spielte beim wirtschaftlichen Wiederaufbau der Bundesrepublik eine entscheidende Rolle. Das Ruhrgebiet galt als Aushängeschild der bundesdeutschen Wirtschaft der Nachkriegszeit: Seine Kohle und sein Stahl waren der Motor des Wirtschaftswunders. Ein Drittel aller Beschäftigten arbeiteten im Bergbau. Dadurch, dass die Menschen nun wieder mehr Geld zur Verfügung hatten, blühte der Handel in der Region auf. So entwickelte sich zum Beispiel die Stadt Essen im ersten Nachkriegsjahrzehnt zur größten Einkaufsstadt der Region.

Doch der Aufstieg hielt nicht lange an. Bis zum Beginn des wirtschaftlichen Abschwungs vergingen nur wenige Jahre. Ab 1957 setzte die zweite Phase ein: Der Beginn der Kohlekrise. Der Anteil der Kohle aus dem Ruhrgebiet an der Weltproduktion war stark zurückgegangen, wofür es mehrere Gründe gab. Zum einen konnte Kohle in anderen Ländern wesentlich preiswerter gefördert werden, denn die Lagerstätten waren ergiebiger und die Kohle einfacher abzubauen. Außerdem gingen wichtige Teile des Absatzmarktes verloren, da an die Stelle von Kohle nun Öl und Erdgas traten. So stellte zum Beispiel einer der wichtigsten Abnehmer „Die deutsche Bundesbahn" ihre Züge auf elektrischen Antrieb um, weshalb sie keine Kohle mehr brauchte. Dadurch war die Produktion der Steinkohle zeitweise weit höher als die Nachfrage. Die unmittelbare Folge war natürlich, dass durch den Rückgang des Steinkohlebergbaus viele Menschen ihre Arbeitsplätze verloren, dass sie umschulen oder in Frührente gehen mussten.

Die Kohlekrise hatte aber auch längerfristige Folgen für die gesamte Region. Mit ihr setzte der ökonomische Wandel des Ruhrgebiets ein.

Um den Veränderungen Rechnung zu tragen, wurden in den Jahren 1961 bis 1994 mehr und mehr Arbeitsplätze im Dienstleistungssektor geschaffen. Vor dem Beginn der Kohlekrise arbeiteten die meisten Menschen in der Rohstoffverarbeitung. Anfang der 90er-Jahre gab es wesentlich mehr Beschäftigte im Dienstleistungssektor. Handel, Verkehr und Nachrichtenübermittlung, Banken und Versicherungen sowie Gaststätten und das Beherbergungsgewerbe entwickelten sich enorm. Großstädte wie Dortmund und Essen wurden immer mehr zu Dienstleistungszentren mit einem großen Angebot im Bereich Kultur und Bildung. Zusammen mit Bochum sind diese Städte heute auch die wichtigsten Verwaltungszentren des Ruhrgebiets. Mittlerweile macht der Dienstleistungssektor mit mehr als zwei Dritteln der Beschäftigten den höchsten Anteil an Arbeitsplätzen im Ruhrgebiet aus.

Da die Kohlekrise die Menschen zum Umdenken zwang, begann mit dem Ausbau des Dienstleistungssektors auch ein bildungspolitischer und kultureller Wandel. Innerhalb kürzester Zeit entstanden ab den 60er-Jahren in Bochum, Dortmund, Essen, Duisburg und Hagen neue Universitäten. Dazu kamen acht Fachhochschulen, die Folkwang-Hochschule für Musik, Theater und Tanz sowie je drei forschungsnahe Fraunhofer- und Max-Planck-Institute. Mit weit mehr als 150.000 eingeschriebenen Studenten ist das Ruhrgebiet mittlerweile zur dichtesten Hochschullandschaft Europas geworden. Auch im kulturellen Bereich hat das Ruhrgebiet in den letzten Jahrzehnten eine enorme Entwicklung vollzogen. Heutzutage gibt es in der Region ein dichtes Netz an kommunalen Theatern und Opernhäusern. Dazu kommen zahlreiche kleine Theatergruppen auf mehr als 150 freien Bühnen. Große Festivals wie die „Ruhrfestspiele" in Recklinghausen, das „Theaterfestival Ruhr" oder die „Ruhr-Triennale" haben das Ruhrgebiet weit über seine Grenzen hinaus bekannt gemacht.

Eine herausragende Leistung in der kulturellen Entwicklung hat die „Internationale Bauausstellung Emscher-Park (IBA)" vollbracht. Einer der Schwerpunkte dieses auf zehn Jahre angelegten Projekts war die Restaurierung alter Industriedenkmäler, z.B. stillgelegter Zechen. Während der Kohleförderung wurde in diesen Anlagen schwer gearbeitet. Die Bauwerke, die damals entstanden, werden heute kulturell genutzt und sind auf der „Route der Industriekultur" zu bemerkenswerten touristischen Highlights geworden, die große Besucherströme anziehen.

Und nicht zu vergessen am Ende: Einen weiteren kulturellen Schub bekam die Region durch die Ernennung von Essen zur „Kulturhauptstadt Europas 2010".

Modul 1 Aufgabe 3a

1. Seit der Entdeckung der Steinkohle hat das Ruhrgebiet eine rasante Entwicklung genommen.
2. Nach dem Ende des Krieges stieg die Bevölkerungszahl bis 1950 rasch an.
3. Die Kohle spielte beim wirtschaftlichen Wiederaufbau der Bundesrepublik eine entscheidende Rolle.

4. Bis zum Beginn des wirtschaftlichen Abschwungs vergingen nur wenige Jahre.
5. Vor dem Beginn der Kohlekrise arbeiteten die meisten Menschen in der Rohstoffverarbeitung.
6. Während der Kohleförderung wurde in diesen Anlagen schwer gearbeitet.

Modul 3 Aufgabe 1

SWR 3 Tagesthemen mit Tom Buhrow, mit Tom Buhrow, Tagesthemen mit Tom Buhrow. Hier ist das Erste Deutsche Fernsehen mit den Tagesthemen. Tim fragt Tom.

○ ARD Tagesthemen, Tom Buhrow. Guten Tag.
● Hallo, Tom, hier ist Tim. Was ist Globalisierung?
○ Oh, davon hört man jetzt ganz oft. Also, Globalisierung beschreibt in einem Wort die zahlreichen Änderungen, die es gibt, seit unsere Welt ein Dorf geworden ist.
● Äh, aber die Welt ist doch viel größer als ein Dorf.
○ Ja, stimmt, also die Ausmaße sind dieselben, die die Welt immer hatte, aber durch Telefon, Internet und schnelle Reisemöglichkeiten, z.B. Flugzeug, sind wir Menschen viel direkter und schneller miteinander verbunden. Also meine Kinder zum Beispiel, die emailen ihren Freunden, die sie noch in Amerika haben. Das wäre früher gar nicht möglich gewesen, als ich Kind war. So, und dadurch entstehen natürlich ganz neue Möglichkeiten, vor allem auch wenn wir Dinge kaufen und verkaufen.
● Äh, was denn zum Beispiel?
○ Eigentlich fast alles: Möbel, Fernseher, Computer, Autos, deine Turnschuhe. Weißt du zum Beispiel, wo deine Turnschuhe herkommen?
● Ja, das sind amerikanische Turnschuhe, aber die habe ich bei uns in der Stadt im Laden gekauft.
○ Ah okay, also amerikanische, sagst du. Jetzt guck se dir mal genau an. Was steht denn innen auf dem Schild drauf? Da steht irgendwo „Made in", gemacht in …
● Wart mal, bitte.
○ Musste die Schuhe erst ausziehen, ne?
● Oh, da steht „Made in China". Meine Turnschuhe kommen von China nach Amerika und dann nach Deutschland. Dann ist doch die Globalisierung eigentlich perfekt, oder?
○ Ja, naja, also pass auf. Die amerikanischen Turnschuhe kommen also aus China, weil die Menschen da für sehr niedrigen Lohn arbeiten. Aber deshalb gibt's in Amerika in den Fabriken auch weniger Jobs, weil das jetzt die Leute in China machen.
● Aber dann ist die Globalisierung ja doch was Schlechtes?
○ Es ist gut und schlecht. Das Problem ist, dass sich jeder von uns freut, wenn wir etwas günstig kaufen können, ne? Deine Schuhe sind jetzt billiger, als wenn die in Deutschland oder in Amerika auch wirklich zusammengenäht und hergestellt würden. Aber jeder, der was kauft, muss auch darüber nachdenken, warum viele Dinge bei uns so superbillig sind.
● Ich hab's ein bisschen verstanden.
○ Ja, es ist auch nicht ganz einfach zu erklären. Aber wenn du beim Einkaufen mal darauf achtest, wo die Sachen herkommen und für wie viel sie hier verkauft werden, dann kannst du für dich immer nachrechnen, ob der Preis okay ist oder nicht. Oder ob der, der die Turnschuhe zum Beispiel zusammengenäht hat, einen fairen Lohn bekommen hat dafür oder nicht.
● Ich glaube, jetzt hab ich's verstanden. Superbillig ist nicht immer fair, oder?
○ Nicht immer, es ist nicht automatisch unfair, aber es ist auch nicht automatisch fair.
● Okay, vielen Dank, Tom.
○ Dann ruf einfach wieder an, wenn du eine neue Frage hast.

Modul 4 Aufgabe 3

Schönen guten Abend meine Damen und Herren, ich begrüße Sie recht herzlich zu unserer Vortragsreihe für Firmengründer. Ich freue mich sehr, dass Sie so zahlreich zu unserem heutigen Vortrag mit dem Thema „Bankgespräche erfolgreich führen" erschienen sind. Letzte Woche hatten wir ja bereits den Business- und Finanzplan zum Thema und vorletzte Woche ging es um das Thema Marketing und Vertrieb. Heute möchte ich Ihnen viele hilfreiche Tipps und Hinweise geben, damit Sie realistische Aussichten haben, von einer Bank ein Darlehen zu erhalten. Denn oft ist es ja das leidige Thema Geld, an dem die besten Ideen und Vorhaben scheitern.

Ich möchte Ihnen heute Abend zu folgenden Punkten Informationen liefern:

1. Terminvereinbarung, d.h., was sollte ich alles schon bei der Terminvereinbarung wissen?
2. Das Bankgespräch, d.h., welche Argumente sollten vorbereitet sein, welche Präsentationsinhalte, wie wird die Präsentationsform sein und wie könnte der Gesprächsabschluss aussehen?

Beginnen wir mit der Terminvereinbarung. Sie haben also eine tolle Geschäftsidee und sind bereits aus der Phase des Träumens heraus. Damit meine ich, Sie sind dabei, diese Idee ganz konkret umzusetzen, haben einen Businessplan erstellt, Ihre finanzielle Lage überprüft und auch die Marktsituation analysiert. Sie wissen jetzt also, ob es Konkurrenz auf dem Markt gibt, und, wenn ja, wie stark sie ist und wie Sie sich davon abheben können und so weiter und so fort. Was Ihnen jetzt noch fehlt, ist ein Kreditgeber, damit Sie mit Ihrem Unternehmen starten können. Und allerspätestens hier beginnt das Abenteuer Firmengründung richtig spannend zu werden, denn so manch einer ist schon bei der Terminvereinbarung gescheitert, denn manche Banken lehnen bei schlecht vor-

Transkript

bereiteten Anrufern einen Termin von vornherein ab. Mit welchen Fragen müssen Sie also jetzt bereits rechnen? Nun, auf jeden Fall werden Sie gefragt werden:

- in welcher Branche Sie eine Firma gründen möchten, das interessiert den Geldgeber natürlich, da die verschiedenen Branchen unterschiedlichen Risikograden zugeordnet sind.
- Dann möchte ihr Gesprächspartner sicherlich wissen, wie Ihre Geschäftsidee lautet – worum es also genau bei Ihrem Geschäftsvorhaben geht – und was das Besondere daran ist.
- Schließlich wird bereits hier die Frage nach der Höhe des von Ihnen benötigten Kredits auf Sie zukommen. Machen Sie sich also vorher Gedanken darüber und geben Sie hier möglichst konkrete und realistische Zahlen an.

Wichtig ist bei diesem Gespräch, dass Sie die Fragen kurz und konkret beantworten können, und zwar so, dass ihr Gesprächspartner Sie gut versteht! Da gibt es eine ganz einfache Möglichkeit, das zu üben, und zwar mithilfe des sogenannten „Fahrstuhlgesprächs". Stellen Sie sich vor, Sie sind in einem Fahrstuhl und haben 60 Sekunden Zeit, einer Person, die mit Ihnen im Fahrstuhl ist, Ihre Geschäftsidee zu vermitteln. Um das kurz und knapp zusammenzufassen, habe ich Ihnen hier einen Spickzettel für das Fahrstuhlgespräch zusammengestellt. Schaffen Sie es, in 60 Sekunden verständliche und überzeugende Antworten auf diese vier Fragen zu geben?

1. Was ist mein Angebot?
2. Was ist das Besondere an meiner Geschäftsidee?
3. Woher kommt die Idee? und
4. Was sind meine persönlichen Fähigkeiten?

Üben Sie das Beantworten dieser Fragen vor der Terminvereinbarung – allerspätestens beim Bankgespräch selbst sollten Sie „das Fahrstuhlgespräch" perfekt beherrschen.

So – nun gehen wir also einmal davon aus, dass Sie erfolgreich einen Termin für ein Bankgespräch vereinbart haben – wie geht's jetzt weiter? Welche Themen und Fragen werden Sie in diesem Gespräch erwarten? Wie können Sie sich auf dieses Gespräch vorbereiten? Ich habe Ihnen hier die wichtigsten Inhaltspunkte auf einer Folie zusammengefasst. Sie sehen hier die drei Leitpunkte: Ihr Vorhaben, Ihre Kompetenzen und Ihre Finanzen.

Zunächst geht es also um Ihr genaues Vorhaben: Wie ist Ihre Geschäftsidee, was hat die Marktanalyse ergeben und – sehr wichtig – welche Alleinstellungsmerkmale kann Ihre Geschäftsidee bieten? Schließlich sollten Sie noch Ihre Überlegungen zum Marketing und Vertrieb beschreiben und natürlich einen umfassenden Businessplan vorlegen können.

Dann wird Ihr Kreditberater sicherlich etwas über Ihre Kompetenzen erfahren wollen: Wie steht es mit Ihrem fachlichen Know-how, mit anderen Worten, kennen Sie sich in Ihrem Fach gut aus? Haben Sie kaufmännisches Know-how und verfügen Sie über unternehmerische Fähigkeiten?

Und dann natürlich ein Punkt, der für die Bank besonders wichtig ist – die Finanzierung. Hier wird Ihr Gesprächspartner wissen wollen, wie es um Ihre Vermögensverhältnisse steht, wie Ihre Finanzplanung aussieht (ist sie realistisch und gründlich berechnet?) und natürlich wird Ihre Kreditwürdigkeit geprüft.

Ihr Ziel sollte es sein, Ihren Kundenberater vom Erfolg Ihres Vorhabens zu überzeugen, indem Sie ihm die wichtigsten Punkte Ihres Businessplans vorstellen.

Als guter Gesprächspartner kennen Sie nicht nur Ihre eigenen Ziele und Interessen, sondern machen sich auch Gedanken über die Interessen Ihres Gegenübers. Welche Bedenken könnte er bzw. sie haben? Aus welchen Gründen könnte er oder sie einen Kredit verweigern? Und v.a.: Mit welchen Argumenten können Sie diese Bedenken zerstreuen?

So, wichtig im Beratungsgespräch ist natürlich auch, wie Sie sich verhalten: Als Erstes gilt auf jeden Fall:

1. Zeigen Sie Begeisterung für Ihre Geschäftsidee.

Um Ihren Kundenberater zu überzeugen, gehört auch Begeisterung dazu. Denn nur, wenn Sie sich tatsächlich selbstständig machen möchten und nicht aus der Not heraus gründen, werden Sie auch die nicht selten harte Anlaufphase durchhalten. Ihre Motivation und Begeisterung für Ihr Vorhaben sollte der Kundenberater hören können.

2. Hören Sie „aktiv zu".

„Aktives Zuhören" ist eine wichtige Gesprächstaktik. Zeigen Sie Ihrem Gesprächspartner, dass Sie aufmerksam zuhören. Schauen Sie Ihn an und beschäftigen Sie sich nicht mit anderen Dingen, während er spricht. Blättern Sie also nicht gleichzeitig in Ihren Unterlagen oder in Unterlagen der Bank. Aktives Zuhören ist nicht nur höflich, es signalisiert Ihrem Gesprächspartner: Mich interessiert, was Sie sagen.

3. Beschreiben Sie die Alleinstellungsmerkmale anschaulich.

Um das Alleinstellungsmerkmal Ihres Angebots deutlich zu machen, sollten Sie so genau wie möglich sagen, was das Besondere daran ist. Vermeiden Sie allgemeine Formulierungen wie „Mein Angebot ist besser, schneller, schöner". Das ist alles sehr relativ. Wenn möglich, zeigen Sie Zeichnungen oder Fotos oder bringen Sie Ihr Produkt mit. Je präziser Sie Ihr Produkt beschreiben, desto besser kann es sich Ihr Gegenüber vorstellen. Aber achten Sie hier auch wieder darauf, dass Ihre Beschreibung anschaulich und verständlich ist. Verlieren Sie sich nicht in Fachbegriffen und komplexen, verwirrenden Beschreibungen.

4. Gehen Sie auf die Bedenken des Kreditberaters ein.

Gehen Sie auf die Bedenken Ihres Gesprächspartners ein und sorgen Sie so für Klarheit. Der Kreditberater sollte den Eindruck haben, dass Sie seine Bedenken ernst nehmen und konkret darauf antworten. Klopfen Sie daher keine Sprüche und antworten Sie nicht mit Allgemeinplätzen

wie „Ach, das kriege ich schon hin und das Risiko wird doch eh meistens überschätzt. Meine Erfahrung hat mir gezeigt, dass man nur Mut haben muss."
Und – ganz wichtig, deswegen sage ich es noch einmal: Stellen Sie sich auf das Informationsbedürfnis ihres Gesprächspartners ein: Ein Banker will wissen, ob es sich lohnt, in Ihr Vorhaben zu investieren. Ihre persönlichen Träume und Wünsche interessieren ihn dabei wenig.

Und 5. Bleiben Sie gelassen.

Auch wenn Sie unangenehme Fragen gestellt bekommen, oder Fragen, die wie ein Vorwurf klingen: Bleiben Sie gelassen und reagieren Sie offen. Ihr Kundenberater will Sie nicht beleidigen, sondern bestimmte Informationen bei Ihnen einholen. Stellen Sie sich daher auf solche Fragen ein.

Und zu guter Letzt noch ein offenes Wort – sicherlich erscheint es Ihnen selbstverständlich, aber die Erfahrung zeigt leider immer wieder, dass diese beiden Punkte gar nicht so selbstverständlich sind: Es geht um den ersten Eindruck, also Ihr persönliches Auftreten und Ihr äußeres Erscheinungsbild. Deswegen möchte ich hier noch einmal Klartext reden:
Zeigen Sie sich selbstbewusst, gut informiert und freundlich – aber eben nicht überheblich, besserwisserisch oder einschmeichelnd! Und was Ihr Äußeres betrifft, so kleiden Sie sich angemessen. Ihr Kreditberater wird aus Ihrer Kleidung darauf schließen, welchen Eindruck sie bei anderen Geschäftsterminen vermitteln. Ihre Kleidung sollte also zu Ihnen und zu Ihrer Geschäftsidee passen.

Vergessen Sie zum Abschluss des Gesprächs nicht, sich danach zu erkundigen, wann Sie mit einer Entscheidung seitens des Kreditgebers rechnen können. Und: Fassen Sie die wichtigsten Punkte des Gesprächs noch einmal zusammen. Das Zusammenfassen ist eine wichtige Gesprächstechnik. Sie sorgt für Verbindlichkeit – „Sie erhalten dann von mir …" – und macht Ihrem Gesprächspartner deutlich, dass Sie alles verstanden haben und wie die nächsten Schritte aussehen werden. Die „Zusammenfassung" eignet sich auch dann, wenn Sie Zweifel haben, ob Sie Ihren Gesprächspartner richtig verstanden haben. „Habe ich Sie richtig verstanden, dass …?"
Und noch ein letzter Hinweis, das gesamte Gespräch betreffend: Machen Sie sich Notizen – vor allem, wenn Sie Fristen der Bank gegenüber einzuhalten haben oder noch Unterlagen an die Bank schicken sollen – und erstellen Sie gleich nach dem Gespräch ein kurzes Ergebnisprotokoll, in dem Sie die wichtigsten Ergebnisse und auch Aufgaben, die Sie aus dem Gespräch mitgenommen haben, kurz zusammenfassen.
Bei diesem Punkt angelangt, sind wir schon mitten drin im Thema für nächste Woche, wo wir uns damit befassen werden, wie man ein – auch später noch aufschlussreiches – Ergebnisprotokoll verfasst und wie man Bankgespräche sinnvoll nachbereitet.
Für heute aber genug zu diesem Thema, ich danke Ihnen für Ihre Aufmerksamkeit und wünsche Ihnen einen guten Nachhauseweg.

Modul 4 Aufgabe 4a

○ Ja, Herr Burger, dann erzählen Sie mir doch bitte noch einmal kurz, warum Sie sich eigentlich selbstständig machen möchten. Sie haben doch – wie ich Ihrem Lebenslauf entnehmen kann – einen ganz guten und interessanten Arbeitsplatz?

● Ja, ich arbeite schon seit vielen Jahren als Angestellter und mein Aufgabenbereich ist wirklich nicht schlecht. Aber mir ist schon vor zwei Jahren die Idee gekommen, mich selbstständig zu machen, und ich habe die Idee lange mit mir herumgetragen. Ich denke, ich bin noch jung genug, um etwas Neues zu beginnen, und ich würde doch sehr gern mein eigener Herr sein und meine eigenen Ideen umsetzen.
Ich habe jetzt so lange abgewogen, ob ich diesen Schritt wagen soll, und ich kann Ihnen sagen – ich meine, dass ich mir das zutraue. Ich habe in meinem Beruf sowohl kaufmännische Erfahrung gesammelt als auch Führungskompetenz bewiesen und ich bin gesundheitlich fit. Auch schon im Betrieb habe ich immer wieder gern neue und herausfordernde Aufgaben angenommen. Das reizt mich einfach und macht mir Spaß – auch wenn das viel Arbeit bedeutet.

○ Ach ja, das verstehe ich. Nun, ich habe mir ja Ihren Businessplan angesehen und Sie schreiben, dass Sie bereits einen Auftraggeber für Ihr Unternehmen haben.

● Hmm, stimmt.

○ Das ist ja schon mal ein guter Anfang. Mir ist allerdings nicht so ganz klar, wie Sie weitere Auftraggeber gewinnen möchten. Welche Pläne haben Sie denn und was würden Sie tun, wenn Ihnen der Auftraggeber, den Sie bereits gefunden haben, wieder abspringt?

● Na ja, daran habe ich natürlich auch schon gedacht. Deswegen habe ich mir von einem Partner ein paar Maßnahmen ausarbeiten lassen. Diese Maßnahmen sind hier ausgearbeitet, ich lasse Ihnen das gern da, Sie können sich die Unterlagen ja dann später mal ansehen.

○ Ähm, ja, danke.
Nun, dann erzählen Sie mir doch bitte mal, was eigentlich das Besondere an Ihrer Geschäftsidee ist. Meines Wissens gibt es ja bereits ähnliche Unternehmen auf dem Markt, einige davon sogar ganz in der Nähe Ihres Standortes. Was wollen Sie denn tun, um sich von der Konkurrenz zu unterscheiden?

● Ach wissen Sie, auf den ersten Blick mag das so aussehen, als ob die Konkurrenz das Gleiche bietet, aber mein Angebot ist bei genauerem Hinsehen ganz anders. Unsere Produkte sind qualitativ deutlich hochwertiger und haben eine wesentlich längere Lebensdauer. Außerdem ist unser Produktdesign viel besser – unsere Ware gefällt einfach jedem. Ich hoffe natürlich, dass die Konkurrenz uns da nicht zu schnell nacheifern wird.

Transkript

○ Nun ja, wir haben leider schon oft die Erfahrung gemacht, dass gerade Unternehmen in Ihrem Bereich relativ schnell wieder schließen mussten. Ist Ihnen bewusst, dass die Risiken in diesem Bereich recht hoch sind?

● Ja, dessen bin ich mir voll und ganz bewusst. Ich habe deswegen im Businessplan einige Maßnahmen entwickelt, um mögliche Risiken zu vermeiden. Die Grundlage für diese Maßnahmen sind meine langjährige Berufserfahrung und aktuelle Daten aus der Branche. Ich kann Ihnen das gern kurz erklären, wenn Sie möchten?

○ Ja gern, so viel Zeit sollten wir uns schon nehmen. (…)

○ Danke, sehr schön, ich sehe, Sie haben sich das alles gut überlegt. Dennoch: Wie können wir denn sicher sein, dass Sie Ihr Darlehen auch pünktlich zurückzahlen?

● Nun ja, also ich habe doch schon so lange mein privates Konto bei Ihnen, da wissen Sie doch, dass ich nicht zu den Leuten gehöre, die ständig ihr Konto überziehen und immer im Minus sind. Also ich denke, daher sollten Sie wissen, dass Sie bei mir natürlich damit rechnen können, Ihre Raten pünktlich zu bekommen.

○ Nun gut, Herr Burger, das hört sich ja alles ganz gut an. Ich werde Ihre Unterlagen im Haus prüfen lassen und sobald ich von Ihnen den noch fehlenden Kostenvoranschlag erhalten habe, dauert es noch etwa zehn Tage, bis Sie von uns hören.

● Gut, herzlichen Dank, dann warte ich, bis Sie sich melden.

Kapitel 5

Modul 2 Aufgabe 2

○ Wer kennt das nicht, liebe Hörerinnen und Hörer: Ich weiß genau, was ich will. Ich weiß genau, wohin ich will. Ich weiß genau, was zu tun ist. Aber ich mache es einfach nicht. Viele Menschen haben ambitionierte Ziele und Visionen im Kopf, trauen sich aber nicht, diese auch umzusetzen. Wie immer habe ich Gäste im Studio, mit denen ich über dieses Thema sprechen möchte. Ich begrüße recht herzlich Frau Wendt …

● Guten Tag.

○ … und Herrn Lehmann.

☐ Guten Tag.

○ Frau Wendt, Sie sind von Beruf Marketing- und Kommunikationswirtin. Was genau muss man sich darunter vorstellen?

● Kommunikationswirte arbeiten in Werbe- und Marketingabteilungen in nahezu allen Wirtschaftszweigen. Sie sind in Werbeagenturen, in der Medienbranche sowie im Messe- und Ausstellungswesen tätig. In der Regel spezialisieren sie sich auf bestimmte Teilgebiete, z.B. Marketing, Werbung, Öffentlichkeitsarbeit, Produktmanagement oder Kundenberatung. Die meiste Arbeitszeit verbringt ein Kommunikationswirt mit Planen und Organisieren.

○ Und wie sind Sie darauf gekommen, genau das zu werden?

● Eigentlich war alles purer Zufall … Nach dem Abi wollte ich Hotelkauffrau werden. Hotels fand ich schon immer spannend. Nach einigen Vorstellungsgesprächen und der Erkenntnis „zu viel" Arbeit und „zu wenig" Geld bin ich dann an eine Bank gegangen. Nach der Ausbildung war klar, dass dies nicht mein Endziel sein kann. Ich habe dann Wirtschaftswissenschaften an der Uni Wuppertal begonnen und nebenbei als studentische Aushilfskraft bei einer Eventagentur angefangen. Da der Job süchtig macht, habe ich das Studium aufgegeben und bin nach Köln an die WAK, Westdeutsche Akademie für Kommunikation, gegangen. Nach meinem Abschluss hat mir die Eventagentur dann gleich einen festen Job angeboten.

○ Das klingt nach Erfolg über Umwege.

● Ja, so ist es. Wissen Sie, Arbeitszeit ist Lebenszeit. Deshalb sollte jeder den richtigen Beruf haben.

○ „Das hört sich gut an", mögen jetzt sicherlich die einen Zuhörerinnen und Zuhörer denken. „Wenn das so einfach wäre …", vielleicht andere. Aber wir haben ja einen Experten im Studio, den wir fragen können. Herr Lehmann, Sie arbeiten als Berater und Coach, sind langjähriger Unternehmer. Klingt das, was Frau Wendt sagt, nicht ein bisschen zu idealistisch?

☐ Nein, überhaupt nicht. In meinen Beratungen als Coach treffe ich immer wieder auf Menschen, die einerseits unsicher sind, ob sie sich beruflich verändern sollen, und die andererseits auch nicht wissen, wie man dieses Ziel am besten realisieren kann. Deshalb leiden die einen im Beruf still vor sich hin, die anderen äußern ihren beruflichen Frust durch ständige „Was wäre, wenn …"-Szenarien. Erstaunlich wenige Menschen wählen den dritten Weg und probieren aus, was in ihnen steckt und was sie alles noch erreichen können. Dabei geht es um sehr viel. Die Zeit, die wir im Job verbringen, ist ein Großteil unserer Lebenszeit. Da hat Frau Wendt recht. Warum diese dann mit Dingen verbringen, die uns nicht ausfüllen? Viele denken: Von irgendwas muss man ja leben. Man kann froh sein, in der heutigen Zeit einen Job zu haben. Falsch gedacht! Gerade in der heutigen Welt mit so wenig Freizeit sollte einem die Arbeit Spaß machen.

○ Wie finde ich denn heraus, ob eine berufliche Veränderung für mich notwendig ist?

☐ Zunächst sollten Sie einmal eine Bestandsaufnahme machen. Welcher Teil Ihrer Tätigkeit macht Ihnen besonders Spaß? Wo blühen Sie richtig auf? Aber auch: Was machen Sie überhaupt nicht gern? Wo langweilen Sie sich besonders, wo passieren Ihnen die meisten Fehler? Schreiben Sie auch dieses Ergebnis auf ein Blatt Papier und entwickeln Sie daraus Ihr Stärken- und Schwächenprofil. Überlegen Sie dann ganz genau und seien Sie dabei ehrlich, wie hoch der Anteil der angenehmen Tätigkeiten in Ihrem derzeitigen Job ist. Liegt er unter 50 Prozent, sollten Sie sich Gedanken über eine Veränderung machen.

● Ein solches Stärken- und Schwächenprofil ist wirklich sehr nützlich. Als ich damals meine Ausbildung bei der Bank gemacht habe, war mir das eine große Hilfe und hat mir die Entscheidung leichter gemacht.

○ Und wenn ich dann wie Frau Wendt feststelle, dass ich mich beruflich verändern sollte, wie muss ich dann vorgehen?

□ Stellen Sie sich in einer ruhigen Minute die Frage nach Ihren Wünschen: Wovon haben Sie immer schon geträumt? Geht Ihnen das Herz auf, wenn Sie an die Jobs Ihrer Freunde und Kollegen denken? Was wollten Sie unbedingt werden, als Sie mit der Schule fertig waren? Schreiben Sie diese Gedanken auch auf ein Blatt Papier, und machen Sie daraus Ihren Das-könnte-sein-Leitfaden.

○ Also ich glaube, den Hörern fällt da sofort vieles ein, z.B. mehr Geld zu verdienen.

□ „Mehr Geld verdienen" oder so etwas wie „mehr mit Menschen zu tun haben" reicht nicht aus. Nehmen Sie sich zum Beispiel vor, dass Sie in einem halben Jahr bei Herrn Mayer im Vertrieb arbeiten und dort 500 Euro mehr im Monat verdienen. Oder dass Sie in einem Jahr eine Boutique in Berlin-Mitte besitzen, die auf asiatische Mode spezialisiert ist. Stellen Sie sich dabei auch ruhig einmal vor, wie sich der neue Schreibtischstuhl oder der Fußboden Ihrer Boutique so anfühlt. Aber ganz wichtig: Formulieren Sie ein Ziel, das die richtige Größe für Sie hat. Eine zu kleine Veränderung fordert Sie nicht genug heraus. Eine zu große Veränderung lässt Ihr Ziel zum Luftschloss anwachsen.

○ Und wie lässt sich dann ein solches Ziel umsetzen?

□ Nur mit einem Plan. Sie sollten sich fragen: Wie kommen Sie zu Ihrem Ziel? Welche Teilschritte sind nötig? Welcher Zeitrahmen ist realistisch? Welche Verbündete brauchen Sie? Planen Sie bis ins Detail und schreiben Sie alles auf. Ihr Plan hilft Ihnen auch über Durststrecken hinweg. Wenn Ihnen schon beim Planen die Luft ausgeht, sind Sie noch nicht reif für eine Veränderung.

○ Verbündete? Wen meinen Sie damit?

□ Nun, man sollte sich fragen, ob man sein Ziel allein erreichen kann oder ob man sich dafür Verbündete, Partner und Förderer suchen muss. Oft verschieben Menschen ihren Start immer wieder, weil Sie auf einen Partner warten, der sie mitzieht.

○ Welchen Tipp, Herr Lehmann, würden Sie unseren Hörerinnen und Hörern am Ende geben?

□ Ganz zum Schluss möchte ich Ihnen eine alte Weisheit mit auf den Weg geben: Die Qualität unserer Ziele bestimmt die Qualität unserer Zukunft. Daran sollten Sie denken, wenn Sie neue Ziele für sich formulieren.

○ Das, meine lieben Hörerinnen und Hörer, ist ein guter Schlusssatz für unsere Sendung. Bis zum nächsten Mal …

Modul 4 Aufgabe 4a

Sie engagieren sich in einer Selbsthilfegruppe, sind mit der Feuerwehr zur richtigen Zeit am rechten Ort oder halten mit einer Tanzgruppe das Dorfleben zusammen. Ohne die Ehrenamtlichen wäre vieles in unserer Gesellschaft nicht möglich. NDR Info stellt in einer Serie engagierte Norddeutsche vor. Hören Sie drei Beispiele.

1 Wenn die Segel gehisst sind, dann kann es losgehen mit der Mytilus. Auf der Elbe und der Nord- und Ostsee ist das knapp zwanzig Meter lange Holzsegelschiff zu Hause. Die Crew besteht aus Ehrenamtlichen, einem Skipper und ein bis zwei Bootsleuten, dazu kommen zehn Gäste. Diese, meist Jugendliche, können sich allerdings nicht zurücklehnen und die Aussicht genießen. Sie müssen kräftig mit anpacken: Segel setzen, Knoten üben, auf den Klüverbaum klettern, navigieren, Wache halten, kochen, abwaschen. Es geht um Zuverlässigkeit und Teamarbeit, um das Überstehen realer Abenteuer und um Verantwortlichkeit. Für Gesche Kiekbusch, die Vorsitzende des Vereins Mytilus e.V. ist der Höhepunkt eines jeden Tages der Abend in der Gemeinschaft.
„Das ist ganz ganz toll nach so einem erlebnisreichen super Segeltag, blauer Himmel, Sonne, irgendwo dänische Südsee abends in 'ne Bucht einzulaufen, Anker rasselt runter, Stille im Schiff und Leute gehen baden. Es wird Essen gekocht, die ersten Gitarren kommen hervor und man singt und arbeitet vielleicht noch ein bisschen am Schiff oder so. Also, es ist 'ne ganz tolle Stimmung einfach: Ja, man kriegt halt ganz, ganz viel zurück."
Die junge Frau mit den kurzen blonden Haaren ist mit Feuereifer dabei. Im Alltag sitzt sie eher hinter dem Computer. Sie korrigiert Bücher, bevor die Verlage sie in Druck geben. Aber in ihrer wenigen Freizeit segelt sie für ihr Leben gern. Als sie vor fünf Jahren von dem Projekt „Mytilus" erfahren hat, war sie sofort dabei. Außerdem findet sie die Arbeit mit Jugendlichen einfach toll. Das geht auch Jan Stolzenberg so. Der junge Kassenwart mit dem Spitznamen „Oppa" sagt, nach einer Woche könnten die Jugendlichen das Schiff theoretisch auch alleine segeln, denn „sie sind engagiert, haben das Leben noch vor sich und haben Spaß an der Sache."
Jan Stolzenberg, im Moment Hausmann mit zwei kleinen Kindern, hat wenig Zeit, aber er versucht, so oft wie möglich, auf der Mytilus zu segeln, sie aber auch, wie im Moment, auf einer Werft zu überholen. Jan Stolzenberg sorgt auch dafür, dass der Nachwuchs nicht ausbleibt, und bringt häufiger seinen Sohn mit.
„Ja, der Große, den nehme ich auf die Überführungsfahrt zurück nach Övelgönne, da kommt der Große mit. Der ist auch schon ganz heiß drauf."

Transkript

Der Große ist in diesem Fall gerade mal fünf Jahre alt. Die kleine Schwester von zwei Jahren wartet noch auf ihren ersten Einsatz auf der Mytilus. Stolzenberg und Kiekbusch sind zwei von etwa dreißig bis vierzig aktiven ehrenamtlichen Helfern, die der Verein hat und die alle mit anpacken, wenn es darum geht, das Schiff, das schon 1939 vom Stapel lief, in Schuss zu halten. Viel Arbeit fällt in jedem Fall an, sagt Gesche Kiekbusch.

„Das ist 'nen Holzschiff und Holz will gepflegt sein. Wir müssen kalfatern, das heißt, die Nähte zwischen den Planken müssen gesäubert werden, neues Werg reingestopft und dann mit Pech wieder, mit Teer zugestopft werden, damit die Nähte einfach wasserdicht sind. Ja, und hinterher muss halt wieder Farbe neu drauf."

Genug zu tun also für die freiwilligen Helfer, die ihre Freizeit opfern, damit in den Herbstferien die nächsten Jugendlichen ausfahren können, um die Faszination des Segelns zu erleben und die eigenen Stärken und Grenzen kennenzulernen.

2 Matthias Schulz hat einen Beruf, der ihn oft viel Kraft kostet. Der 29-Jährige arbeitet als Krankenpfleger am Rostocker Universitätsklinikum in der Kinder- und Jugendpsychiatrie. Schon als Kind war Matthias in der Arbeitsgemeinschaft „Junge Sanitäter" aktiv, seit zwölf Jahren ist er beim Jugendrotkreuz.

„Was mich daran hält, ist das schöne Gefühl, anderen helfen zu können. Es ist ein Riesen-Teamgefühl, also wir sind ne riesengroße Supertruppe, es ist ne super Kameradschaft und, ja, es macht halt einfach riesig Spaß."

Seit fünf Jahren ist Matthias Kreisleiter des Jugendrotkreuz in Schwerin und dort verantwortlich für die Jugendarbeit. Mal einfach nur auf der Couch liegen, ist nicht sein Ding.

„Also, in meiner Freizeit bin ich Mitglied im Drachenboot-Team, fahre dort regelmäßig zu Wettkämpfen und zum Training, logischerweise. Und ansonsten bin ich noch weiter beim Roten Kreuz aktiv. Also, ich bin Mitglied im Katastrophenschutz, im Sanitätszug des Kreisverbandes Schwerin. Ich schlaf' auch irgendwann, ja klar. Also, das sind halt Sachen, die teilt man sich halt ein. Das ist halt ne Frage des Zeitmanagement. Das lässt sich alles verbinden."

In seiner ehrenamtlichen Tätigkeit beim Roten Kreuz hat der Krankenpfleger schon viel erlebt und gesehen, darunter auch schwere und belastende Einsätze.

„Ich hatte drei Reanimationen in meinem Leben. Gott sei Dank weiß ich, dass die das auch überlebt haben, und das sind Sachen, die einen schon mitnehmen. Also, da überlegt man dann schon: Okay, hat man da alles richtig gemacht, hätte man es besser machen können? Aber Gott sei Dank weiß ich, dass so weit erst mal alles richtig gelaufen ist. Ja, das macht einen dann schon stolz, aber es ist halt schon schwer und nachdenklich."

Weil Matthias weiß, wie wichtig es ist, schnell und richtig helfen zu können, bildet er auch Schulsanitäter aus. Es ist ein gemeinsames Projekt vom DRK und der Stadt Schwerin. An den Schulen der Landeshauptstadt gibt es inzwischen 180 Schüler, die fit in Erster Hilfe sind. Zu ihnen gehört die fünfzehnjährige Mareike vom Goethe-Gymnasium, die gerade einen wichtigen Einsatz hinter sich hat.

„Und zwar kam ein kleiner Junge zu uns in' Raum gerannt, da ist ne Naht aufgegangen. So, musste irgendwie mit sieben Stichen genäht werden schon mal und der hat ne Flasche draufgekriegt und die ist also wieder aufgegangen. Da haben wir ihn halt zu uns in' Raum geholt und dann hat Steffi 'n Druckverband draufgelegt und ihn anschließend ins Sekretariat gebracht. Die Lehrerin kam dann auch gleich und die war superfroh, dass sie nichts machen musste. Und also, wir haben auch gemerkt, dass die Schüler uns wirklich annehmen."

Ein halbes Jahr dauert die Ausbildung zum Schulsanitäter und alle kommen sie freiwillig in ihrer Freizeit. Das beeindruckt die Ehrenamtsmanagerin beim DRK Kreisverband, Karin Hoffmann, immer wieder.

„Klar sage ich manchmal: Alle Achtung, jeder andere würde euch nen Vogel zeigen, auf Deutsch gesagt. Diese Schüler sitzen am Freitag um vierzehn Uhr, am Dienstag um sechzehn Uhr da, wo andere nach Hause gehen und sagen, jetzt habe ich Schluss, sitzen diese Schüler und warten. Warten auf uns vom DRK oder auch auf die Ehrenamtlichen, die da mit hinkommen, und freuen sich auf das Projekt."

Erste Hilfe kann jeder lernen, sagt Karin Hoffman, auch leistungsschwächere Schüler. So macht sie nicht selten die Erfahrung, dass diese durch den Teamgeist unter den Schulsanitätern oft plötzlich bessere Zensuren schreiben. Manchmal nur, sagt Matthias Schulz, wünschte er sich mehr Respekt und Anerkennung.

„Viele Leute können das nicht verstehen, warum man in seiner Freizeit sich zum Beispiel für andere Menschen engagiert. Sei es jetzt beim Roten Kreuz oder beim THW oder bei der Feuerwehr, wie auch immer. Das können viele Leute nicht nachvollziehen. Die haben genug Stress in ihrem Beruf. Das habe ich sicherlich auch und alle unsere Helfer auch. Aber trotz alldem sind wir der Meinung, okay, es sollte nicht jeder nur an sich denken und was-weiß-ich machen, sondern halt auch auf seine Umwelt links und rechts gucken."

3 „Manchmal lassen die auch nur einmal klingeln, deswegen wartet man dann zwei-, dreimal, bis man sich dann meldet. Jugendliche beraten Jugendliche, hallo."

Die 19-jährige Lynn hat an diesem Sonnabend Telefondienst. Die zierliche Schülerin sitzt in einem kleinen Büro der Arbeitsgemeinschaft Kinder- und Jugendschutz Hamburg e.V. Es ist viel los. Sobald Lynn ein Gespräch beendet hat, klingelt das Telefon sofort wieder. Ein Thema brennt vielen Anruferinnen besonders auf der Seele.

„Also, eine Zeit lang war es ganz oft, dass Mädchen angerufen haben, so zwölf, dreizehn, die dann gesagt haben: ‚Ja, mein Freund hat mich verlassen und ich weiß gar nicht, warum.' Und das kam so oft vor, also mindestens fünfmal an einem Nachmittag. Und man konnte dann echt schon so'n Band abspielen, so: ‚Hast du denn gefragt, warum, und hast du mit ihm gesprochen?' Dann kam immer ein Nein, das waren immer so Wiederholungen."

Heute Nachmittag wechselt sich Lynn am Telefon mit einer anderen Beraterin ab, Ronja, auch neunzehn Jahre alt. Wie alle Freiwilligen haben die jungen Frauen vorher eine 60-stündige Ausbildung für die Telefondienste absolvieren müssen. Im Jahr laufen fast 3.000 Anrufe auf. Kein Wunder, sagt die Abiturientin. Manchmal seien die jungen Leute einfach die besseren Ansprechpartner.

„Weil Erwachsene schon ein bisschen älter sind und einfach nicht mehr wissen, wie's ist, jung zu sein, teilweise. Also, weil sich das ja wirklich immer verändert. Gut, ich bin jetzt neunzehn, manchmal verstehe ich die Zwölfjährigen selber schon nicht mehr. Also, es entwickelt sich alles immer sehr schnell und wir sind einfach dichter dran als jemand, der Ende zwanzig, dreißig, vierzig ist."

Auf der anderen Seite werden die jugendlichen Beraterinnen aber auch mit Themen konfrontiert, die eine ganz andere Dimension haben als zum Beispiel Liebeskummer. Lynns erstes Gespräch heute war so eins, es ging um Essstörungen. „Ja also, es hörte sich sehr danach an. Also sie meint, hat immer gesagt: ‚Ja, ich habe irgendwie gar keinen Hunger.' Und dann habe ich ihr ein bisschen erklärt, was Bulimie ist und so weiter. Und dann hat sie auch gesagt, dass sie ganz plötzlich dann ganz viel essen muss und dann ganz doll Hunger kriegt und dass sie dann danach immer auf Toilette geht. Und dann war halt klar, dass sie sich dann übergibt und so weiter. Und also, ich denk' mal schon, dass das stimmt, ja."

Mitten im Gespräch hat das Mädchen plötzlich aufgelegt, ohne dass es vorher ein Anzeichen dafür gab. Eine schwierige Situation für Lynn.

„Natürlich 'n bisschen doof, dass sie jetzt aufgelegt hat. Weil dann weiß man halt nicht, wie geht das jetzt mit ihr weiter. Also, ich hätte gern noch weiter mit ihr gesprochen und deswegen ist man immer so'n bisschen so allein damit plötzlich."

Für solche Momente ist immer ein erwachsener Berater im Hintergrund. Er oder sie sitzt im Nebenzimmer und ist ansprechbar, wenn die Jugendlichen das möchten, erzählt Monika Steininger, die Koordinatorin des Jugendtelefons.

„Dann gibt es einmal im Monat eine Supervisionsgruppe für die Jugendlichen. Das ist auch gewollt und ist quasi eine Verpflichtung, daran teilzunehmen. Da trifft sich dann die Gruppe und bespricht noch mal, was so an schwierigen Gesprächen reingekommen ist."

Trotz der vielen schwierigen Momente macht die Beratung viel Spaß, finden Lynn und Ronja. Auch für Monika Steininger ist das Kinder- und Jugendtelefon ein Erfolg.

„Einmal haben die Anruferinnen und Anrufer was von diesem besonderen Angebot, dass eben Gleichaltrige beraten – und unsere Beraterinnen und Berater haben uns auch schon ganz oft so zurückgemeldet, dass sie da auch ganz viel so für sich irgendwie mitnehmen, aus der Ausbildung und auch aus dem Miteinander hier."

Wortschatz

Kapitel 1: Alltägliches

Modul 1 Die Zeit läuft

etwas bewahrheitet sich	_____	reif sein für etwas	_____
der Geistesblitz	_____	Schritt halten mit	_____
sich etwas gönnen	_____	etwas überwinden	_____
etwas unter einen Hut bekommen	_____	in etwas versunken sein	_____
		die Zeitnot	_____
die Misere	_____	die Zeit rennt	_____
das Paradox(on)	_____	die Zeit vergeht	_____
prognostizieren	_____	mit der Zeit gehen	_____

Modul 2 Vereine heute

einen Ausgleich haben zu	_____	die Mitgliedschaft	_____
beitreten	_____	Mitglied sein	_____
etwas bewirken	_____	sich mitreißen lassen	_____
sich engagieren	_____	der/die Vorsitzende	_____
etwas erreichen	_____	die Vereinsmeierei	_____

Modul 3 Chaos im Wohnzimmer

aufmerksam machen auf	_____	der Konsument, -en	_____
einen/den Durchblick haben	_____	die Marktforschung	_____
der Eindruck, -"e	_____	die Vereinfachung	_____
der Hersteller, -	_____	aus Versehen	_____

Modul 4 Alle zusammen

j-n ausnutzen	_____	die Einschränkung, -en	_____
der Behördengang	_____	etwas initiieren	_____
die Bereicherung	_____	die Lebensqualität	_____
einbinden in (bindet ein, band ein, hat eingebunden)	_____	die Nachbarschaftshilfe	_____
		profitieren von	_____

Wörter, die für mich wichtig sind:

Wortschatz

Kapitel 2: An die Arbeit!

Modul 1 Ein bunter Lebenslauf

aufschlussreich	_____	etwas revidieren	_____
auf Biegen und Brechen	_____	etwas umgehen (umgeht, umging, hat umgangen)	_____
etwas schlüssig darlegen	_____	bei … ist Vorsicht geboten	_____
die Laufbahn, -en	_____	verunsichert	_____
die Mobilität, -en	_____	zielstrebig	_____
plausibel	_____		

Modul 2 Probieren geht über Studieren?

angesehen sein	_____	etwas ist überlaufen	_____
der Bescheid, -e	_____	voraussichtlich	_____
die Branche, -n	_____	die Vorlage von	_____
kaufmännisch	_____	die Warteliste, -n	_____
der Notendurchschnitt, -e	_____	die Zulassung, -en	_____

Modul 3 Multitasking

ablenken	_____	der Reiz, -e	_____
etwas auf einmal tun	_____	der Reihe nach	_____
etwas ausbügeln	_____	die Ressource, -n	_____
der Beweis, -e	_____	scheitern	_____
etwas nicht gewachsen sein	_____	verschwenden	_____
die Kapazität, -en	_____	die Wahrnehmung, -en	_____
mit etwas klarkommen	_____	zuständig sein für	_____

Modul 4 Soft Skills

die Belastbarkeit	_____	die Priorität, -en	_____
das Durchsetzungsvermögen	_____	der Stellenwert, -e	_____
die Eigeninitiative, -n	_____	die Schlüsselqualifikation, -en	_____
lehrreich	_____	innovativ	_____

Wörter, die für mich wichtig sind:

_____
_____
_____
_____
_____

Wortschatz

Kapitel 3: Hast du Worte?

Modul 1 Immer erreichbar

abschalten _____	erreichbar _____
anderweitig _____	gelegentlich _____
der Anspruch, -"e _____	die Pflicht, -en _____
die Botschaft, -en _____	etwas schätzen _____
eingehen auf (geht ein, ging ein, ist eingegangen) _____	etwas verarbeiten _____
	die Vereinbarkeit _____
enorm _____	der Zugriff, -e _____

Modul 2 Gib Contra!

der Angriff, -e _____	kontern _____
ausgrenzen _____	Paroli bieten _____
die Attacke, -n _____	die Provokation, -en _____
gemein _____	subtil _____
gleichgültig _____	übertreiben (übertreibt, übertrieb, hat übertrieben) _____
j-n erniedrigen _____	etwas unterschätzen _____

Modul 3 Sprachen lernen

die Abweichung, -en _____	der Forschungsgegenstand, -"e _____
die Aneignung _____	der Garant, -en _____
bemerkenswert _____	das Phänomen, -e _____
die Didaktik _____	das Repertoire _____
die Disziplin, -en _____	das Sprachvermögen _____
der Erwerb _____	die Steuerung _____

Modul 4 Sag mal was!

etwas anklingen lassen _____	unüberschaubar _____
das Gehör _____	das Stigma _____
im Grunde genommen _____	verblüffen _____
herunterladen _____	die Verrohung _____
imponieren _____	der Wahlkreis, -e _____
minderbemittelt _____	sich zurechtfinden (findet zurecht, fand zurecht, hat zurechtgefunden) _____
profitieren _____	
umfangreich _____	

Wörter, die für mich wichtig sind:

_____ _____ _____

Wortschatz

Kapitel 4: Wirtschaftsgipfel

Modul 1 Vom Kohlenpott

der Absatzmarkt, -"e	der Grundstoff, -e
der Abschwung	die Legende, -n
die Ausdehnung, -en	die Sage, -n
das Aushängeschild, -er	der Standort, -e
das Ballungsgebiet, -e	die Trümmerlandschaft, -en
die Bevölkerungszahl, -en	die Verkehrsanbindung
der Dienstleistungssektor	das Wirtschaftswunder, -

Modul 2 Mit gutem Gewissen?

den Blick verstellen	ins offene Messer laufen lassen
durchsetzen	rechtschaffen
das Gewissen	überführen
eine Firma betreiben	die Verjährung
den Kern treffen	die Verpflichtung, -en
die Maßnahme	wehren

Modul 3 Die Welt ist ein Dorf

ausnutzen	der Kursverlust, -e
Gewinn erwirtschaften	einer Verantwortung nachkommen
die Gewerkschaft, -en	die Wettbewerbsfähigkeit
die Globalisierung	die Wirtschaftsmacht
die feindliche Übernahme, -n	zustande kommen

Modul 4 Gründerfieber

das Alleinstellungsmerkmal, -e	das Geschäftsmodell, -e
der Andrang	der Handwerker, -
der Auftragnehmer, -	auf die faule Haut legen
sich ergänzen	der Kooperationspartner, -
die Firmengründung, -en	die Marktsituation
die Gelegenheit ergreifen	sich selbstständig machen
	die Vermarktung

Wörter, die für mich wichtig sind:

Wortschatz

Kapitel 5: Ziele

Modul 1 Ab morgen!

automatisieren	das Gewissen
das Bedürfnis, -se	die Kapitulation, -en
bewältigen	scheitern
sich einstellen	verkünden
der Frust	der Vorsatz, -"e
der Genuss, -"e	überfordern
das Gesundheitsverhalten	etwas zurückführen auf

Modul 2 Der Weg ist das Ziel

anerkennen (erkennt an, erkannte an, hat erkannt)	der Teilschritt, -e
	sich trauen
das Detail, -s	umsetzen
das Profil, -e	vorankommen (kommt voran, kam voran, ist vorangekommen)
realisieren	
sich spezialisieren	der Zufall, -"e

Modul 3 Jeder kennt jeden

der Anschluss, -"e	das Netzwerk, -e
branchenübergreifend	profitieren
Kontakte knüpfen	sich registrieren

Modul 4 Freiwillig

betreuen	sich einsetzen für
das Ehrenamt, -"er	das Lebensmotto, -s
ehrenamtlich	das Pflegeheim, -e
das Engagement	die Selbstverwirklichung
freiwillig	sich lösen von
Gewinn ziehen aus	solidarisch
sich engagieren	der Verband, -"e

Wörter, die für mich wichtig sind

Nomen-Verb-Verbindungen

Wichtige Nomen-Verb-Verbindungen

Nomen-Verb-Verbindung	Bedeutung	Beispiel
sich in Acht nehmen vor	aufpassen, vorsichtig sein	Wir sollten uns davor in Acht nehmen, dass Umweltthemen zu sehr auf die leichte Schulter genommen werden.
Angst machen	sich ängstigen vor	Der Klimawandel macht mir Angst.
in Anspruch nehmen	(be)nutzen, beanspruchen	Wir sollten öffentliche Verkehrsmittel stärker in Anspruch nehmen.
einen Antrag stellen auf	beantragen	Familie Müller hat einen Antrag auf finanzielle Förderung für ihre Solaranlage gestellt.
in Aufregung versetzen	(sich) aufregen, nervös machen	Diese Prognose versetzt viele Menschen in Aufregung.
zum Ausdruck bringen	etw. äußern, ausdrücken	Die Beschäftigung mit Themen, die die Umwelt betreffen, bringt die Sorge vieler Menschen um die Zukunft zum Ausdruck.
zur Auswahl stehen	angeboten werden	Heute stehen viele energiesparende Geräte zur Auswahl.
Beachtung finden	beachtet werden	Alternative Energieformen finden momentan große Beachtung.
einen Beitrag leisten	etw. beitragen	Jeder kann einen Beitrag zum Energiesparen leisten.
einen Beruf ausüben	arbeiten (als), beruflich machen	Dr. Weißhaupt übt seinen Beruf als Energieberater schon seit 20 Jahren aus.
Bescheid geben/sagen	informieren	Können Sie mir bitte Bescheid geben/sagen, wann die Solaranlage bei uns installiert wird?
Bescheid wissen	informiert sein	Über erneuerbare Energien weiß ich immer noch zu wenig Bescheid.
Bezug nehmen auf	sich beziehen auf	Mit meinem Leserbrief nehme ich Bezug auf Ihren Artikel „Umweltschutz in der Region".
zu Ende bringen	beenden/abschließen	Wir müssen wichtige Forschungsvorhaben im Bereich Energie zu Ende bringen.
einen Entschluss fassen	beschließen, sich entschließen	Einige Länder haben endlich den Entschluss gefasst, Treibhausgase deutlich zu reduzieren.
einen Fehler begehen	etw. Falsches tun	Ich beging einen großen Fehler, als ich beim Hauskauf nicht auf die Energiekosten achtete.
zur Folge haben	folgen aus etw., bewirken	Die Entwicklung der letzten Jahre hat zur Folge, dass alternative Energien stärker gefördert werden.
in Frage kommen	relevant/akzeptabel sein	Es kommt nicht in Frage, dass man nicht mehr verwendbare Medikamente im Hausmüll entsorgt.
außer Frage stehen	(zweifellos) richtig sein, nicht bezweifelt werden	Es steht außer Frage, dass neue Technologien teuer sind.
eine Frage stellen	fragen	Heute werden den Politikern deutlich mehr Fragen zu Umweltthemen gestellt.
in Frage stellen	bezweifeln, anzweifeln	Dass die Industrie genug Geld für den Klimaschutz investiert, möchte ich doch in Frage stellen.
sich Gedanken machen über	nachdenken	Jeder Einzelne sollte sich darüber Gedanken machen, wie er Energie sparen kann.
ein Gespräch führen	(be)sprechen	Es müssen international mehr Gespräche zum Umweltschutz geführt werden.

Nomen-Verb-Verbindungen

Nomen-Verb-Verbindung	Bedeutung	Beispiel
Interesse wecken an/für	sich interessieren für	Das Interesse an der Umwelt sollte bei Kindern schon früh geweckt werden.
in Kauf nehmen	(Nachteiliges) akzeptieren	Wer Wind als Energiequelle nutzt, muss in Kauf nehmen, dass er nicht immer weht.
zur Kenntnis nehmen	bemerken, wahrnehmen	Wir müssen zur Kenntnis nehmen, dass mit Erdöl und Erdgas in großen Mengen bald Schluss sein wird.
die Kosten tragen	bezahlen	Am Ende müssen wir alle die Kosten für die Umweltschäden tragen.
Kritik üben an	kritisieren	An der derzeitigen Energiepolitik wurde zu Recht schon viel Kritik geübt.
in der Lage sein	können / fähig sein	Wir sind alle in der Lage, etwas für den Klimaschutz zu tun.
auf den Markt bringen	etw. (zum ersten Mal) verkaufen	Immer mehr energiesparende Geräte werden auf den Markt gebracht.
sich Mühe geben	sich bemühen	Viele Menschen geben sich Mühe, die Umwelt zu schützen.
eine Rolle spielen	wichtig/relevant sein	Raps- oder Sonnenblumenöl spielen außerdem bei der Gewinnung von Bio-Diesel eine wichtige Rolle.
Rücksicht nehmen auf	rücksichtsvoll sein	Wir müssen stärker Rücksicht auf die Natur nehmen.
Ruhe bewahren	ruhig bleiben	Um die Umweltprobleme lösen zu können, müssen wir Ruhe bewahren und Ideen gezielt umsetzen.
Schluss machen mit	beenden	Mit der alltäglichen Energieverschwendung müssen wir endlich Schluss machen.
in Schutz nehmen	(be)schützen, verteidigen	Die Regierung darf die Industrie nicht ständig in Schutz nehmen.
Sorge tragen für	sorgen für	Die Politiker müssen Sorge für den Klimaschutz tragen.
aufs Spiel setzen	riskieren	Wir dürfen unsere Zukunft nicht aufs Spiel setzen.
zur Sprache bringen	ansprechen	Umweltthemen sollten häufiger zur Sprache gebracht werden.
auf dem Standpunkt stehen	meinen	Ich stehe auf dem Standpunkt, dass erneuerbare Energien mehr gefördert werden müssen.
Untersuchungen anstellen	untersuchen	Viele Experten haben Untersuchungen zum Klimawandel angestellt.
Verantwortung tragen für	verantwortlich sein	Heute trägt der Mensch die Verantwortung für die Klimaveränderungen.
in Verlegenheit bringen	verlegen machen	Unsere Kinder werden uns in Verlegenheit bringen, wenn wir ihnen unser Handeln erklären müssen.
zur Verfügung stehen	vorhanden sein, für j-n da sein	Im Prinzip stehen alternative Energien unbegrenzt zur Verfügung.
Verständnis aufbringen für	verstehen	In 100 Jahren wird niemand Verständnis für unseren heutigen Umgang mit Ressourcen aufbringen.
aus dem Weg gehen	vermeiden, ausweichen	Der Manager ging den Fragen der Journalisten nach dem Umweltschutz dauernd aus dem Weg.
Zweifel haben	bezweifeln	Experten haben Zweifel, ob wir mit erneuerbaren Energien unseren Strombedarf decken können.
außer Zweifel stehen	nicht bezweifelt werden	Es steht außer Zweifel, dass der Treibhauseffekt minimiert werden kann.

Verben, Adjektive und Substantive …

Wichtige Verben, Adjektive und Substantive mit Präpositionen

Verben mit Präpositionen mit entsprechenden Substantiven und Adjektiven			
Verb	Substantiv	Adjektiv	Präposition + Kasus
abhängen	die Abhängigkeit	abhängig	von + D
achten			auf + A
ändern	die Änderung		an + D
anfangen	der Anfang		mit + D
sich ängstigen	die Angst		vor + D
ankommen			auf + A
anpassen	die Anpassung	angepasst	an + A
antworten	die Antwort		auf + A
sich ärgern	der Ärger	ärgerlich	über + A
aufhören			mit + D
aufpassen			auf + A
sich aufregen	die Aufregung	aufgeregt	über + A
ausdrücken			mit + D
sich austauschen	der Austausch		mit + D / über + A
sich bedanken			für + A / bei + D
sich begeistern	die Begeisterung		für + A
beitragen	der Beitrag		zu + D
berichten	der Bericht		über + A / von + D
sich beschäftigen	die Beschäftigung	beschäftigt	mit + D
sich beschweren	die Beschwerde		über + A / bei + D
bestehen			aus + D
sich bewerben	die Bewerbung		um + A / bei + D
sich beziehen	der Bezug		auf + A
bitten	die Bitte		um + A
danken	der Dank	dankbar	für + A
denken	der Gedanke		an + A
diskutieren	die Diskussion		über + A / mit + D
sich eignen	die Eignung	geeignet	für + A / zu + D
eingehen			auf + A
einladen	die Einladung		zu + D
sich engagieren	das Engagement	engagiert	für + A
sich entscheiden	die Entscheidung		für + A / gegen + A
sich entschließen	der Entschluss / die Entschlossenheit	entschlossen	zu + D
sich entschuldigen	die Entschuldigung		für + A / bei + D
sich erholen	die Erholung	erholt	von + D
sich erinnern	die Erinnerung		an + A
sich erkundigen	die Erkundigung		bei + D / nach + D

Verben, Adjektive und Substantive …

| Verben mit Präpositionen mit entsprechenden Substantiven und Adjektiven ||||
Verb	Substantiv	Adjektiv	Präposition + Kasus
erwarten			von + D
erzählen	die Erzählung		von + D
fragen	die Frage		nach + D
sich freuen	die Freude		auf + A
sich freuen	die Freude	erfreut	über + A
führen			zu + D
gehören			zu + D
sich gewöhnen	die Gewöhnung	gewöhnt	an + A
glauben	der Glaube		an + A
gratulieren	die Gratulation		zu + D
halten			an + A
(sich) halten			für + A
handeln			von + D
sich handeln			um + A
helfen	die Hilfe	behilflich	bei + D
hinweisen	der Hinweis		auf + A
hoffen	die Hoffnung		auf + A
sich informieren	die Information	informiert	über + A / bei + D
sich interessieren	das Interesse		für + A
investieren	die Investition		in + A
kämpfen	der Kampf		für + A / gegen + A
sich konzentrieren	die Konzentration	konzentriert	auf + A
sich kümmern			um + A
lachen			über + A
leiden			an + D / unter + D
liegen			an + D
nachdenken			über + A
protestieren	der Protest		gegen + A
reagieren	die Reaktion		auf + A
reden			über + A / mit + D / von + D
reden	die Rede		von + D / über + A
schmecken	der Geschmack		nach + D
siegen	der Sieg		über + A
sorgen			für + A
sich sorgen	die Sorge	besorgt	um + A
sich spezialisieren	die Spezialisierung	spezialisiert	auf + A
sprechen	das Gespräch		über + A / mit + D / von + D

... mit Präpositionen

Verben mit Präpositionen mit entsprechenden Substantiven und Adjektiven			
Verb	Substantiv	Adjektiv	Präposition + Kasus
stehen			für + A
(sich) streiten	der Streit		über + A / um + A / mit + D
suchen	die Suche		nach + D
teilnehmen	die Teilnahme		an + D
tendieren	die Tendenz		zu + D
sich treffen	das Treffen		mit + D
sich trennen	die Trennung	getrennt	von + D
(sich) überzeugen		überzeugt	von + D
sich unterhalten	die Unterhaltung		über + A / mit + D
sich unterscheiden	die Unterscheidung	unterscheidbar	nach + D, von + D
sich verabreden	die Verabredung	verabredet	mit + D
sich verabschieden	die Verabschiedung		von + D
verbinden	die Verbindung	verbunden	mit + D
vergleichen	der Vergleich	vergleichbar	mit + D
sich verlassen			auf + A
sich verlieben	die Verliebtheit	verliebt	in + A
verstehen			von + D
sich verstehen			mit + D
vertrauen	das Vertrauen		auf + A
verzichten	der Verzicht		auf + A
sich vorbereiten	die Vorbereitung	vorbereitet	auf + A
warnen	die Warnung		vor + D
warten			auf + A
werben	die Werbung		für + A
wirken	die Wirkung		auf + A
sich wundern	die Verwunderung	verwundert	über + A
zählen			zu + D
zweifeln	der Zweifel	verzweifelt	an + D

Adjektive mit Präpositionen mit entsprechenden Substantiven		
Adjektiv	Substantiv	Präposition
angewiesen		auf + A
anwesend	die Anwesenheit	bei + D
befreundet	die Freundschaft	mit + D
begeistert		von + D
bekannt		für + A
bekannt	die Bekanntschaft	mit + D

Verben, Adjektive und Substantive …

Adjektive mit Präpositionen mit entsprechenden Substantiven		
Adjektiv	**Substantiv**	**Präposition**
beliebt	die Beliebtheit	bei + D
bereit	die Bereitschaft	zu + D
berühmt	die Berühmtheit	für + A
blass		vor + D
böse		auf + A / zu + D
charakteristisch		für + A
eifersüchtig	die Eifersucht	auf + A
einverstanden	das Einverständnis	mit + D
empört	die Empörung	über + A
erfahren	die Erfahrung	in + D
erstaunt	das Erstaunen	über + A
fähig	die Fähigkeit	zu + D
gespannt		auf + A
gleichgültig	die Gleichgültigkeit	gegenüber + D
glücklich		über + A
lieb	die Liebe	zu + D
misstrauisch	das Misstrauen	gegenüber + D
neidisch	der Neid	auf + A
neugierig	die Neugier(de)	auf + A
notwendig	die Notwendigkeit	für + A
nützlich	der Nutzen	für + A
offen	die Offenheit	für + A
reich	der Reichtum	an + D
schädlich	die Schädlichkeit	für + A
schuld	die Schuld	an + D
sicher	die Sicherheit	vor + D
stolz	der Stolz	auf + A
traurig	die Trauer	über + A
typisch		für + A
verpflichtet	die Verpflichtung	zu + D
verrückt		nach + D
verschieden		von + D
verwandt	die Verwandtschaft	mit + D
wütend	die Wut	auf + A / über + A
zufrieden	die Zufriedenheit	mit + D
zuständig	die Zuständigkeit	für + A

Unregelmäßige Verben

Wichtige unregelmäßige Verben

Infinitiv	Präsens	Präteritum	Perfekt
backen	backt/bäckt	backte	hat gebacken
befehlen	befiehlt	befahl	hat befohlen
sich befinden	befindet	befand	hat befunden
beginnen	beginnt	begann	hat begonnen
begreifen	begreift	begriff	hat begriffen
behalten	behält	behielt	hat behalten
bekommen	bekommt	bekam	hat bekommen
beraten	berät	beriet	hat beraten
bergen	birgt	barg	hat geborgen
beschließen	beschließt	beschloss	hat beschlossen
besprechen	bespricht	besprach	hat besprochen
bestehen	besteht	bestand	hat bestanden
betragen	beträgt	betrug	hat betragen
betreten	betritt	betrat	hat betreten
betrügen	betrügt	betrog	hat betrogen
sich bewerben	bewirbt	bewarb	hat beworben
bieten	bietet	bot	hat geboten
bitten	bittet	bat	hat gebeten
bleiben	bleibt	blieb	ist geblieben
braten	brät/bratet	briet	hat gebraten
brechen	bricht	brach	hat gebrochen
brennen	brennt	brannte	hat gebrannt
bringen	bringt	brachte	hat gebracht
denken	denkt	dachte	hat gedacht
dürfen	darf	durfte	hat gedurft
empfangen	empfängt	empfing	hat empfangen
empfehlen	empfiehlt	empfahl	hat empfohlen
empfinden	empfindet	empfand	hat empfunden
entlassen	entlässt	entließ	hat entlassen
entscheiden	entscheidet	entschied	hat entschieden
sich entschließen	entschließt	entschloss	hat entschlossen
entstehen	entsteht	entstand	ist entstanden

Unregelmäßige Verben

Infinitiv	Präsens	Präteritum	Perfekt
erbleichen	erbleicht	erblich	ist erblichen
erfahren	erfährt	erfuhr	hat erfahren
erfinden	erfindet	erfand	hat erfunden
erschrecken	erschrickt	erschrak	ist erschrocken
ertragen	erträgt	ertrug	hat ertragen
erwägen	erwägt	erwog	hat erwogen
erziehen	erzieht	erzog	hat erzogen
essen	isst	aß	hat gegessen
fahren	fährt	fuhr	ist gefahren
fallen	fällt	fiel	ist gefallen
fangen	fängt	fing	hat gefangen
finden	findet	fand	hat gefunden
fliegen	fliegt	flog	ist geflogen
fliehen	flieht	floh	ist geflohen
fließen	fließt	floss	ist geflossen
frieren	friert	fror	hat gefroren
geben	gibt	gab	hat gegeben
gedeihen	gedeiht	gedieh	ist gediehen
gefallen	gefällt	gefiel	hat gefallen
gehen	geht	ging	ist gegangen
gelingen	(etwas) gelingt	gelang	ist gelungen
gelten	gilt	galt	hat gegolten
genesen	genest	genas	ist genesen
genießen	genießt	genoss	hat genossen
geraten	gerät	geriet	ist geraten
geschehen	geschieht	geschah	ist geschehen
gewinnen	gewinnt	gewann	hat gewonnen
gleichen	gleicht	glich	hat geglichen
greifen	greift	griff	hat gegriffen
haben	hat	hatte	hat gehabt
halten	hält	hielt	hat gehalten
hängen	hängt	hing	hat gehangen
heben	hebt	hob	hat gehoben

Unregelmäßige Verben

Infinitiv	Präsens	Präteritum	Perfekt
heißen	heißt	hieß	hat geheißen
helfen	hilft	half	hat geholfen
kennen	kennt	kannte	hat gekannt
klingen	klingt	klang	hat geklungen
kommen	kommt	kam	ist gekommen
können	kann	konnte	hat gekonnt
laden	lädt	lud	hat geladen
lassen	lässt	ließ	hat gelassen
laufen	läuft	lief	ist gelaufen
leiden	leidet	litt	hat gelitten
leihen	leiht	lieh	hat geliehen
lesen	liest	las	hat gelesen
liegen	liegt	lag	hat gelegen
lügen	lügt	log	hat gelogen
meiden	meidet	mied	hat gemieden
messen	misst	maß	hat gemessen
misslingen	misslingt	misslang	ist misslungen
mögen	mag	mochte	hat gemocht
müssen	muss	musste	hat gemusst
nehmen	nimmt	nahm	hat genommen
nennen	nennt	nannte	hat genannt
raten	rät	riet	hat geraten
reißen	reißt	riss	hat gerissen
reiten	reitet	ritt	ist geritten
rennen	rennt	rannte	ist gerannt
riechen	riecht	roch	hat gerochen
rufen	ruft	rief	hat gerufen
scheinen	scheint	schien	hat geschienen
schieben	schiebt	schob	hat geschoben
schießen	schießt	schoss	hat geschossen
schlafen	schläft	schlief	hat geschlafen
schlagen	schlägt	schlug	hat geschlagen
schleichen	schleicht	schlich	ist geschlichen

Unregelmäßige Verben

Infinitiv	Präsens	Präteritum	Perfekt
schließen	schließt	schloss	hat geschlossen
schneiden	schneidet	schnitt	hat geschnitten
schieben	schiebt	schob	hat geschoben
schreiben	schreibt	schrieb	hat geschrieben
schreien	schreit	schrie	hat geschrien
schweigen	schweigt	schwieg	hat geschwiegen
schwimmen	schwimmt	schwamm	hat/ist geschwommen
schwören	schwört	schwor	hat geschworen
sehen	sieht	sah	hat gesehen
sein	ist	war	ist gewesen
senden	sendet	sandte/sendete	hat gesandt/gesendet
singen	singt	sang	hat gesungen
sinken	sinkt	sank	ist gesunken
sitzen	sitzt	saß	hat gesessen
sprechen	spricht	sprach	hat gesprochen
springen	springt	sprang	ist gesprungen
stehen	steht	stand	hat gestanden
stehlen	stiehlt	stahl	hat gestohlen
steigen	steigt	stieg	ist gestiegen
sterben	stirbt	starb	ist gestorben
stoßen	stößt	stieß	hat gestoßen
streichen	streicht	strich	hat gestrichen
streiten	streitet	stritt	hat gestritten
tragen	trägt	trug	hat getragen
treffen	trifft	traf	hat getroffen
treiben	treibt	trieb	hat getrieben
treten	tritt	trat	hat/ist getreten
trinken	trinkt	trank	hat getrunken
tun	tut	tat	hat getan
unterhalten	unterhält	unterhielt	hat unterhalten
unterscheiden	unterscheidet	unterschied	hat unterschieden
verbieten	verbietet	verbat	hat verboten
verbinden	verbindet	verband	hat verbunden

Unregelmäßige Verben

Infinitiv	Präsens	Präteritum	Perfekt
verderben	verdirbt	verdarb	hat verdorben
vergessen	vergisst	vergaß	hat vergessen
vergleichen	vergleicht	verglich	hat verglichen
verlassen	verlässt	verließ	hat verlassen
verlieren	verliert	verlor	hat verloren
vermeiden	vermeiden	vermied	hat vermieden
verzeihen	verzeiht	verzieh	hat verziehen
verschwinden	verschwindet	verschwand	ist verschwunden
wachsen	wächst	wuchs	ist gewachsen
waschen	wäscht	wusch	hat gewaschen
weichen	weicht	wich	ist gewichen
werben	wirbt	warb	hat geworben
werden	wird	wurde	ist geworden
werfen	wirft	warf	hat geworfen
wiegen	wiegt	wog	hat gewogen
wissen	weiß	wusste	hat gewusst
wollen	will	wollte	hat gewollt
ziehen	zieht	zog	hat gezogen

Quellenverzeichnis

Bilder
S. 10 Shutterstock
S. 12 picture-alliance / Globus Infografik (l.); Langenscheidt Bildarchiv (o.r.); GYNEX – Fotolia.com (u.)
S. 13 picture-alliance (l.), Getty Images (M.); picture-alliance (r.)
S. 14 Shutterstock
S. 16 KMSS/zefa/Corbis (o.); Mauritius Images / Image Source Limited (M.); Polly Borland/Getty Images (u.)
S. 20 ro18ger/pixelio (o.l.); Shutterstock (M.l.); Bayer AG (u.l.); heg3n /pixelio (o.r.); Helen Schmitz (M.r.); akg-images (u.r.)
S. 22–23 ZDF Klar! Wissen ist gut. (Unordnung), 17.11.2007*
S. 23 Manfred Mazi / pixelio (l.); Berne Sterzl / pixelio (r.)
S. 24 Visum Foto GmbH (o.); FIRE Foto Thomas Gaulke (u.)
S. 25 Keystone Pressedienst (o.); Caro Fotoagentur (M.); ALIMDI.NET motioncompany (u.)
S. 26 www.achecht.de
S. 28 Langenscheidt Bildarchiv (o.l.); Shutterstock (o.r.; M.; u.l.); Maksim Tselishchev – Fotolia.com (u.r.)
S. 30 Hannes Hepp/zefa/Corbis
S. 34 Langenscheidt Bildarchiv
S. 36 Associated Press
S. 38–39 ZDF Frontal21 (Ingenieurmangel), 26.06.2007*
S. 40 Tobias Schülert (o.l.); Til Mette (o.r.); Tom Wagner (u.)
S. 41 Joscha Sauer / Bulls Press (o.l.); Uli Stein (o.r.); Tom Körner (u.)
S. 42 Dr. Kerstin Cuhls (l.); Prof. Miriam Meckel (r.)
S. 48 Polyglott Verlag GmbH
S. 50 Xenia1972 – Fotolia.com
S. 52 picture-alliance
S. 54–55 ZDF Klar! Wissen ist gut. (Gebärdendolmetscher), 27.10.2007*
S. 55 picture-alliance / ZB (u.)
S. 58 RUHR.2010 (o.); Shutterstock (u.)
S. 60 picture-alliance
S. 62 EastWest Imaging – Fotolia.com
S. 63 Yuri Arcurs – Fotolia.com
S. 64 Getty Images / Ingram Publishing
S. 66 Getty Images / Stockbyte
S. 68 Margarete Steiff GmbH
S. 70–71 Henkel AG & Co. KGaA
S. 72 Sebastian Fitzek (o.); akg-imgages (u.)
S. 73 akg-images
S. 74 Ute Koithan
S. 78 © by Sprachinstitut TREFFPUNKT, Hauptwachstrasse 19, 96047 Bamberg/Germany
S. 80 Thomas Plaßmann
S. 82 Rolf-Kühnast_pixelio.de
S. 84 picture-alliance
S. 86–87 3sat neues (Games Academy), 04.11.2007*

S. 121 Elenathewise - Fotolia.com
S. 125 li. Charlotte Mörtl, re. picture-alliance
S. 134 Adam Gregor – Fotolia.com
S. 138 Hannes Hepp / zefa/Corbis
S. 140 Sabine Wenkums
S. 142 János Gehring – Fotolia.com
S. 145 Langenscheidt Bildarchiv
S. 150 ddp
S. 152–153 Stern: Grace-Winter_pixelio.de, Motorrad: shutterstock.com, Blume: Rainer-Sturm_pixelio.de, Muschel: Stephanie-Hofschlaeger_pixelio.de
S. 154 picture-alliance / Globus Infografik
S. 156 Banken: Michael-Hirschka_pixelio.de, Börse: picture-alliance, Messe: Langenscheidt Bildarchiv, Hafen: Cordula Schurig, Opel: picture-alliance
S. 159 picture-alliance
S. 160 Maximilianpark Hamm GmbH, Fotograf Marc Wohlrab
S. 161 akg-images
S. 163 Thomas Leiss - Fotolia.com
S. 165, 169, 171 Sabine Wenkums
S. 170 li. Sabine Wenkums, re. Sibylle Freitag
S. 176 Burkhard Mohr

Texte
S. 8 Ruckzuck – Die schnellsten Geschichten der Welt, Zürich Diogenes, 2008 (o.); Adelheid Duvanel, Felix Feigenwinter (u.); © Verlag Volk und Welt, München in der Verlagsgruppe Random House GmbH (o.); Franz Hohler (u.)
S. 14 Süddeutsche Zeitung vom 5.9.2007, Interview: Titus Arnu (gekürzt)
S. 26 Dr. Frank Stefan Becker , Siemens AG (gekürzt)
S. 30f. Süddeutsche Zeitung Wissen, 16/2007, Katrin Blawat (gekürzt)
S. 34 Frankfurter Allgemeine Zeitung, Hochschulanzeiger Nr. 92, 2007; Katja Kasten (gekürzt) © Alle Rechte vorbehalten. Frankfurter Allgemeine Zeitung GmbH, Frankfurt. Zur Verfügung gestellt vom Frankfurter Allgemeine Archiv (l.); www.staufenbiel.de/bewerbungswissen. Tipps und Informationen rund um den Bewerbungsprozess gibt es auf www.staufenbiel.de/bewerbungswissen (r.) (gekürzt)
S. 42 Dr. Kerstin Cuhls (l.); Prof. Miriam Meckel (r.)
S. 48f. Zeit magazin Leben 26/2008, Matthias Stolz (gekürzt)
S. 52 Spiegel Extra; Nr. 42/2008 (Auszug)
S. 60f. SZ Magazin, Heft 33/2006 und Heft 49/2008, Dr. Dr. Rainer Erlinger
S. 64 Text und Idee von Thomas Schlüter, Geschäftsführer der ilexius GmbH; www.ilexius.de (gekürzt)

* alle Standfotos aus ZDF-Beiträgen: Lizenz durch www.zdf.archive.com/ZDF Enterprises GmbH Copyright ZDFE 2010 – alle Rechte vorbehalten

Quellenverzeichnis

S. 68 Margarete Steiff GmbH (gekürzt)
S. 72 Sebastian Fitzek: Amokspiel. Knaur 2007 © 2007 Droemersche Verlagsanstalt Th. Knaur Nachf. GmbH & Co. KG, München
S. 74 Berliner Verlag, Stephanus Parmann (gekürzt)
S. 80f. Stuttgarter Zeitung 15.11.06, Thomas Faltin (gekürzt)
S. 84 WDR/SWR/BR-alpha 2008, Marika Liebsch
S. 136 Universität Duisburg-Essen
S. 148 „Permanente Überlastung" von Andreas Henry, WiWo Nr. 14, 2.4.07 © Handelsblatt GmbH. Alle Rechte vorbehalten.
S. 149 Matthias Pöhm, www.poehm.com
S. 173 Wie viel sind meine Ziele wert? von Wacki Bauer, 17.10.05, www.philognosie.net/index.php/tip/tipview/536/

Transkripte
Kapitel 1, Modul 2: Nach: Uni & Job / SZ-Beilage vom 20.10.07 (1–6)
Kapitel 3, Auftakt: Dieter Nuhr: „Ich bin's nuhr", Track 25 „Mutter", 2004, WortArt, Köln, ISBN 3-7857-1454-8
Kapitel 4, Modul 3: SWR3
Kapitel 5, Modul 4: NDR Info, Nicole Ahles (1); Eva Storrer (2); Sofie Donges (Nummer gegen Kummer e.V. Tel: 0800/111 0 333) (3)

Aspekte Band 3, Teil 1 CD 1

Track	Kapitel und Module		Aufg.	Zeit
1.1	Vorspann			0'40''
	K1	Alltägliches		
1.2–1.9	M2	Vereine heute	2	11'45''
1.10–1.12	M4	Alle zusammen	2a	9'33''
	K2	An die Arbeit!		
1.13	M2	Probieren geht über Studieren	3	4'17''
1.14–1.16	M4	Soft Skills	3b	8'22''
	K3	Hast du Worte?		
1.17	Auftakt	Hast du Worte?	1a	1'42''
1.18	Auftakt	Hast du Worte?	2a	1'41''
1.19	Auftakt	Hast du Worte?	2b	1'17''
1.20–1.23	M2	Gib Contra!	2	17'51''
1.24–1.31	M4	Sag mal was!	1b	3'20''

Aspekte Band 3, Teil 1 CD 2

Track	Kapitel und Module		Aufg.	Zeit
2.1	Vorspann			0'40''
	K4	Wirtschaftsgipfel		
2.2–2.5	M1	Vom Kohlenpott …	2a	11'35''
2.6	M1	Vom Kohlenpott …	3a	0'50''
2.7	M3	Die Welt ist ein Dorf	1a	2'32''
2.8–2.14	M4	Gründerfieber	3	11'44''
2.15–2.17	M4	Gründerfieber	4a	4'42''
	K5	Ziele		
2.18–2.19	M2	Der Weg ist das Ziel	2	7'56''
2.20–2.22	M4	Freiwillig	4a	10'34''

Texte und Lieder:

Kapitel 1, Modul 2: Nach: Uni & Job/SZ-Beilage vom 20.10.07 (1–6)
Kapitel 3, Auftakt: Dieter Nuhr: „Ich bin's nuhr", Track 25 „Mutter", 2004, WortArt, Köln, ISBN 3-7857-1454-8
Kapitel 4, Modul 3: SWR3
Kapitel 5, Modul 4: NDR Info, Nicole Ahles (1); Eva Storrer (2); Sofie Donges (Nummer gegen Kummer e.V. Tel: 0800/111 0 333) (3)

Sprecherinnen und Sprecher:

Ulrike Arnold, Simone Brahmann, Farina Brock, Kathrin Gaube, Walter von Hauff, Christof Jablonka, Crock Krumbiegel, Evelyn Plank, Maren Rainer, Matthias Christian Rehrl, Jakob Riedl, Michael Schwarzmaier, Marc Stachel, Peter Veit

Aufnahme und Postproduktion: Heinz Graf

Produktion: Tonstudio Graf, 82178 Puchheim

Regie: Heinz Graf und Carola Jeschke

Redaktion: Carola Jeschke

© ℗ 2010 Langenscheidt KG, Berlin und München

Deutsch als Fremdsprache

Lernerwörterbücher für Einsteiger und Fortgeschrittene: NEU gestaltet für optimale Lesbarkeit!

Langenscheidt Großwörterbuch

- Aktueller Wortschatz mit leicht verständlichen Definitionen
- Rund 66.000 Stichwörter und Wendungen, mehr als 63.000 Beispielsätze
- Ausführliche Grammatikangaben und über 2.100 Extra-Hinweise zum richtigen Sprachgebrauch
- Zahlreiche Info-Fenster zu deutscher Landeskunde und Grammatik

**Langenscheidt Großwörterbuch
Deutsch als Fremdsprache**
1312 Seiten
Hardcover incl. CD-ROM 978-3-468-49038-5
Broschur 978-3-468-49042-2

Langenscheidt Taschenwörterbuch

- Moderne Alltagssprache mit vielen Neuwörtern, inklusive österreichischem und schweizerischem Sprachgebrauch
- Rund 30.000 Stichwörter, Wendungen und Beispiele
- Markierung des für das Zertifikat Deutsch relevanten Wortschatzes
- großer Extrateil: Aufgaben zum Umgang mit dem Wörterbuch, Wortschatzübungen

**Langenscheidt Taschenwörterbuch
Deutsch als Fremdsprache**
636 Seiten, 978-3-468-49044-6

Langenscheidt Verlag
Postfach 40 11 20 · 80711 München
kundenservice@langenscheidt.de

www.langenscheidt-unterrichtsportal.de

Grammatik effektiv und unterhaltsam üben

Einfach Grammatik

- Situative Einführung der Grammatikphänomene
- Übungen abgestimmt auf die Niveaustufen A1, A2, B1
- Selbstentdeckendes Lernen durch übersichtliche Regeldarstellung

Grammatik Intensivtrainer A1 und A2

- Knappe Regelerklärung mit Anwendungsbeispiel
- Viefältige Übungen und Lösungsschlüssel – auch für Selbstlerner

www.langenscheidt-unterrichtsportal.de